本书出版
得到国家重点文物保护专项补助经费资助

江西抚河流域先秦时期遗址

考古调查报告Ⅲ

—— 临川区·崇仁县 ——

江西省文物考古研究院
西北大学文化遗产学院
西安弘道文化遗产保护工程有限公司　编著
抚州市文物博物管理所
临川区文物管理所
崇仁县博物馆

文物出版社

图书在版编目（CIP）数据

江西抚河流域先秦时期遗址考古调查报告 . Ⅲ，临川

区·崇仁县／江西省文物考古研究院等编著 . —北京：

文物出版社，2020.6

ISBN 978 - 7 - 5010 - 6657 - 5

Ⅰ . ①江…　Ⅱ . ①江…　Ⅲ . ①文化遗址 - 考古调查 -

调查报告 - 临川区 ②文化遗址 - 考古调查 - 调查报告 - 崇

仁县　Ⅳ . ①K878.05

中国版本图书馆 CIP 数据核字（2020）第 034882 号

江西抚河流域先秦时期遗址考古调查报告Ⅲ（临川区·崇仁县）

编　　著：江西省文物考古研究院　西北大学文化遗产学院　西安弘道文化遗产保护工程有限公司
　　　　　抚州市文物博物管理所　临川区文物管理所　崇仁县博物馆

责任编辑：陈　峰　吕　游
封面设计：程星涛
责任印制：苏　林
出版发行：文物出版社
社　　址：北京市东直门内北小街 2 号楼
邮政编码：100007
网　　址：http：//www.wenwu.com
邮　　箱：web@ wenwu.com
经　　销：新华书店
印　　刷：河北鹏润印刷有限公司
开　　本：889mm×1194mm　1/16
印　　张：22.5
版　　次：2020 年 6 月第 1 版
印　　次：2020 年 6 月第 1 次印刷
书　　号：ISBN 978 - 7 - 5010 - 6657 - 5
定　　价：520.00 元

目　录

第一章　前言 …………………………………………………………………… 001

　第一节　项目概况 …………………………………………………………… 001

　　一　项目缘起 …………………………………………………………… 001

　　二　工作范围 …………………………………………………………… 002

　　三　工作方法 …………………………………………………………… 002

　第二节　临川区、崇仁县考古调查工作概况 ……………………………… 002

　　一　工作区域 …………………………………………………………… 004

　　二　人员构成 …………………………………………………………… 004

　　三　调查收获与存在问题 ……………………………………………… 005

　第三节　本报告编写体例及相关说明 ……………………………………… 007

　　一　报告编写体例 ……………………………………………………… 007

　　二　本报告相关说明 …………………………………………………… 007

第二章　临川区先秦时期遗址 ………………………………………………… 008

　第一节　自然环境与历史沿革 ……………………………………………… 008

　　一　地形与地貌 ………………………………………………………… 008

　　二　山脉与水系 ………………………………………………………… 008

　　三　气候 ………………………………………………………………… 010

　　四　历史沿革 …………………………………………………………… 011

　　五　行政区划 …………………………………………………………… 011

　第二节　环壕类遗址 ………………………………………………………… 012

　　一　白富上门村环壕遗址 ……………………………………………… 013

　　二　白石岗环壕遗址 …………………………………………………… 016

　　三　城顶山环壕遗址 …………………………………………………… 019

　　四　城里环壕遗址 ……………………………………………………… 023

　　五　城下山环壕遗址 …………………………………………………… 030

　　六　城上老村环壕遗址 ………………………………………………… 033

七　符仓村环壕遗址 …………………………………………… 037

八　壕里环壕遗址 ……………………………………………… 044

九　壕岭环壕遗址 ……………………………………………… 047

一〇　壕上环壕遗址 …………………………………………… 051

一一　河塘山环壕遗址 ………………………………………… 056

一二　厚泽村环壕遗址 ………………………………………… 061

一三　华山观环壕遗址 ………………………………………… 066

一四　界上鼓环壕遗址 ………………………………………… 071

一五　乐家寨Ⅰ号环壕遗址 …………………………………… 080

一六　蛇家园环壕遗址 ………………………………………… 088

一七　金龙岗环壕遗址 ………………………………………… 091

一八　军山环壕遗址 …………………………………………… 094

一九　刘公山环壕遗址 ………………………………………… 096

二〇　罗家寨Ⅱ号环壕遗址 …………………………………… 104

二一　罗城岭环壕遗址 ………………………………………… 110

二二　桃禾寨环壕遗址 ………………………………………… 112

二三　桃李山环壕遗址 ………………………………………… 116

二四　桃子山寨环壕遗址 ……………………………………… 123

二五　铁路前城上山环壕遗址 ………………………………… 126

二六　万家山环壕遗址 ………………………………………… 129

二七　翁坊金钟环壕遗址 ……………………………………… 133

二八　五里墩村壕沟山环壕遗址 ……………………………… 145

二九　营门里环壕遗址 ………………………………………… 159

三〇　扁桃山环壕遗址 ………………………………………… 163

第三节　岗地类遗址 ……………………………………………… 167

一　乐家寨Ⅱ号遗址 …………………………………………… 167

二　罗家寨Ⅰ号遗址 …………………………………………… 172

三　五里墩村壕沟山外遗址 …………………………………… 174

四　雷劈石遗址 ………………………………………………… 176

五　陆家山遗址 ………………………………………………… 179

六　羊坡石遗址 ………………………………………………… 181

七　白石岗外遗址 ……………………………………………… 184

八　大山遗址 …………………………………………………… 190

九　恩山遗址 …………………………………………………… 203

一〇　合头遗址 ………………………………………………… 209

一一　太阳水库遗址 …………………………………………… 214

一二　脊山遗址 ………………………………………………… 224

第三章　崇仁县先秦时期遗址 …………………………………… 242

　　第一节　自然环境与历史沿革 ……………………………… 242

　　　　一　地形与地貌 …………………………………………… 242

　　　　二　山脉 …………………………………………………… 242

　　　　三　水系 …………………………………………………… 244

　　　　四　气候 …………………………………………………… 245

　　　　五　历史沿革 …………………………………………… 245

　　　　六　行政区划 …………………………………………… 245

　　第二节　环壕类遗址 ……………………………………… 247

　　　　一　小山环壕遗址 …………………………………… 247

　　　　二　城下山环壕遗址 …………………………………… 249

　　　　三　曾家村环壕遗址 …………………………………… 252

　　　　四　崇仁服务区环壕遗址 ……………………………… 255

　　第三节　岗地类遗址 ……………………………………… 258

　　　　一　槽桥龙水库Ⅱ号遗址 ……………………………… 258

　　　　二　槽桥龙水库Ⅲ号遗址 ……………………………… 263

　　　　三　槽桥龙水库Ⅳ号遗址 ……………………………… 269

　　　　四　槽桥龙水库Ⅴ号遗址 ……………………………… 275

　　　　五　海螺山遗址 ………………………………………… 278

　　　　六　后山古寺遗址 ……………………………………… 292

　　　　七　库背张家遗址 ……………………………………… 296

　　　　八　罗枧遗址 …………………………………………… 300

　　　　九　茂盛村遗址 ………………………………………… 303

　　　　一〇　柿下遗址 ………………………………………… 307

　　　　一一　新山遗址 ………………………………………… 313

第四章　结语 …………………………………………………… 316

　　第一节　临川区、崇仁县先秦时期遗址阶段划分 ………… 316

　　第二节　区域遗存演进特征初探 ………………………… 319

附录一　临川区、崇仁县先秦时期遗址统计表 ……………… 320

附录二　2015 年崇仁县、临川区考古调查日记摘录 ………… 328

后　记 ………………………………………………………… 336

插图目录

图一　临川区调查遗址分布示意图 ··· 003

图二　崇仁县调查遗址分布示意图 ·· 004

图三　临川区地形示意图 ·· 009

图四　临川区水系示意图 ·· 010

图五　临川区行政区划示意图 ·· 012

图六　白富上门村环壕遗址位置示意图 ·· 013

图七　白富上门村环壕遗址地形示意图 ·· 014

图八　白富上门村环壕遗址航拍图 ·· 014

图九　白富上门村环壕遗址远景图（由西向东） ··· 015

图一〇　白富上门村环壕遗址勘探平面示意图 ··· 015

图一一　白富上门村环壕遗址采集遗物 ·· 016

图一二　白石岗环壕遗址位置示意图 ·· 017

图一三　白石岗环壕遗址地形示意图 ·· 017

图一四　白石岗环壕遗址航拍图 ·· 018

图一五　白石岗环壕遗址远景图（由西南向东北） ··· 018

图一六　白石岗环壕遗址勘探平面示意图 ·· 019

图一七　城顶山环壕遗址位置示意图 ·· 020

图一八　城顶山环壕遗址地形示意图 ·· 020

图一九　城顶山环壕遗址航拍图 ·· 021

图二〇　城顶山环壕遗址远景图（由东北向西南） ··· 021

图二一　城顶山环壕遗址东壕沟（由西北向东南） ··· 022

图二二　城顶山环壕遗址勘探平面示意图 ·· 022

图二三　城顶山环壕遗址采集陶片纹饰拓片 ··· 023

图二四　城顶山环壕遗址采集遗物 ·· 023

图二五　城里环壕遗址位置示意图 ·· 024

图二六　城里环壕遗址地形示意图 ·· 024

图二七　城里环壕遗址航拍图 ·· 025

图二八　城里环壕遗址远景图（由西向东） ··· 025

图二九　城里环壕遗址南壕沟（由东南向西北） ··· 026

图三〇　城里环壕遗址勘探平面示意图 ···················· 026
图三一　城里环壕遗址采集石器 ······························· 027
图三二　城里环壕遗址采集陶片纹饰拓片 ··················· 027
图三三　城里环壕遗址采集陶片纹饰拓片 ··················· 028
图三四　城里环壕遗址采集陶器 ······························· 029
图三五　城下山环壕遗址位置示意图 ·························· 030
图三六　城下山环壕遗址地形示意图 ·························· 031
图三七　城下山环壕遗址航拍图 ······························· 031
图三八　城下山环壕遗址远景图（由东北向西南） ········· 032
图三九　城下山环壕遗址勘探平面示意图 ··················· 032
图四〇　城下山环壕遗址采集陶片纹饰拓片 ················ 033
图四一　城下山环壕遗址采集陶器 ···························· 033
图四二　城上老村环壕遗址位置示意图 ······················ 034
图四三　城上老村环壕遗址地形示意图 ······················ 034
图四四　城上老村环壕遗址航拍图 ···························· 035
图四五　城上老村环壕遗址远景图（由东向西） ············ 035
图四六　城上老村环壕遗址近景图（由北向南） ············ 036
图四七　城上老村环壕遗址勘探平面示意图 ················ 036
图四八　符仓村环壕遗址位置示意图 ·························· 037
图四九　符仓村环壕遗址地形示意图 ·························· 038
图五〇　符仓村环壕遗址航拍图 ······························· 038
图五一　符仓村环壕遗址远景图（由西南向东北） ········· 039
图五二　符仓村环壕遗址勘探平面示意图 ··················· 039
图五三　符仓村环壕遗址采集陶片纹饰拓片 ················ 040
图五四　符仓村环壕遗址采集遗物 ···························· 041
图五五　符仓村环壕遗址采集陶器 ···························· 041
图五六　符仓村环壕遗址采集陶鼎足 ························· 042
图五七　壕里环壕遗址位置示意图 ···························· 044
图五八　壕里环壕遗址地形示意图 ···························· 044
图五九　壕里环壕遗址航拍图 ·································· 045
图六〇　壕里环壕遗址远景图（由北向南） ················· 045
图六一　壕里环壕遗址中部台地（由西南向东北） ········· 046
图六二　壕里环壕遗址勘探平面示意图 ······················ 046
图六三　壕里环壕遗址采集陶片纹饰拓片 ··················· 047
图六四　壕里环壕遗址采集陶器 ······························· 047
图六五　壕岭环壕遗址位置示意图 ···························· 048
图六六　壕岭环壕遗址地形示意图 ···························· 048
图六七　壕岭环壕遗址航拍图 ·································· 049

图六八　壕岭环壕遗址远景图（由西北向东南）……………………………………049

图六九　壕岭环壕遗址中部台地（由东南向西北）…………………………………050

图七〇　壕岭环壕遗址勘探平面示意图………………………………………………050

图七一　壕岭环壕遗址采集陶片纹饰拓片……………………………………………051

图七二　壕岭环壕遗址采集陶器………………………………………………………051

图七三　壕上环壕遗址位置示意图……………………………………………………052

图七四　壕上环壕遗址地形示意图……………………………………………………052

图七五　壕上环壕遗址航拍图…………………………………………………………053

图七六　壕上环壕遗址远景图（由西南向东北）……………………………………053

图七七　壕上环壕遗址勘探平面示意图………………………………………………054

图七八　壕上环壕遗址采集石器………………………………………………………054

图七九　壕上环壕遗址采集陶器………………………………………………………055

图八〇　河塘山环壕遗址位置示意图…………………………………………………056

图八一　河塘山环壕遗址地形示意图…………………………………………………057

图八二　河塘山环壕遗址航拍图………………………………………………………057

图八三　河塘山环壕遗址远景图（由东向西）………………………………………058

图八四　河塘山环壕遗址南部壕沟（由西向东）……………………………………058

图八五　河塘山环壕遗址勘探平面示意图……………………………………………059

图八六　河塘山环壕遗址采集陶片纹饰拓片…………………………………………059

图八七　河塘山环壕遗址采集陶器……………………………………………………060

图八八　厚泽村环壕遗址位置示意图…………………………………………………062

图八九　厚泽村环壕遗址地形示意图…………………………………………………062

图九〇　厚泽村环壕遗址航拍图………………………………………………………063

图九一　厚泽村环壕遗址远景图（由东向西）………………………………………063

图九二　厚泽村环壕遗址勘探平面示意图……………………………………………064

图九三　厚泽村环壕遗址采集石器……………………………………………………064

图九四　厚泽村环壕遗址采集陶片纹饰拓片…………………………………………065

图九五　厚泽村环壕遗址采集陶器……………………………………………………065

图九六　华山观环壕遗址位置示意图…………………………………………………066

图九七　华山观环壕遗址地形示意图…………………………………………………067

图九八　华山观环壕遗址航拍图………………………………………………………067

图九九　华山观环壕遗址远景图（由东北向西南）…………………………………068

图一〇〇　华山观环壕遗址北壕沟（由东向西）……………………………………068

图一〇一　华山观环壕遗址勘探平面示意图…………………………………………069

图一〇二　华山观环壕遗址采集石器…………………………………………………069

图一〇三　华山观环壕遗址采集陶片纹饰拓片………………………………………070

图一〇四　华山观环壕遗址采集陶器…………………………………………………070

图一〇五　界上鼓环壕遗址位置示意图………………………………………………071

图一○六　界上鼓环壕遗址地形示意图 ………………………………………………………… 072

图一○七　界上鼓环壕遗址航拍图 ……………………………………………………………… 072

图一○八　界上鼓环壕遗址远景图（由南向北）………………………………………………… 073

图一○九　界上鼓环壕遗址中部台地近景图（由东北向西南）………………………………… 073

图一一○　界上鼓环壕遗址勘探平面示意图 …………………………………………………… 074

图一一一　界上鼓环壕遗址采集石器 …………………………………………………………… 075

图一一二　界上鼓环壕遗址采集陶片纹饰拓片 ………………………………………………… 075

图一一三　界上鼓环壕遗址采集陶器 …………………………………………………………… 076

图一一四　界上鼓环壕遗址采集陶器 …………………………………………………………… 078

图一一五　界上鼓环壕遗址采集陶器 …………………………………………………………… 078

图一一六　乐家寨Ⅰ号环壕遗址位置示意图 …………………………………………………… 081

图一一七　乐家寨Ⅰ号环壕遗址地形示意图 …………………………………………………… 081

图一一八　乐家寨Ⅰ号环壕遗址航拍图 ………………………………………………………… 082

图一一九　乐家寨Ⅰ号环壕遗址远景图（由西南向东北）……………………………………… 082

图一二○　乐家寨Ⅰ号环壕遗址地层堆积 ……………………………………………………… 083

图一二一　乐家寨Ⅰ号环壕遗址勘探平面示意图 ……………………………………………… 083

图一二二　乐家寨Ⅰ号环壕遗址采集石器 ……………………………………………………… 084

图一二三　乐家寨Ⅰ号环壕遗址采集陶器 ……………………………………………………… 084

图一二四　乐家寨Ⅰ号环壕遗址采集陶器 ……………………………………………………… 085

图一二五　乐家寨Ⅰ号环壕遗址采集陶器 ……………………………………………………… 087

图一二六　乐家寨Ⅰ号环壕遗址采集陶器 ……………………………………………………… 088

图一二七　蛇家园环壕遗址位置示意图 ………………………………………………………… 088

图一二八　蛇家园环壕遗址地形示意图 ………………………………………………………… 089

图一二九　蛇家园环壕遗址航拍图 ……………………………………………………………… 089

图一三○　蛇家园环壕遗址远景图（由北向南）………………………………………………… 090

图一三一　蛇家园环壕遗址勘探平面示意图 …………………………………………………… 090

图一三二　金龙岗环壕遗址位置示意图 ………………………………………………………… 091

图一三三　金龙岗环壕遗址地形示意图 ………………………………………………………… 092

图一三四　金龙岗环壕遗址航拍图 ……………………………………………………………… 092

图一三五　金龙岗环壕遗址远景图（由南向北）………………………………………………… 093

图一三六　金龙岗环壕遗址勘探平面示意图 …………………………………………………… 093

图一三七　军山环壕遗址位置示意图 …………………………………………………………… 094

图一三八　军山环壕遗址地形示意图 …………………………………………………………… 095

图一三九　军山环壕遗址航拍图 ………………………………………………………………… 095

图一四○　军山环壕遗址远景图（由东向西）…………………………………………………… 096

图一四一　军山环壕遗址勘探平面示意图 ……………………………………………………… 096

图一四二　刘公山环壕遗址位置示意图 ………………………………………………………… 097

图一四三　刘公山环壕遗址地形示意图 ………………………………………………………… 097

图一四四　刘公山环壕遗址航拍图 ·· 098

图一四五　刘公山环壕遗址远景图（由西北向东南）·· 099

图一四六　刘公山环壕遗址中部台地近景图（由东南向西北）···························· 099

图一四七　刘公山环壕遗址勘探平面示意图 ·· 100

图一四八　刘公山环壕遗址采集石器 ·· 100

图一四九　刘公山环壕遗址采集陶片纹饰拓片 ··· 101

图一五〇　刘公山环壕遗址采集陶器 ·· 101

图一五一　刘公山环壕遗址采集陶器 ·· 102

图一五二　刘公山环壕遗址采集陶器 ·· 103

图一五三　罗家寨Ⅱ号环壕遗址位置示意图 ·· 105

图一五四　罗家寨Ⅱ号环壕遗址地形示意图 ·· 105

图一五五　罗家寨Ⅱ号环壕遗址航拍图 ·· 106

图一五六　罗家寨Ⅱ号环壕遗址远景图（由西南向东北）··································· 106

图一五七　罗家寨Ⅱ号环壕遗址西壕沟（由北向南）·· 107

图一五八　罗家寨Ⅱ号环壕遗址勘探平面示意图 ·· 107

图一五九　罗家寨Ⅱ号环壕遗址采集石器 ·· 108

图一六〇　罗家寨Ⅱ号环壕遗址采集陶器 ·· 109

图一六一　罗城岭环壕遗址位置示意图 ·· 110

图一六二　罗城岭环壕遗址地形示意图 ·· 110

图一六三　罗城岭环壕遗址航拍图 ·· 111

图一六四　罗城岭环壕遗址远景图（由西南向东北）·· 111

图一六五　罗城岭环壕遗址勘探平面示意图 ·· 112

图一六六　桃禾寨环壕遗址位置示意图 ·· 113

图一六七　桃禾寨环壕遗址地形示意图 ·· 113

图一六八　桃禾寨环壕遗址航拍图 ·· 114

图一六九　桃禾寨环壕遗址远景图（由西南向东北）·· 114

图一七〇　桃禾寨环壕遗址勘探平面示意图 ·· 115

图一七一　桃禾寨环壕遗址采集陶器 ·· 115

图一七二　桃禾寨环壕遗址采集陶器 ·· 116

图一七三　桃李山环壕遗址位置示意图 ·· 117

图一七四　桃李山环壕遗址地形示意图 ·· 117

图一七五　桃李山环壕遗址航拍图 ·· 118

图一七六　桃李山环壕遗址远景图（由东北向西南）·· 118

图一七七　桃李山环壕遗址中部台地近景图（由西南向东北）····························· 119

图一七八　桃李山环壕遗址勘探平面示意图 ·· 119

图一七九　桃李山环壕遗址采集石器 ·· 120

图一八〇　桃李山环壕遗址采集陶片纹饰拓片 ··· 120

图一八一　桃李山环壕遗址采集陶器 ·· 121

图一八二　桃李山环壕遗址采集陶器 ··· 121

图一八三　桃子山寨环壕遗址位置示意图 ·· 124

图一八四　桃子山寨环壕遗址地形示意图 ·· 124

图一八五　桃子山寨环壕遗址航拍图 ··· 125

图一八六　桃子山寨环壕遗址远景图（由东南向西北） ························ 125

图一八七　桃子山寨环壕遗址勘探平面示意图 ····································· 126

图一八八　铁路前城上山环壕遗址位置示意图 ····································· 127

图一八九　铁路前城上山环壕遗址地形示意图 ····································· 127

图一九〇　铁路前城上山环壕遗址航拍图 ··· 128

图一九一　铁路前城上山环壕遗址远景图（由西北向东南） ················ 128

图一九二　铁路前城上山环壕遗址北壕沟东部残段（由东向西） ········· 129

图一九三　铁路前城上山环壕遗址勘探平面示意图 ····························· 129

图一九四　万家山环壕遗址位置示意图 ·· 130

图一九五　万家山环壕遗址地形示意图 ·· 130

图一九六　万家山环壕遗址航拍图 ·· 131

图一九七　万家山环壕遗址远景图（由东向西） ·································· 131

图一九八　万家山环壕遗址中部台地近景图（由南向北） ··················· 132

图一九九　万家山环壕遗址勘探平面示意图 ··· 132

图二〇〇　万家山环壕遗址采集陶器 ·· 133

图二〇一　翁坊金钟环壕遗址位置示意图 ··· 134

图二〇二　翁坊金钟环壕遗址地形示意图 ··· 134

图二〇三　翁坊金钟环壕遗址航拍图 ·· 135

图二〇四　翁坊金钟环壕遗址远景图（由东向西） ····························· 135

图二〇五　翁坊金钟环壕遗址南部壕沟近景图（由东向西） ················ 136

图二〇六　翁坊金钟环壕遗址勘探平面示意图 ····································· 136

图二〇七　翁坊金钟环壕遗址采集石器 ·· 137

图二〇八　翁坊金钟环壕遗址采集石器 ·· 138

图二〇九　翁坊金钟环壕遗址采集陶片纹饰拓片 ································· 138

图二一〇　翁坊金钟环壕遗址采集陶器 ·· 139

图二一一　翁坊金钟环壕遗址采集陶器 ·· 140

图二一二　翁坊金钟环壕遗址采集陶器 ·· 143

图二一三　翁坊金钟环壕遗址采集陶器 ·· 144

图二一四　翁坊金钟环壕遗址采集陶器 ·· 144

图二一五　五里墩村壕沟山环壕遗址位置示意图 ································· 145

图二一六　五里墩村壕沟山环壕遗址地形示意图 ································· 146

图二一七　五里墩村壕沟山环壕遗址航拍图 ··· 146

图二一八　五里墩村壕沟山环壕遗址远景图（由西南向东北） ············ 147

图二一九　五里墩村壕沟山环壕遗址近景图（由东北向西南） ············ 147

图二二〇　五里墩村壕沟山环壕遗址勘探平面示意图 ·· 148

图二二一　五里墩村壕沟山环壕遗址采集石器 ·· 148

图二二二　五里墩村壕沟山环壕遗址采集石器 ·· 151

图二二三　五里墩村壕沟山环壕遗址采集石器 ·· 152

图二二四　五里墩村壕沟山环壕遗址采集遗物 ·· 152

图二二五　五里墩村壕沟山环壕遗址采集石器 ·· 153

图二二六　五里墩村壕沟山环壕遗址采集陶片纹饰拓片 ······································ 154

图二二七　五里墩村壕沟山环壕遗址采集陶片纹饰拓片 ······································ 154

图二二八　五里墩村壕沟山环壕遗址采集陶器 ·· 155

图二二九　五里墩村壕沟山环壕遗址采集陶器 ·· 158

图二三〇　五里墩村壕沟山环壕遗址采集陶器 ·· 159

图二三一　营门里环壕遗址位置示意图 ·· 160

图二三二　营门里环壕遗址地形示意图 ·· 160

图二三三　营门里环壕遗址航拍图 ·· 161

图二三四　营门里环壕遗址远景图（由西南向东北） ·· 161

图二三五　营门里环壕遗址中部台地近景图（由东南向西北） ······························ 162

图二三六　营门里环壕遗址勘探平面示意图 ·· 162

图二三七　营门里环壕遗址采集陶器 ·· 163

图二三八　扁桃山环壕遗址位置示意图 ·· 164

图二三九　扁桃山环壕遗址地形示意图 ·· 164

图二四〇　扁桃山环壕遗址航拍图 ·· 165

图二四一　扁桃山环壕遗址远景图（由东北向西南） ·· 165

图二四二　扁桃山环壕遗址北壕沟近景图（由西向东） ······································ 166

图二四三　扁桃山环壕遗址勘探平面示意图 ·· 166

图二四四　扁桃山环壕遗址采集陶器 ·· 167

图二四五　乐家寨Ⅱ号遗址位置示意图 ·· 168

图二四六　乐家寨Ⅱ号遗址地形示意图 ·· 168

图二四七　乐家寨Ⅱ号遗址远景图（由西南向东北） ·· 169

图二四八　乐家寨Ⅱ号遗址采集石器 ·· 169

图二四九　乐家寨Ⅱ号遗址采集陶片纹饰拓片 ·· 170

图二五〇　乐家寨Ⅱ号遗址采集陶器 ·· 170

图二五一　乐家寨Ⅱ号遗址采集陶器 ·· 171

图二五二　罗家寨Ⅰ号遗址位置示意图 ·· 173

图二五三　罗家寨Ⅰ号遗址地形示意图 ·· 173

图二五四　罗家寨Ⅰ号遗址远景图（由东南向西北） ·· 174

图二五五　五里墩村壕沟山外遗址位置示意图 ·· 174

图二五六　五里墩村壕沟山外遗址地形示意图 ·· 175

图二五七　五里墩村壕沟山外遗址近景图（由西北向东南） ·································· 175

图二五八　雷劈石遗址位置示意图 ……………………………………………………… 176

图二五九　雷劈石遗址地形示意图 ……………………………………………………… 177

图二六〇　雷劈石遗址远景图（由西北向东南） ……………………………………… 177

图二六一　雷劈石遗址采集陶片纹饰拓片 ……………………………………………… 178

图二六二　雷劈石遗址采集陶器 ………………………………………………………… 178

图二六三　陆家山遗址位置示意图 ……………………………………………………… 180

图二六四　陆家山遗址地形示意图 ……………………………………………………… 180

图二六五　陆家山遗址远景图（由西南向东北） ……………………………………… 181

图二六六　陆家山遗址采集陶器 ………………………………………………………… 181

图二六七　羊坡石遗址位置示意图 ……………………………………………………… 182

图二六八　羊坡石遗址地形示意图 ……………………………………………………… 182

图二六九　羊坡石遗址远景图（由西北向东南） ……………………………………… 183

图二七〇　羊坡石遗址采集陶片拓片 …………………………………………………… 183

图二七一　羊坡石遗址采集陶器 ………………………………………………………… 184

图二七二　白石岗外遗址位置示意图 …………………………………………………… 185

图二七三　白石岗外遗址地形示意图 …………………………………………………… 185

图二七四　白石岗外遗址远景图（由西北向东南） …………………………………… 186

图二七五　白石岗外遗址采集遗物 ……………………………………………………… 186

图二七六　白石岗外遗址采集陶片纹饰拓片 …………………………………………… 187

图二七七　白石岗外遗址采集陶片纹饰拓片 …………………………………………… 187

图二七八　白石岗外遗址采集陶器 ……………………………………………………… 188

图二七九　白石岗外遗址采集陶器 ……………………………………………………… 188

图二八〇　大山遗址位置示意图 ………………………………………………………… 191

图二八一　大山遗址地形示意图 ………………………………………………………… 191

图二八二　大山遗址远景图（由西北向东南） ………………………………………… 192

图二八三　大山遗址采集石器 …………………………………………………………… 192

图二八四　大山遗址采集陶片纹饰拓片 ………………………………………………… 193

图二八五　大山遗址采集陶片纹饰拓片 ………………………………………………… 194

图二八六　大山遗址采集陶片纹饰拓片 ………………………………………………… 194

图二八七　大山遗址采集陶器 …………………………………………………………… 195

图二八八　大山遗址采集陶器 …………………………………………………………… 195

图二八九　大山遗址采集陶器 …………………………………………………………… 196

图二九〇　大山遗址采集陶器 …………………………………………………………… 197

图二九一　大山遗址采集陶器 …………………………………………………………… 198

图二九二　大山遗址采集陶器 …………………………………………………………… 199

图二九三　大山遗址采集陶器 …………………………………………………………… 200

图二九四　大山遗址采集铜器 …………………………………………………………… 200

图二九五　恩山遗址位置示意图 ………………………………………………………… 203

图二九六　恩山遗址地形示意图 ………………………………………………… 204

图二九七　恩山遗址远景图（由南向北）………………………………………… 204

图二九八　恩山遗址采集石器 …………………………………………………… 205

图二九九　恩山遗址采集陶片纹饰拓片 ………………………………………… 206

图三〇〇　恩山遗址采集陶器 …………………………………………………… 206

图三〇一　恩山遗址采集陶器 …………………………………………………… 207

图三〇二　恩山遗址采集陶器 …………………………………………………… 207

图三〇三　合头遗址位置示意图 ………………………………………………… 209

图三〇四　合头遗址地形示意图 ………………………………………………… 210

图三〇五　合头遗址远景图（由东向西）………………………………………… 210

图三〇六　合头遗址采集陶片纹饰拓片 ………………………………………… 211

图三〇七　合头遗址采集陶片纹饰拓片 ………………………………………… 211

图三〇八　合头遗址采集陶器 …………………………………………………… 212

图三〇九　合头遗址采集陶器 …………………………………………………… 213

图三一〇　太阳水库遗址位置示意图 …………………………………………… 214

图三一一　太阳水库遗址地形示意图 …………………………………………… 215

图三一二　太阳水库遗址远景图（由东北向西南）……………………………… 215

图三一三　太阳水库遗址采集石器 ……………………………………………… 216

图三一四　太阳水库遗址采集石器 ……………………………………………… 216

图三一五　太阳水库遗址采集陶器 ……………………………………………… 217

图三一六　太阳水库遗址采集陶器 ……………………………………………… 218

图三一七　太阳水库遗址采集陶器 ……………………………………………… 219

图三一八　太阳水库遗址采集陶器 ……………………………………………… 219

图三一九　太阳水库遗址采集陶器 ……………………………………………… 220

图三二〇　太阳水库遗址采集陶器 ……………………………………………… 221

图三二一　脊山遗址位置示意图 ………………………………………………… 224

图三二二　脊山遗址位置地形示意图 …………………………………………… 225

图三二三　脊山遗址远景图（由西南向东北）…………………………………… 225

图三二四　脊山遗址采集石器 …………………………………………………… 226

图三二五　脊山遗址采集石器 …………………………………………………… 227

图三二六　脊山遗址采集石器 …………………………………………………… 227

图三二七　脊山遗址采集陶片纹饰拓片 ………………………………………… 228

图三二八　脊山遗址采集陶片纹饰拓片 ………………………………………… 229

图三二九　脊山遗址采集陶片纹饰拓片 ………………………………………… 229

图三三〇　脊山遗址采集陶器 …………………………………………………… 230

图三三一　脊山遗址采集陶器 …………………………………………………… 231

图三三二　脊山遗址采集陶器 …………………………………………………… 231

图三三三　脊山遗址采集陶器 …………………………………………………… 233

图三三四　脊山遗址采集陶器 ··· 234

图三三五　脊山遗址采集陶器 ··· 234

图三三六　脊山遗址采集陶器 ··· 235

图三三七　脊山遗址采集陶器 ··· 236

图三三八　脊山遗址采集陶器 ··· 237

图三三九　脊山遗址采集陶器 ··· 237

图三四〇　脊山遗址采集陶器 ··· 238

图三四一　脊山遗址采集陶器 ··· 238

图三四二　崇仁县地形示意图 ··· 243

图三四三　崇仁县水系示意图 ··· 244

图三四四　崇仁县行政区划示意图 ··· 246

图三四五　小山环壕遗址位置示意图 ·· 247

图三四六　小山环壕遗址地形示意图 ·· 248

图三四七　小山环壕遗址航拍图 ··· 248

图三四八　小山环壕遗址远景图（由西南向东北） ···························· 249

图三四九　小山环壕遗址勘探平面示意图 ··· 249

图三五〇　城下山环壕遗址位置示意图 ··· 250

图三五一　城下山环壕遗址地形示意图 ··· 250

图三五二　城下山环壕遗址航拍图 ··· 251

图三五三　城下山环壕遗址远景图（由东南向西北） ························· 251

图三五四　城下山环壕遗址勘探平面示意图 ····································· 252

图三五五　曾家村环壕遗址位置示意图 ··· 253

图三五六　曾家村环壕遗址地形示意图 ··· 253

图三五七　曾家村环壕遗址航拍图 ··· 254

图三五八　曾家村环壕遗址远景图（由西南向东北） ························· 254

图三五九　曾家村环壕遗址勘探平面示意图 ····································· 255

图三六〇　崇仁服务区环壕遗址位置示意图 ····································· 256

图三六一　崇仁服务区环壕遗址地形示意图 ····································· 256

图三六二　崇仁服务区环壕遗址航拍图 ··· 257

图三六三　崇仁服务区环壕遗址勘探平面示意图 ······························ 257

图三六四　槽桥龙水库Ⅱ号遗址位置示意图 ····································· 258

图三六五　槽桥龙水库Ⅱ号遗址地形示意图 ····································· 259

图三六六　槽桥龙水库Ⅱ号遗址远景图（由北向南） ························· 259

图三六七　槽桥龙水库Ⅱ号遗址采集石器 ·· 260

图三六八　槽桥龙水库Ⅱ号遗址采集陶器纹饰拓片 ··························· 261

图三六九　槽桥龙水库Ⅱ号遗址采集陶器 ·· 261

图三七〇　槽桥龙水库Ⅱ号遗址采集遗物 ·· 262

图三七一　槽桥龙水库Ⅲ号遗址位置示意图 ····································· 264

图三七二　槽桥龙水库Ⅲ号遗址地形示意图 ……………………………………………… 265

图三七三　槽桥龙水库Ⅲ号遗址远景图（由西北向东南） ……………………………… 265

图三七四　槽桥龙水库Ⅲ号遗址采集石器 ………………………………………………… 266

图三七五　槽桥龙水库Ⅲ号遗址采集陶片纹饰拓片 ……………………………………… 266

图三七六　槽桥龙水库Ⅲ号遗址采集遗物 ………………………………………………… 267

图三七七　槽桥龙水库Ⅲ号遗址采集陶器 ………………………………………………… 267

图三七八　槽桥龙水库Ⅲ号遗址采集陶器 ………………………………………………… 268

图三七九　槽桥龙水库Ⅲ号遗址采集瓷器 ………………………………………………… 268

图三八〇　槽桥龙水库Ⅳ号遗址位置示意图 ……………………………………………… 269

图三八一　槽桥龙水库Ⅳ号遗址地形示意图 ……………………………………………… 270

图三八二　槽桥龙水库Ⅳ号遗址远景图（由西南向东北） ……………………………… 270

图三八三　槽桥龙水库Ⅳ号遗址采集石器 ………………………………………………… 271

图三八四　槽桥龙水库Ⅳ号遗址采集陶器纹饰拓片 ……………………………………… 271

图三八五　槽桥龙水库Ⅳ号遗址采集遗物 ………………………………………………… 272

图三八六　槽桥龙水库Ⅳ号遗址采集瓷器 ………………………………………………… 272

图三八七　槽桥龙水库Ⅳ号遗址采集瓷器 ………………………………………………… 273

图三八八　槽桥龙水库Ⅳ号遗址采集瓷器 ………………………………………………… 274

图三八九　槽桥龙水库Ⅳ号遗址采集瓷器 ………………………………………………… 274

图三九〇　槽桥龙水库Ⅴ号遗址位置示意图 ……………………………………………… 276

图三九一　槽桥龙水库Ⅴ号遗址地形示意图 ……………………………………………… 276

图三九二　槽桥龙水库Ⅴ号遗址远景图（由西南向东北） ……………………………… 277

图三九三　槽桥龙水库Ⅴ号遗址采集陶器纹饰拓片 ……………………………………… 277

图三九四　槽桥龙水库Ⅴ号遗址采集陶器 ………………………………………………… 277

图三九五　槽桥龙水库Ⅴ号遗址采集遗物 ………………………………………………… 278

图三九六　槽桥龙水库Ⅴ号遗址采集遗物 ………………………………………………… 278

图三九七　海螺山遗址位置示意图 ………………………………………………………… 279

图三九八　海螺山遗址地形示意图 ………………………………………………………… 279

图三九九　海螺山遗址远景图（由西南向东北） ………………………………………… 280

图四〇〇　海螺山遗址采集石器 …………………………………………………………… 280

图四〇一　海螺山遗址采集陶器纹饰拓片 ………………………………………………… 281

图四〇二　海螺山遗址采集陶罐口沿 ……………………………………………………… 282

图四〇三　海螺山遗址采集陶罐 …………………………………………………………… 282

图四〇四　海螺山遗址采集遗物 …………………………………………………………… 283

图四〇五　海螺山遗址采集陶罐 …………………………………………………………… 283

图四〇六　海螺山遗址采集陶罐 …………………………………………………………… 284

图四〇七　海螺山遗址采集器物 …………………………………………………………… 284

图四〇八　海螺山遗址采集陶器 …………………………………………………………… 285

图四〇九　海螺山遗址采集遗物 …………………………………………………………… 286

图四一〇　海螺山遗址采集遗物 …………………………………………………… 286

图四一一　海螺山遗址采集遗物 …………………………………………………… 287

图四一二　海螺山遗址采集陶器 …………………………………………………… 287

图四一三　海螺山遗址采集陶器 …………………………………………………… 288

图四一四　海螺山遗址采集陶器 …………………………………………………… 288

图四一五　海螺山遗址采集瓷器 …………………………………………………… 289

图四一六　海螺山遗址采集瓷器 …………………………………………………… 290

图四一七　海螺山遗址采集瓷器 …………………………………………………… 290

图四一八　后山古寺遗址位置示意图 ……………………………………………… 292

图四一九　后山古寺遗址地形示意图 ……………………………………………… 293

图四二〇　后山古寺遗址远景图（由东南向西北） ……………………………… 293

图四二一　后山古寺遗址采集陶器纹饰拓片 ……………………………………… 294

图四二二　后山古寺遗址采集陶器 ………………………………………………… 294

图四二三　后山古寺遗址采集遗物 ………………………………………………… 295

图四二四　库背张家遗址位置示意图 ……………………………………………… 297

图四二五　库背张家遗址地形示意图 ……………………………………………… 297

图四二六　库背张家遗址远景图（由东南向西北） ……………………………… 298

图四二七　库背张家遗址采集陶器纹饰拓片 ……………………………………… 298

图四二八　库背张家遗址采集遗物 ………………………………………………… 299

图四二九　库背张家遗址采集瓷器 ………………………………………………… 300

图四三〇　罗枧遗址位置示意图 …………………………………………………… 301

图四三一　罗枧遗址地形示意图 …………………………………………………… 301

图四三二　罗枧遗址远景图（由西南向东北） …………………………………… 302

图四三三　罗枧遗址采集陶器纹饰拓片 …………………………………………… 302

图四三四　罗枧遗址采集陶器 ……………………………………………………… 303

图四三五　茂盛村遗址位置示意图 ………………………………………………… 303

图四三六　茂盛村遗址地形示意图 ………………………………………………… 304

图四三七　茂盛村遗址远景图（由东北向西南） ………………………………… 304

图四三八　茂盛村遗址采集陶器纹饰拓片 ………………………………………… 305

图四三九　茂盛村遗址采集遗物 …………………………………………………… 306

图四四〇　茂盛村遗址采集遗物 …………………………………………………… 306

图四四一　柿下遗址位置示意图 …………………………………………………… 307

图四四二　柿下遗址地形示意图 …………………………………………………… 308

图四四三　柿下遗址远景图（由西北向东南） …………………………………… 308

图四四四　柿下遗址采集陶鬲足 …………………………………………………… 309

图四四五　柿下遗址采集陶器纹饰拓片 …………………………………………… 309

图四四六　柿下遗址采集陶器 ……………………………………………………… 310

图四四七　柿下遗址采集陶罐口沿 ………………………………………………… 311

图四四八　柿下遗址采集陶器 ……………………………………………………… 311

图四四九　新山遗址位置示意图 …………………………………………………… 313

图四五○　新山遗址地形示意图 …………………………………………………… 314

图四五一　新山遗址远景图（由西南向东北）…………………………………… 314

图四五二　新山遗址采集陶片纹饰拓片 …………………………………………… 315

图四五三　新山遗址采集陶器 ……………………………………………………… 315

图版目录

图版一　白富上门村环壕遗址采集遗物 ……………………………………………… 016

图版二　城里环壕遗址采集遗物 …………………………………………………………… 029

图版三　符仓村环壕遗址采集遗物 ………………………………………………………… 043

图版四　壕上环壕遗址采集遗物 …………………………………………………………… 055

图版五　河塘山环壕遗址采集遗物 ………………………………………………………… 061

图版六　厚泽村环壕遗址采集遗物 ………………………………………………………… 065

图版七　华山观环壕遗址采集遗物 ………………………………………………………… 070

图版八　界上鼓环壕遗址采集遗物 ………………………………………………………… 077

图版九　界上鼓环壕遗址采集遗物 ………………………………………………………… 079

图版一〇　乐家寨Ⅰ号环壕遗址采集遗物 ………………………………………………… 086

图版一一　刘公山环壕遗址采集遗物 ……………………………………………………… 104

图版一二　罗家寨Ⅱ号环壕遗址采集遗物 ………………………………………………… 109

图版一三　桃李山环壕遗址采集遗物 ……………………………………………………… 122

图版一四　翁坊金钟环壕遗址采集遗物 …………………………………………………… 141

图版一五　翁坊金钟环壕遗址采集遗物 …………………………………………………… 142

图版一六　五里墩村壕沟山环壕遗址采集遗物 …………………………………………… 149

图版一七　五里墩村壕沟山环壕遗址采集遗物 …………………………………………… 150

图版一八　五里墩村壕沟山环壕遗址采集遗物 …………………………………………… 157

图版一九　乐家寨Ⅱ号遗址采集遗物 ……………………………………………………… 172

图版二〇　雷劈石遗址采集遗物 …………………………………………………………… 179

图版二一　羊坡石遗址采集遗物 …………………………………………………………… 184

图版二二　白石岗外遗址采集遗物 ………………………………………………………… 190

图版二三　大山遗址采集遗物 ……………………………………………………………… 201

图版二四　大山遗址采集遗物 ……………………………………………………………… 202

图版二五　恩山遗址采集遗物 ……………………………………………………………… 208

图版二六　合头遗址采集遗物 ……………………………………………………………… 213

图版二七　太阳水库遗址采集遗物 ………………………………………………………… 222

图版二八　太阳水库遗址采集遗物 …………………………………………………… 223

图版二九　脊山遗址采集遗物 ………………………………………………………… 239

图版三〇　脊山遗址采集遗物 ………………………………………………………… 240

图版三一　脊山遗址采集遗物 ………………………………………………………… 241

图版三二　槽桥龙水库Ⅱ号遗址采集遗物 ………………………………………… 263

图版三三　槽桥龙水库Ⅲ号遗址采集遗物 ………………………………………… 268

图版三四　槽桥龙水库Ⅳ号遗址采集遗物 ………………………………………… 275

图版三五　海螺山遗址采集遗物 ……………………………………………………… 291

图版三六　后山古寺遗址采集遗物 …………………………………………………… 296

图版三七　库背张家遗址采集遗物 …………………………………………………… 300

图版三八　罗枧遗址采集遗物 ………………………………………………………… 307

图版三九　柿下遗址采集遗物 ………………………………………………………… 312

第一章 前言

抚河是江西境内的主要河流之一，从崇山峻岭汇聚多条支流注入鄱阳湖，与赣江等河流一道孕育了古代江西地区的农业发展与社会进步。对抚河流域先秦时期遗址进行考古工作，无疑对揭示该区域物质文化史、区域文化发展特征、区域社会演进规律等具有十分重要的意义。由于抚河流域以往开展考古工作较少，对区域内考古学文化面貌及聚落形态等信息不甚明晰。正是基于以上各方面的考虑，我们启动了"江西抚河流域先秦时期遗址考古调查与发掘"工作，该项目得到了国家文物局的批准及经费支持。在国家文物局及江西省文物局等部门的领导下，由江西省文物考古研究院、西北大学文化遗产学院、抚州市文物博物管理所及各县区文博机构、西安弘道文化遗产保护工程有限公司联合组成考古调查队，对抚河流域所涉及的 10 县 1 区进行详细的考古调查工作，以抚河干流及支流为重点调查对象，对区域内先秦时期遗址进行详细调查，并选择具有代表性的遗址进行考古发掘，深入揭示抚河流域先秦时期的文化面貌和聚落形态，对进一步深入研究提供了丰富的实物资料。通过 2014～2017 年的考古工作，已完成了对乐安、宜黄、崇仁、金溪、资溪、东乡、临川、南丰、南城、黎川、广昌等县区的调查，并组织人员对采集遗物进行整理，及时出版调查报告，之前出版的《江西抚河流域先秦时期遗址考古调查报告Ⅱ》便是对金溪县考古调查成果的报告。本报告是对临川区、崇仁县调查所获的详细刊布，继之有东乡、资溪、南丰、黎川、南城、广昌等县区调查资料的报道。

第一节 项目概况

一 项目缘起

处于长江中游地区的江西省，地理位置优越，自然资源丰富。发达的水系是区域内先民生产、生活的重要条件。江西省文物考古工作开展较早，经过几代人的不懈努力，区域内文物考古资料得到丰富积累。这些鲜活的实物资料对区域历史研究与文明进程探索做出了重要贡献。但值得注意的是，由于江西境内山脉、河流较多，地域文化面貌复杂，各地区考古工作开展不均衡，部分地区考古工作仍是空白。面对严峻的现实，江西省文物考古研究院通过调研、分析，制定《江西抚河流域先秦遗址 2014～2017 年考古调查立项报告》，旨在通过专业人员对以往工作薄弱的抚河流域进行考古调查、勘探与发掘，并利用现代科技手段建立抚河流域先秦时期遗址地理信息系统及考古资料数据库。希望在一系列工作的基础上，建立抚河流域的文化编年序列，了解先秦时期聚落形态与结构等信息。同时以此为工作范例，总结工作方法和经验，进一步完善和制定其他流域先秦遗址的考古计划，为最终建立江西省区域文化编年序列提供丰富的第一手调查资料。

二 工作范围

本项目是以江西境内抚河流域为考古工作范围，主要对抚河干流及其支流进行考古调查、勘探及发掘工作，以获得丰富的区域文化信息。

抚河是鄱阳湖水系的主要河流之一，其发源于武夷山西麓广昌县驿前乡的血木岭，上游又称盱江。抚河由广昌县而下，纳南丰、南城、金溪、抚州、临川、进贤、南昌等地支流后汇入鄱阳湖。河流全长312千米，流域面积1.5811万平方千米。一般称盱江为上游，河流两侧山势较高，河谷狭窄；抚州以下为下游，河岸为冲积台地，地势略显平坦。抚河流域属于亚热带湿润季风区，植被茂盛，水资源丰富，是适宜人类居住的佳地。

从行政区划上来看，抚河流域绝大部分位于抚州市境内。抚州位于赣东地区，辖1区、10县（临川区、南城县、黎川县、南丰县、崇仁县、乐安县、宜黄县、金溪县、资溪县、东乡县、广昌县）。抚州市东邻福建省建宁县、泰宁县、光泽县、邵武市，南接江西省赣州市石城县、宁都县，西连吉安市永丰县、新干县和宜春市的丰城市，北毗鹰潭市的贵溪市、余干县和南昌市进贤县。区域南北长约222千米，东西宽约169千米，总面积约18816.92平方千米，占江西省总面积的11.27%。抚州市辖区以抚河水系为主，信江、赣江两大水系为辅，共计有三大水系，大小河流470余条。

三 工作方法

本项目的工作对象为抚河流域先秦时期遗址，采用考古调查、勘探、发掘的方法，严格按照《田野考古工作规程》进行野外工作。在调查与勘探过程中，充分利用空间信息技术，将科技手段贯穿于整个考古工作之中，达到提高野外工作水平的目的。

田野考古调查采用野外踏查的方式，调查主要集中在河流两岸的山坡、台地及平地上凸起的小台地等方面。通过人为踏查确定遗址，再进行精细的考古勘探，明确遗址的堆积情况和分布范围。利用RTK、小型航拍器对遗址进行测绘与高空拍照，获得有关遗址的更多信息。

野外调查与勘探工作结束之后，将调查采集标本进行清洗、绘图、测量、描述，将器物标本与已发现遗存进行比较分析，以获得该遗址的相对年代信息。

通过以上基础资料分析，将调查与勘探所获资料进行整合，利用ArcGIS等软件，建立抚河流域先秦时期遗址的考古地理信息系统；利用数据处理软件建立抚河流域内先秦时期遗址数据库。

第二节 临川区、崇仁县考古调查工作概况

"江西抚河流域先秦时期遗址考古调查与发掘项目"自2014年10月正式启动。按照项目计划，

2014 年 10 月至 2015 年 2 月对乐安、崇仁、宜黄三县进行了调查。2015 年 11 月至 2017 年 2 月，先后对金溪县、资溪县、东乡县、临川区、南丰县、南城县、广昌县、黎川县进行考古调查与勘探工作。在临川区的调查过程中，发现遗址数量较多，且在该区域内发现多处先秦时期的环壕遗址，这一发现为区域文化面貌的建立及聚落形态的了解都提供十分重要的考古信息。由于临川区、崇仁县地理位置相近，两地所调查遗址数量较多，采集遗物较为丰富，本报告将临川区、崇仁县的调查收获进行专门介绍。

2015 年在临川区调查所获先秦时期遗址共 42 处，其中发现环壕类遗址 30 处，岗地类遗址 12 处（图一）。2014 年至 2015 年在崇仁县调查所获先秦时期遗址共 15 处，其中发现环壕遗址 4 处，岗地遗址 11 处（图二）。通过对两地的考古调查工作，不仅获得十分丰富的实物遗存，且对抚河流域先秦时期聚落形态认识取得了重要突破。环壕聚落与山岗聚落相互依附关系的确认，对提高田野调查工作、了解区域内人地关系等方面都具有十分重要的意义。

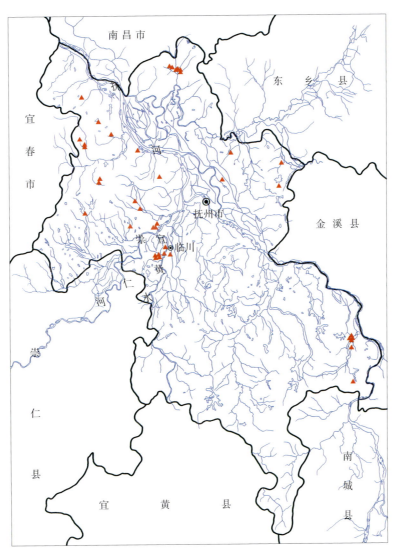

图一　临川区调查遗址分布示意图

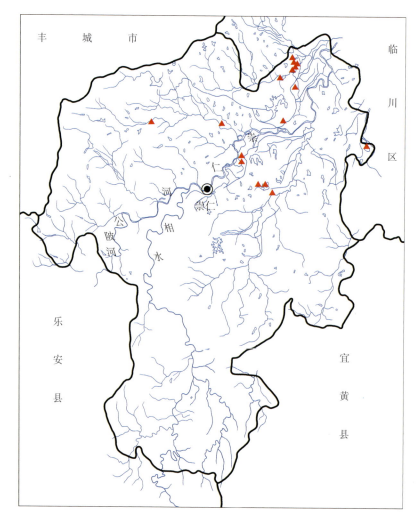

图二　崇仁县调查遗址分布示意图

一　工作区域

依据《江西抚河流域先秦遗址 2014～2017 年考古调查立项报告》计划，2015 年至 2016 年对金溪、资溪、东乡、临川、南丰、南城、广昌、黎川进行考古调查。本次调查主要以抚州市境内抚河及其支流为重点对象，并对重点区域进行了较为细致的调查工作。

临川区的考古调查工作主要集中在区域内河流沿岸及邻近各支流的山脚或开阔地带。临川区为抚州市政府所在地，地理坐标为：东经 116°04′ 至 116°39′，北纬 27°31′ 至 28°14′，其东与金溪、东乡县毗邻，西与崇仁、丰城市邻近，南濒南城、宜黄县，北同进贤县接壤。

崇仁县的工作区域主要是在县境内崇仁河、宜黄河及其支流沿岸。崇仁县地理坐标为：东经 115°49′ 至 116°17′30″，北纬 27°25′18″ 至 27°56′20″。地处江西省中部偏东，抚州市西南部。东北界为临川区，东南为宜黄县，西南紧邻乐安县、丰城市。

二　人员构成

2014 至 2015 年对临川区、崇仁县的考古调查工作中，地面踏查部分由江西省文物考古研究院、西北大学文化遗产学院及抚州市文物博物管理所、临川区文物管理所、崇仁县博物馆组织实施；遗址的探勘、测绘、航空拍照、器物绘图与拓片等技术工作由西安弘道文化遗产保护工程有限公司负责。以下对各项工作人员进行介绍：

1. 江西省文物考古研究院

项目负责：王上海（副所长、研究员）

业务人员：严振洪（副研究员）、张杰（副研究员）、余琦（副研究员）、

赵耀（馆员）、余志忠（德安县博物馆、特聘人员）

2. 西北大学文化遗产学院

负责人：冉万里（考古学系副主任、教授）

业务人员：豆海锋（副教授、博士）、习通源（讲师、博士），硕士研究生数名。

3. 西安弘道文化遗产保护工程有限公司

负责人：程林泉（研究员）

业务人员：史智伟、程威嘉、毛林林、史三虎、李宝兴及调查、钻探、测绘、资料录入等人员若干名。

4. 抚州市文物博物管理所

负责人：王淑娇（所长）、丁潮康（副所长、副研究员）

业务人员：抚州市文物博物管理所工作人员

5. 临川区文物管理所

负责人：郑祥云（所长）、章晓鹏（副所长）

业务人员：临川区文物管理所工作人员

6. 崇仁县博物馆

负责人：赵迎宪（馆长）

业务人员：崇仁县博物馆工作人员

三 调查收获与存在问题

1. 主要收获

①新发现多处先秦时期遗址

本年度在临川区调查遗址 42 处，崇仁县调查先秦时期遗址 15 处。这些遗址大大增加了该地区古遗址数量，特别是环壕聚落的发现，对揭示该地区先秦时期聚落形态多样性有重要的意义。所发现的多处遗址均采集到丰富的陶器、石器等标本，对了解诸遗址的文化面貌及相对年代的判定均有重要作用。

②发现多处环壕聚落为区域内考古工作的新突破

在临川区及崇仁县的调查过程中，辨识并发现多处环壕聚落。该类聚落形态多样，或在平地垒土形成或在山脚挖出环壕，亦有在山顶挖出壕沟。各类环壕规模大小有异，或存在等级方面的差异。抚河流域为江西境内发现环壕数量最多的地域，虽然目前尚未发现面积超过 20 万平方米的

环壕聚落，但从小型环壕聚落如此星罗棋布般的分布，似乎可以揭示先秦时期人类在抵御外敌或处理人地关系方面的能动性。环壕聚落建造所需的大量劳动力及聚落规模的差异都体现了当时社会结构的复杂化。因此，有关环壕聚落的发现和研究，将有助于区域社会复杂化进程方面的深入揭示。

③初步建构抚河中游地区先秦时期文化序列

通过对临川区、崇仁县先秦时期遗址采集所获遗物进行初步分析，基本可以建立该地区从新石器时代晚期至汉代以前的文化演变序列。总体上可划分为新石器晚期、夏至早商时期、商代晚期、西周时期、东周时期等阶段。

④为该区域田野考古调查提供了十分丰富的经验

在临川区与崇仁县的调查过程中，依据地形特征寻找遗址已得到较好的实践。两县区以丘陵为主，河流较多，河流两岸台地及丘陵坡前多见有遗址。除此之外，本次调查还积累了难得的实践经验：首先，利用卫星照片寻找环壕遗址。在高清卫星图片上，利用植被和地形的差异，可以明显寻找到呈方形或长方形的环壕遗址，由于内壕地势较低，多成水田，此类环壕形状极为规则，较容易寻找；其次，以环壕遗址为中心，在其周边地区寻找山岗聚落。在调查过程中，以环壕遗址为中心，向周边两千米范围进行辐射性调查，常发现不同规模的岗地类遗址；再次，从空间上观察，某些区域所见环壕较为集中，且相距较近，部分地域发现多个小型环壕聚落有围绕更大型聚落的现象。这些都是今后对该区域进行考古调查的宝贵经验。

2. 存在问题

①山区调查难度大，调查存在"遗漏"的可能

所调查遗址往往植被茂密，地表难以采集到遗物。由于植被茂密，部分遗址采集遗物困难，对遗址的年代和性质判断产生不利影响。只能通过钻探了解地层堆积，获知该地点是否为古代遗址。对环壕聚落的功能、产生的动因及发展规律还需要进一步的考古工作。从部分被破坏的环壕聚落采集遗物来看，该聚落堆积较厚，遗址延续时间较长，或由新石器时代延续至东周时期。因此，要对遗址的年代进行更加精确的判断，还需要进行适当的试掘工作。

②对岗地类遗址与环壕类遗址的关系有待进一步的研究

调查见有环壕与岗地两类遗址，有关环壕聚落的功能目前仍不明晰，从钻探结果来看，此类环壕聚落一般堆积较厚，延续时间较长，多为新石器时代晚期至东周时期。而岗地类遗址也发现有不同时期的遗存，说明岗地遗址和环壕遗址存在共时的可能。考虑到环壕遗址建造需要大量劳动力和时间，或许可以推测，环壕遗址代表了等级略高人群的居住场所。有关环壕遗址的功能及其与岗地遗址关系的判断，还有待考古发掘来解决。

③遗址破坏严重，文化遗产保护工作亟待加强

调查过程中，采集遗物丰富的遗址均破坏严重，多被取土、建筑、耕地所破坏。深感文物管理部门责任重大，保护文化遗产应深入人心，应唤起公众对文化遗产的保护意识。

第三节 本报告编写体例及相关说明

一 报告编写体例

本报告系"江西抚河流域先秦时期遗址考古调查与发掘项目"的年度成果，2014至2017年先后对11县区进行了调查工作，由于受篇幅限制，本报告仅以临川区、崇仁县调查所获为主要内容，其余县区调查成果将陆续刊出。

本报告编写体例与以往调查报告相同，侧重资料的翔实报道。报告共分为四章：第一章为前言，是对项目开展情况与年度工作的介绍与总结，并对报告编写体例及相关问题进行说明；第二章是对临川区地理环境与历史沿革及调查所获遗址进行介绍，将调查所见遗址分为两类，即环壕遗址与岗地遗址，并对两者进行了详细介绍；第三章是对崇仁县的地理环境与历史沿革及调查所获遗址进行介绍；第四章为结语，是对该地区调查工作的总结，对区域文化序列及聚落结构进行了初步分析。报告最后附有调查遗址统计表及调查日记摘录等内容。

二 本报告相关说明

1. 遗址名称编号说明

本报告对诸遗址所获遗物进行介绍时，为了描述方便，对遗址名称进行了编号。编号原则是以调查年份、遗址所在县名的第一个字的拼音简写，与遗址名称前两个字的拼音字母缩写组合而成，如"临川区大山遗址"编号为"2015LDS"，"2015"为调查年份，"L"代表临川区，"DS"代表大山遗址。由于区域内部分遗址名称前两个字母缩写有相同的可能，本报告则选择遗址名称三个字或多个字的字母缩写，以示区别。此外，由于部分地域遗址所在小地名不清，本报告以遗址所在的村名进行命名，如果同一区域发现多处遗址，且小地名不清，则在已知地点名后增加"Ⅰ""Ⅱ""Ⅲ"等字母加以区分，如崇仁县槽桥龙水库发现五处遗址，Ⅰ号和Ⅴ号遗址编号为："2015CCQⅠ"、"2015CCQⅤ"。

2. 图版说明

为了便于读者阅读，本报告将器物图版附于每个遗址报道之后，同时将遗址远景、航拍照片、重要遗物发现、地层剖面等图版均直接插入正文，尊重读者的阅读习惯。

3. 附录说明

本报告附录除了对调查遗址进行统计之外，另附有考古调查队员的日记摘录，并插入照片，用以展示调查过程中的工作场景，展示报告正文未有的调查所遇风土人情及考古队员的生活点滴。

第二章　临川区先秦时期遗址

第一节　自然环境与历史沿革

临川区为抚州市政府所在地，地理坐标位于东经 116°04′至 116°39′，北纬 27°31′至 28°14′。东与金溪、东乡县毗邻；西倚崇仁、丰城市；南濒南城、宜黄县；北同进贤县接壤。地形狭长，东西最宽 48.2 千米，南北最长 69.8 千米。区域四周多山，中部为盆地。境内河港密布，抚河为其主要河流。总面积为 1996.2 平方千米①。

一　地形与地貌

临川地处赣抚平原向武夷山区过渡地带，地形南北长东西窄，地势南高北低，四周多山丘，中部为冲积平原，形成一个由南向北逐渐倾斜的小盆地。区域内海拔高度大多在 30~80 米之间。南部为山地，一般海拔高度 300 米左右，芙蓉山海拔高度 1176 米，是境内最高的山峰。东部山地一般海拔高度 200 米。西部的桐山、仙桂峰，北部的金山、株山，海拔高度均在 200 米以下。大岗乡院前石港村，海拔 27.3 米，是县内最低点。盆地中间地势比较复杂，平原、冲谷、岗地、丘陵交错分布（图三）。

全县地貌主要可分为平原、岗地、丘陵、山地 4 种类型。平原主要分布在抚河、宜黄水、崇仁河及其支流的沿河两岸，面积约占全县总面积 18%。海拔高度一般 30~50 米。岗地主要分布在盆地中部，范围较广，面积占全县总面积 47.2%，海拔高度一般 60~80 米。丘陵主要分布在盆地西部和东北部的边缘，海拔高度一般 100~300 米。山地分布在南部芙蓉山一带，占全县总面积 17.3%，海拔高度一般在 300 米以上。

二　山脉与水系

区域内山脉按地势走向可划分为四条：一是从芙蓉山向北，经茅排、莲源、荣山、腾桥、东馆河埠、崇岗至抚州市的钏岭、长岭乡，是临川区中部最大一条山脉，中脊为分水岭，向东流入抚河，向西流入宜黄水；二是从灵谷峰向北经湖南乡、七里岗乡、太阳镇，直到罗湖乡，是县内一条

---

① 临川区志编纂委员会：《临川区志》，新华出版社，1993 年。

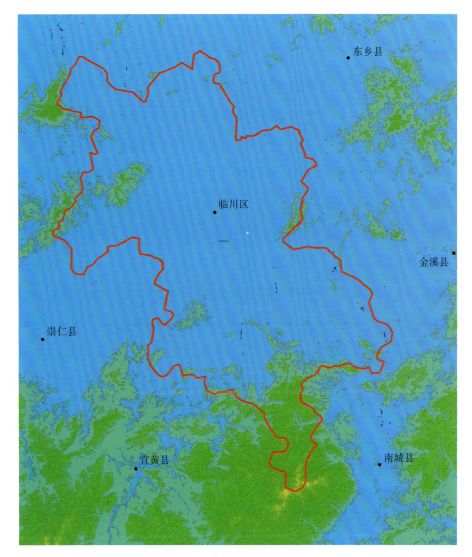

图三　临川区地形示意图

东部低岗、丘陵山脉，中脊为分水岭，向西流入抚河，向东流入东乡河；三是东北部金山岭、荷叶岭、笔架山等山脉连成一片；四是西部饶山、铜山、仙桂诸峰，自南到北，直至株山，其流入向东南的崇仁河，北入抚河。

　　全区在海拔 200 米以上的山峰有 50 座，在海拔 200 米以下的山峰有 114 座。主要名山有芙蓉山、灵谷峰、金山岭、笔架山、株山、仙桂山（又名梦山）和龙岗山。

　　临川区境内属鄱阳湖水系抚河流域，大小河港纵横交错，水资源十分丰富。主要河流有抚河，还有宜黄水、崇仁河、东乡河、东馆河等汇入抚河，再注入鄱阳湖（图四）。境内主要河流列举如下：

　　抚河上游称盱江，中游名汝水，流入临川中部至黄岗口与临水汇合后称抚河，是本区域内最大河流，发源于广昌血木岭，经南丰、南城到临川鹏田乡的廖村入境，再经流下马山纳东馆河，过抚州市至黄岗口纳临水，至罗针城前纳云山河，进入进贤、南昌县境，与赣江东支和信江汇合，在荏港改道由青岚湖注入鄱阳湖。干流长 349 千米，流经本县境内 102 千米（不包括抚州市的流长）。

　　宜黄水由宜水、黄水两水在宜黄县汇合形成，从龙溪镇的南端进入临川，经秋溪、航埠、上顿

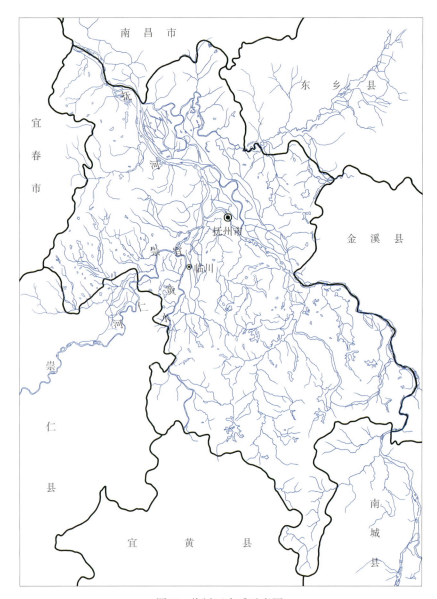

图四　临川区水系示意图

渡在河西乡的犁头嘴与崇仁河汇合后，成为临水，至抚州市的黄港口注入抚河，全长116千米。

　　崇仁河发源于乐安县的小金竹和宝塘村，流经乐安、崇仁县，在临川高坪乡东源桥入境，至河西乡犁头嘴与宜黄河汇合，向北流经临水入抚河，全长173千米。

　　东乡河又名云山河，上游为南北二港，南港发源于金溪县城附近，北港发源于东乡县的眉毛峰，两港在马圩乡汇合后称东乡河，再向西北从临川罗湖入境，经唱凯、云山折西至罗针的城前及进贤柴埠口注入抚河。

　　东馆河又名梦港，发源于境内莲源乡的三坊村，流经荣山、河埠、东馆至嵩湖乡上聂姜口村入抚河，全长38千米。

三　气候

　　临川区属亚热带湿润气候区，气候温和，日照充足，雨量充沛。无霜期长，一年四季气候分明，春季多阴雨低温，盛夏高温炎热，秋季多旱，冬季寒冷干燥。全县除南部茅排、连源两地山区气候有所差异外，其余大部分地区气候相似。

本区全年平均气温为 17.8 摄氏度，最冷为 1 月份，平均 5.6 摄氏度，最热为 7 月份，平均 29.6 摄氏度。境内雨量集中在春夏两季，4 ~ 6 月降雨量多，10 ~ 12 月降雨量少，年均降雨量为 1681 毫米。全县年日照总时数为 1775 小时，占全县在地球上可能照射时数的 41%。霜冻一般在强冷空气过后，风小、天晴、辐射强的晚上出现，低温阴雨天气在 2 摄氏度以下容易下雪或结冰。

区域内风向因季节转换规律性较强，风力变化大。境内一般 9 月至次年 3 月，多以北风为主。春季气温缓慢回升，风向逐渐自北转南，宜于春耕播种。四、五两月北风和南风来回变动。盛夏季节，时有台风侵袭，给农作物带来不利。6 ~ 8 月，是全区南风盛行时期，也是全年农作物生长最好的时期。到了秋季，因海洋性暖温气候逐渐减退，冷空气逐渐增强。

四 历史沿革

临川建县，始于东汉和帝永元八年（96 年），分豫章郡南城西北境置临汝县。时因境内有临、汝二水经流而得此名。临水由宜、黄二水汇流而成，全长 3 千米，环绕县境西部，北流至抚州市黄岗口与南来的汝水汇合注入抚河。临汝，时属豫章郡，至三国吴太平二年（257 年），析豫章东部分设临昌郡，临汝属之。隋开皇九年（589 年），临川郡改名为抚州，临汝县则随之改名为临川，临川区名始此。1949 年成立抚州分区，辖临川、宜黄、崇仁、金溪、乐安、南城、南丰、资溪、黎川 9 县。1987 年，撤销临川区与抚州市，设立临川市（县级）。2000 年，设立地级抚州市和临川区。

五 行政区划

临川区共辖 18 个镇（上顿渡镇、温泉镇、高坪镇、秋溪镇、荣山镇、龙溪镇、崇岗镇、大岗镇、云山镇、唱凯镇、罗针镇、罗湖镇、太阳镇、东馆镇、腾桥镇、青泥镇、孝桥镇、抚北镇）、9 个乡（展坪乡、连城乡、桐源乡、湖南乡、七里岗乡、嵩湖乡、鹏田乡、茅排乡、河埠乡）（图五）。近些年，对乡镇进行了部分调整，主要乡镇仍保持原管辖范围，以下对主要乡镇的地理位置予以介绍。

上顿渡镇位于临川区中部偏西，由原河东、河西乡和上顿渡镇合并而成，是中共临川区委、区政府所在地，全镇总面积 67.6 平方千米。温泉镇位于临川区西部，东靠上顿渡镇，西连温泉景区，南与崇仁县接壤，北和抚北镇相连。全镇总面积约 56 平方千米。高坪镇地处临川区西部，为临川、崇仁、丰城三县交界之地，全镇面积 121.3 平方千米。崇岗镇位于临川区中部市区近郊，东与钟岭办事处和嵩湖乡接壤，西与上顿渡镇为邻，南靠河埠乡、东馆镇，北界抚州工业园区，全镇总面积 83.6 平方千米。大岗镇地处临川区西北部、东濒抚河与罗针镇及进贤县的李渡镇隔河相望，西界株山与丰城陶沙乡相连，南止五谷峰与桐源乡接壤，北与丰城袁渡镇为邻，为三县交界处，全镇总面积 120 平方千米。云山镇位于抚州市最北端，南与罗湖镇、唱凯镇接壤，

1.六水桥街道
2.荆公路街道
3.西大街道
4.城西街道
5.文昌街道
6.青云街道

图五　临川区行政区划示意图

西隔东乡河与罗针镇相望，东界东乡县詹圩镇，北临进贤县白圩乡、长山晏乡，全镇总面积
97.8 平方千米。太阳镇位于临川区境内东部，东与东乡、金溪二县交界；南和七里岗乡接壤；
西邻七里岗乡、罗湖镇、北靠东乡县属城；中襄七里岗垦殖场三个分场，全镇总面积 44.4 平方
千米。青泥镇位于临川区东南部，全镇总面积 57 平方千米。抚北镇地处抚州市西郊，与市区隔
崇宜河相望，与梦湖毗邻，全镇总面积 13.5 平方千米。桐源乡东与展坪乡接壤，南邻三桥乡和
温泉镇，东北与罗针镇隔河相望，西南通丰城市，与丰城的淘沙镇毗邻，西北连大岗镇，全镇总
面积 106 平方千米。

第二节　环壕类遗址

　　2015 年度调查临川区遗址 42 处，其中环壕遗址 30 处，本节将从遗址位置、出土遗物及年代性
质等方面进行详细介绍。

一　白富上门村环壕遗址

1. 遗址概况

白富上门村环壕遗址位于大岗镇上门村委会白富上门村（图六），东北距上门村 617 米，东距 031 县道 735 米，西距陶家村 443 米（图七）。地理坐标为：北纬 28°09′14.2″，东经 116°09′25.5″，海拔 43 米。

遗址地处抚河支流，地形为山岗前平地。遗址平面近方形，由中部近方形台地和四周壕沟组成（图八）。中部台地近方形，边长约 75 米，台地整体地势平缓，地表多见杂草，植被稀疏。台地整体高于外围地表约 2~5 米，四周边沿地带为树木、灌木丛覆盖，植被较茂密。壕沟现存有西壕沟、南壕沟和东壕沟残部，宽约 3~24 米。西壕沟内现为一水渠，为杂草和毛竹覆盖，植被较茂密；南壕沟残部西侧为菜地，东侧为毛竹林；东壕沟残部北侧为菜地，其他区域为杂草地（图九）。

经勘探发现该遗址中部台地有大面积文化层堆积，基本覆盖了整个台地除中心部分区域之外的其他区域。堆积区域近环形，宽约 23~32 米，面积为 3002 平方米，堆积距地表深约 0.05~0.2 米，厚约 0.55~1.3 米，堆积包含有烧土和灰渣。遗址台地南部发现 4 座晚期墓葬（图一〇）。

图六　白富上门村环壕遗址位置示意图

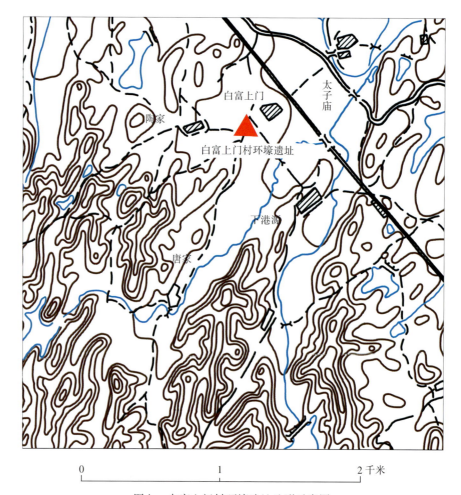

图七　白富上门村环壕遗址地形示意图

图八　白富上门村环壕遗址航拍图

图九　白富上门村环壕遗址远景图（由西向东）

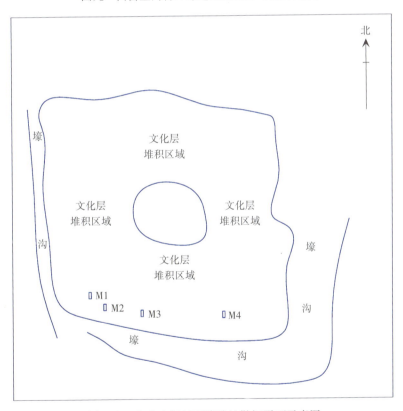

图一〇　白富上门村环壕遗址勘探平面示意图

2. 遗物介绍

白富上门村环壕遗址采集遗物较少，散见陶器残片和少量石器。

（1）石器

石镞　1件。

2015LBF：1，青石磨制而成，尖锋残，两侧刃部锐利，铤部残。残高4.6厘米（图一一，1；图版一，1、2）。

1. 石镞（2015LBF∶1）　　　　　　　　2. 石镞（2015LBF∶1）（背）

图版一　白富上门村环壕遗址采集遗物

（2）陶器

以夹砂陶、泥质陶为主，多为灰褐色或灰色，均为素面，器形见有陶豆、陶罐等。

豆　1件。

2015LBF∶2，豆柄残片，泥制灰陶，呈喇叭状。素面。残高 2.6 厘米（图一一，2）。

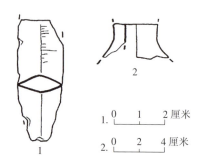

图一一　白富上门村环壕遗址采集遗物
1. 石镞（2015LBF∶1）　2. 陶豆（2015LBF∶2）

3. 遗址性质与年代

白富上门村环壕遗址地处抚河支流沿岸平缓地区，地理位置较为优越。该遗址环壕形态与抚河中游地区金溪、东乡等地所见环壕类型相同，中部为方形高台，外围地势较高，有近似堆土成墙的迹象，高台外部为壕沟，一般低于 2～5 米，壕沟外围可见高于壕沟的平台。

由于遗址地表采集遗物较少，给遗址的年代判断带来了较大困难，从采集的零星陶片来看，该遗址年代大致可判断为新石器时代晚期。

白富上门村环壕遗址的发现与初步研究，将有助于对抚河流域先秦时期环壕类聚落的深入探讨，有关遗址的年代、聚落的结构及社会形态等方面的问题还有待更为深入的考古工作来完成。

二　白石岗环壕遗址

白石岗环壕遗址位于云山镇圳上村委会饶家村（图一二），东南距 023 乡道约 260 米，南距圳上村约 700 米，北距周家村约 500 米（图一三）。地理坐标为：北纬 28°12′18.9″，东经 116°19′27.0″，海拔 48 米。

该遗址处于东乡河支流沿岸，由中部台地、四周壕沟和壕沟外台地组成（图一四）。中部台地平面近长方形，长约 79 米，宽约 72 米，台地南侧边缘地带较高，植被茂密。其余区域稍低且平整，为杉树林（图一五）。台地高于四周外围约 3 米，四周壕沟现存有北壕沟、东壕沟北段和南壕

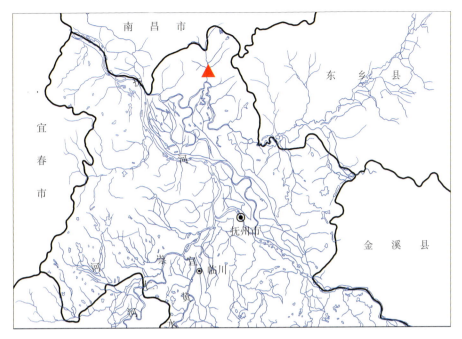

图一二　白石岗环壕遗址位置示意图

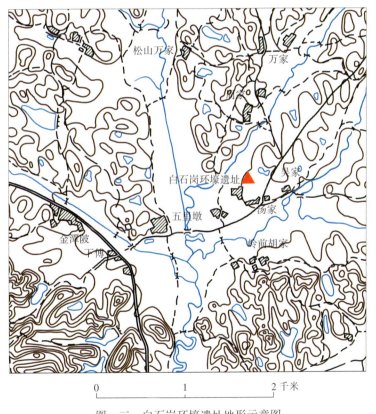

0　　　　　　1　　　　　　2千米

图一三　白石岗环壕遗址地形示意图

沟，壕沟现宽约3~8米，壕沟被树木和灌木丛覆盖。东壕沟残存外台地，宽约1~12米，地表被杂草和灌木丛覆盖，植被较为茂密。

　　经勘探，在中部台地东北部发现一处文化层堆积区域（编号文化层堆积Ⅰ区），平面近东西向椭圆形，长径约 16 米，短径约 11 米，面积约 75 平方米，堆积开口距地表约 0.6 米，厚约 1.2 米，堆积内含少量烧土块和灰渣。在台地西北部发现两处文化层堆积区域，分别编号文化层堆积Ⅱ、Ⅲ区，其中文化层堆积Ⅱ区平面近南北向椭圆形，长径约 17.6 米，短径约 14.9 米，面积约 130.1 平方米，堆积开口距地表约 0.4 ~ 0.7 米，厚约 1 ~ 1.5 米，内含少量烧土块和灰渣。

图一四　白石岗环壕遗址航拍图

图一五　白石岗环壕遗址远景图（由西南向东北）

文化层堆积Ⅲ区平面近长条形，长约23米，宽约8米，面积约132.9平方米，堆积开口距地表约0.5米，厚约0.8米，内含少量烧土块和灰渣。在中部台地南部发现一处文化层堆积层区域（编号文化层堆积Ⅳ区），平面近"┓"形，宽约4～10米，面积约501.9平方米，堆积开口距地表约0.4～0.8米，厚约1.6～2.4米，内含少量烧土块和灰渣（图一六）。

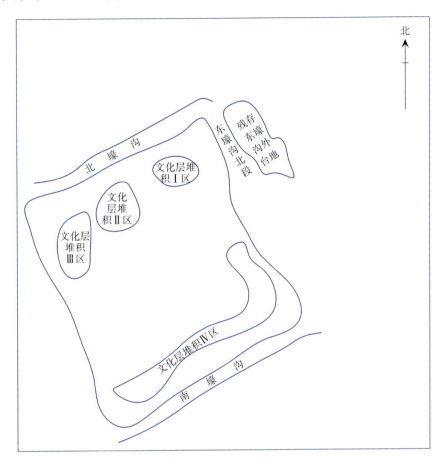

图一六　白石岗环壕遗址勘探平面示意图

白石岗环壕遗址所处地理位置优越，环壕结构较为完整，特征明显，与区域内常见的环壕类聚落形态基本一致。由于该遗址调查和勘探过程中仅发现四处文化层堆积，且仅发现零星陶器碎片。因此，对于遗址年代的判断较为困难，通过与区域内类似遗址的对比分析，初步推断白石岗环壕遗址的年代大致为先秦时期。

三　城顶山环壕遗址

1. 遗址概况

城顶山环壕遗址位于云山镇圳上村委会饶家村（图一七），东距023乡道约150米，南距023乡道约370米，北距圳上周家（村）约470米（图一八）。地理坐标为：北纬28°11′55.1″，东经116°19′12.1″，海拔47米。

该遗址处于东乡河支流沿岸，为一处环壕遗址，现存由中部台地、四周壕沟和壕沟外台地组成（图一九）。中部台地平面呈南北向不规则形，南北长径约47米，东西短径约40米，台地整体地势

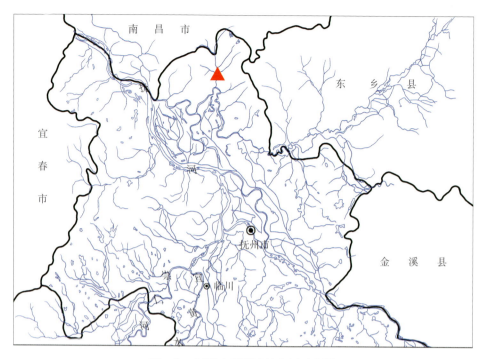

图一七　城顶山环壕遗址位置示意图

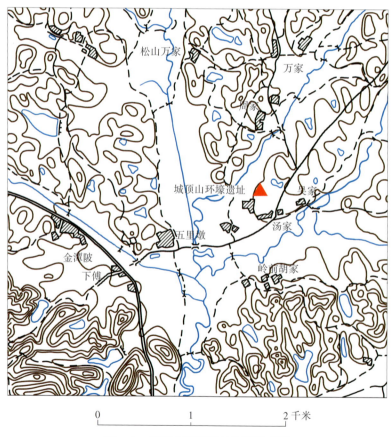

0　　　　　　　1　　　　　　2千米

图一八　城顶山环壕遗址地形示意图

图一九 城顶山环壕遗址航拍图

图二〇 城顶山环壕遗址远景图（由东北向西南）

较为平坦，植被较为稀疏，台地高于外围地表约 2 ~ 3 米（图二〇）。四周壕沟现存北壕沟和东壕沟残部，壕沟现宽约 4 ~ 16 米，壕沟内现为树林、杂草和灌木丛，植被较茂密（图二一）。壕沟外台地现存有北侧、东侧残段，宽约 1 ~ 17 米（图二二），地表被树林、杂草和灌木丛覆盖，植被茂密。

图二一　城顶山环壕遗址东壕沟（由西北向东南）

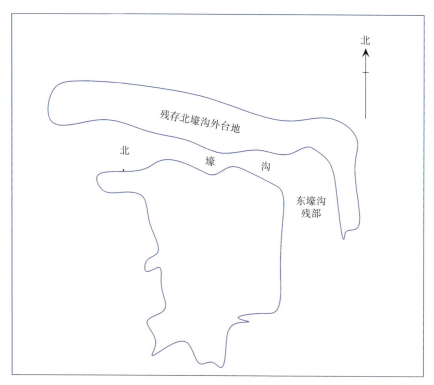

图二二　城顶山环壕遗址勘探平面示意图

2. 遗物介绍

城顶山环壕遗址现存地表植被茂盛，采集遗物较少，主要为陶器残片。

以印纹硬陶为主，多红褐色和灰色，纹饰有交错绳纹、线纹等（图二三），器形主要为罐；夹砂陶较少，多为褐色或黄褐色，部分器物表面见有凸棱纹饰，其余皆为素面，器形有陶罐等。

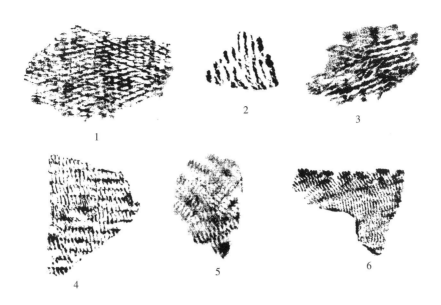

图二三　城顶山环壕遗址采集陶片纹饰拓片

1～3. 交错绳纹　　4～6. 短线纹

罐　2件

2015LCD：1，浅黄色硬陶，侈口，折沿，唇部残。器表施重菱纹。残高3.6厘米（图二四，2）。

2015LCD：2，浅黄色硬陶，侈口，折沿，唇部残。器表施雷纹。残高5厘米（图二四，1）。

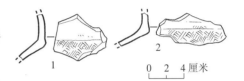

图二四　城顶山环壕遗址采集遗物

1、2. 陶罐口沿（2015LCD：2、2015LCD：1）

3. 遗址性质与年代

城顶山环壕遗址位于河流沿岸，地理位置优越。该环壕遗址结构较为完整，特征十分明显，与区域内常见的环壕类聚落形态基本一致。通过对采集遗物观察，所见印纹硬陶及雷纹、菱格纹等装饰风格，其与以往调查所见商周时期遗存较为相近，可判断城顶山环壕遗址的年代大致为商周时期。

四　城里环壕遗址

1. 遗址概况

城里环壕遗址位于云山镇圳上村委会饶家村（图二五），东南200米为万家山环壕遗址，西南距圳上周家约450米，东距圳上村500米（图二六）。地理位置为：北纬28°12′08.8″，东经116°18′49.7″，海拔35米。

该遗址为一处环壕遗址，由中部台地、壕沟及外围台地组成（图二七），台地地表为菜地，东侧和南侧壕沟尚存，宽约25米（图二八；图二九）。在遗地中部台地西北部发现有文化层堆积，厚约1～1.4米，堆积内含少量烧土块和灰渣，地表采集到少量遗物（图三〇）。

2. 遗物介绍

城里环壕遗址采集遗物较少，石器有石杵、石锛各1件，陶器残片若干。

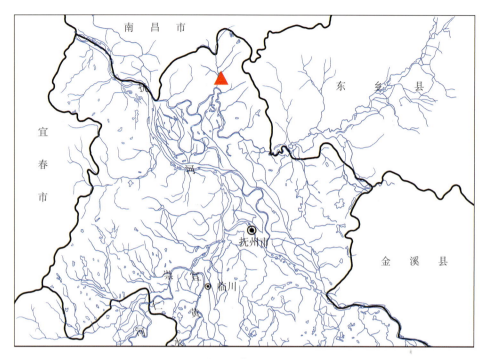

图二五　城里环壕遗址位置示意图

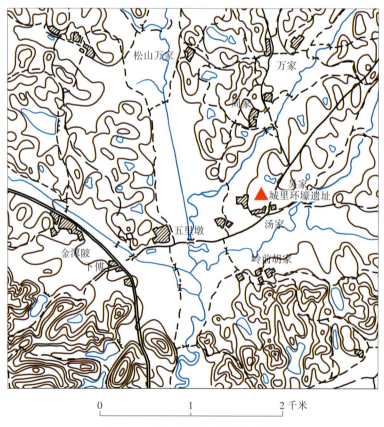

图二六　城里环壕遗址地形示意图

图二七　城里环壕遗址航拍图

图二八　城里环壕遗址远景图（由西向东）

图二九　城里环壕遗址南壕沟（由东南向西北）

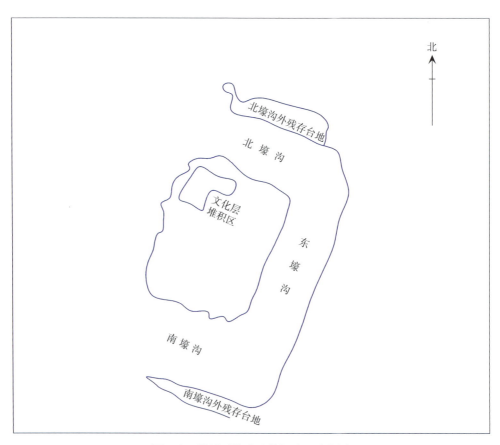

图三〇　城里环壕遗址勘探平面示意图

（1）石器

石杵　1件。

2015LCL：1，青石磨制而成，大致呈梭状，顶端圆弧，底端有打击痕迹。残高10.8厘米（图三一，1）。

石锛　1件。

2015LCL：5，青灰色砂岩磨制而成，近梯形，顶部平直，两侧斜直，底端单面磨制成刃，器表有打制痕迹。高4.2厘米（图三一，2；图版二，1）。

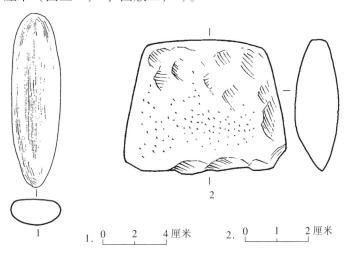

图三一　城里环壕遗址采集石器

1. 石杵（2015LCL：1）　2. 石锛（2015LCL：5）

（2）陶器

以印纹硬陶为主，夹砂陶较少；印纹硬陶多为灰色、灰褐色，纹饰有方格纹、菱格纹、重菱纹、折线纹、绳纹、雷纹、"回"字纹（图三二；图三三）。器形见有罐、甗形器等；夹砂陶数量较少，多为灰色、灰褐色，均为素面，器形有罐、带柄盆、杯等。

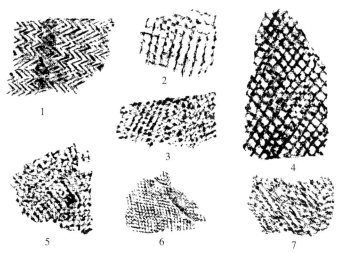

图三二　城里环壕遗址采集陶片纹饰拓片

1. 折线纹　2、3、7. 绳纹　4、5. 方格纹　6. 菱格纹

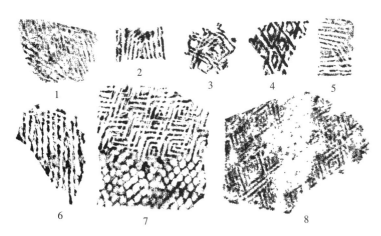

图三三　城里环壕遗址采集陶片纹饰拓片

1、2、5、6. 交错绳纹　3、4、8. 雷纹　7. 雷纹＋菱格纹

罐　4件。

2015LCL：6，灰褐色硬陶，侈口，折沿，方唇。器表施菱格纹。残高6.2厘米（图三四，2）。

2015LCL：7，灰褐色硬陶，侈口，折沿，方唇，沿内侧捏塑有一桥形附耳，素面，口沿下有按压凹窝，器表及沿面施方格纹。残高7.2厘米（图三四，1；图版二，3、4）。

2015LCL：8，夹砂浅黄陶，弧腹。器表施方格纹，大部被抹平。残高4.8厘米（图三四，3）。

2015LCL：9，泥制灰褐陶，折肩。器表施绳纹，大部被抹平。残高3.8厘米（图三四，8）。

鼎足　1件。

2015LCL：12，夹砂黄陶，扁足，截面呈扁条形。素面。残高4.8厘米（图三四，4）。

豆　1件。

2015LCL：11，豆柄残片。泥制红陶，呈喇叭状。器表施三圈凹弦纹。残高4.0厘米（图三四，5）。

器把　1件。

2015LCL：10，夹砂红陶，剖面呈"S"形。器表施长条形按压纹。残高12.0厘米（图三四，10）。

器底　1件。

2015LCL：2，黄褐色硬陶，平底，斜直腹。器表施回字纹和交错线纹。残高2.0厘米（图三四，9）。

陶纺轮　1件。

2015LCL：3，夹砂黄陶，圆鼓状，上下面平整，四周外鼓，中部有一圆形穿孔。直径4.5、孔径0.5、残高3.3厘米（图三四，6；图版二，2）。

陶饼　1件。

2015LCL：4，夹砂红褐陶，为陶片磨制而成，圆饼状。素面。残高4厘米（图三四，7）。

3. 遗址性质与年代

城里环壕遗址所处地理位置优越，具有区域性典型特征，根据采集遗物分析，遗址年代大致可

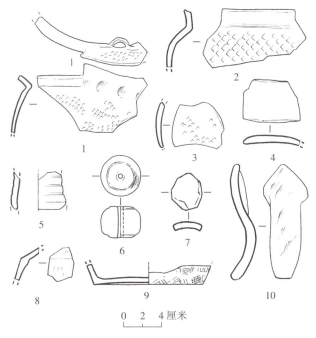

图三四 城里环壕遗址采集陶器

1~3、8. 罐（2015LCL：7、2015LCL：6、2015LCL：8、2015LCL：9） 4. 鼎足（2015LCL：12） 5. 豆（2015LCL：11）
6. 纺轮（2015LCL：3） 7. 饼（2015LCL：4） 9. 器底（2015LCL：2） 10. 把手（2015LCL：10）

1. 石锛（2015LCL：5）

2. 陶纺轮（2015LCL：3）

3. 陶罐（2015LCL：7）

4. 陶罐（2015LCL：7）（内）

图版二 城里环壕遗址采集遗物

分为以下两组：

第1组：器形以带柄盆、甗形器、方格纹罐、扁状鼎足为代表，纹饰以雷纹、折线纹、方格纹、菱格纹、重菱纹等为代表。该组所见陶器及纹饰，在信江流域的鹰潭角山遗址见有相同特征的器类，其年代可推断为商代。

第2组：以小方格纹、表面施釉的硬陶为代表。该组陶器在抚河流域有多处发现，其年代应晚于第一组，部分器类陶质坚硬，烧制火候较高，施釉特征明显，该组年代可判断为周代。

城里环壕遗址的发现与年代的初步判定，为抚河流域聚落形态增加了新的考古学资料，为区域社会演进探索提供了不可多得的考古学资料。

五　城下山环壕遗址

1. 遗址概况

城下山环壕遗址位于罗湖镇南头村委会城墩村城下山（图三五），南部为城墩村（图三六）。地理坐标为：北纬28°2′5.26″，东经116°23′14.46″，海拔36米。

遗址位于抚河东岸平地处，为一处环壕遗址，现残存一半，主体保留部分台地，呈不规则状（图三七），台地残高约1.5米，环壕宽约5米，地表长有竹林（图三八）。南侧壕沟外台地发现有文化层堆积，厚约1～1.4米（图三九），堆积内含少量烧土块和灰渣。地表采集到少量遗物。

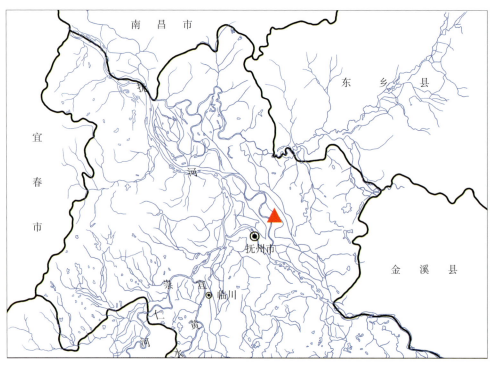

图三五　城下山环壕遗址位置示意图

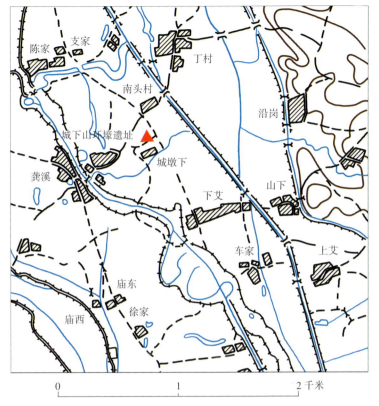

图三六 城下山环壕遗址地形示意图

图三七 城下山环壕遗址航拍图

图三八　城下山环壕遗址远景图（由东北向西南）

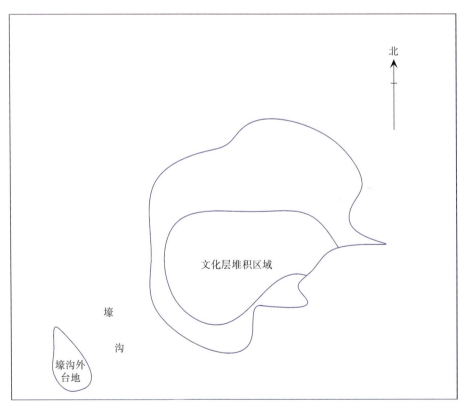

图三九　城下山环壕遗址勘探平面示意图

2. 遗物介绍

城下山环壕遗址采集有少量陶片，主要为夹砂陶，多为灰色、灰褐色，纹饰见有刻划纹、交错线纹、指窝纹等（图四〇），器形有鼎（足）、盆等。

图四〇　城下山环壕遗址采集陶片纹饰拓片
1. 指窝纹　2. 交错线纹

陶器

盆　1件。

2015LCX：2，夹砂黄陶，侈口，卷沿，方唇。素面。残高3.6厘米（图四一，2）。

器底　1件。

2015LCX：1，夹砂黄陶，斜直腹，平底。素面。残高3.2厘米（图四一，1）。

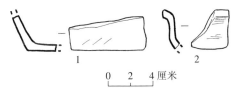

0　2　4厘米

图四一　城下山环壕遗址采集陶器
1. 器底（2015LCX：1）　2. 盆（2015LCX：2）

3. 遗址性质与年代

城下山环壕遗址由于后期破坏严重，该环壕保存不甚完整，但由中部台地及四周壕沟来看，基本具有区域环壕遗址的特征。从遗址采集陶片来看，未见印纹硬陶，陶器多为夹砂陶，并有陶鼎足残块发现，据此初步推测该遗址的年代为商周时期。

城下山环壕遗址的发现增加了区域内环壕遗址的数量，为抚河流域聚落形态演进提供了十分重要的考古资料。

六　城上老村环壕遗址

1. 遗址概况

城上老村环壕遗址位于温泉镇余坊村委会城上村城上老村（图四二），东距城上村387米，西北距余坊村721米（图四三）。地理坐标为：北纬27°57′57.0″，东经116°14′02.9″，海拔48米。

遗址位于抚河支流沿岸，地势较平坦。遗址主体为一台地，平面近长方形，南北长约151米，东西宽约110米，台地北部、西北部边缘地带稍高，其余区域较平缓，台地地表有废弃民屋、菜地（图四四）。台地顶部区域为杂草地，地表植被较茂密，整体高于外围稻田约0.5～1米（图四五）。西北部边缘地带树木茂盛，整体高于外围稻田约1～3米。有一现代道路从遗址中部东西向贯穿（图四六）。

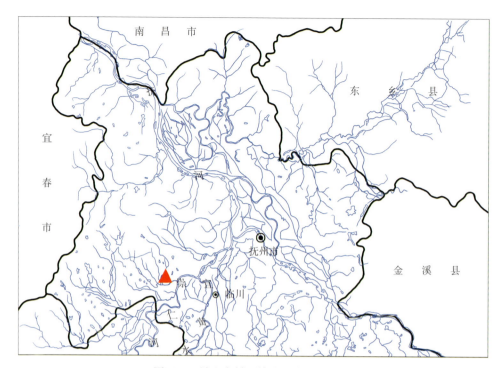

图四二　城上老村环壕遗址位置示意图

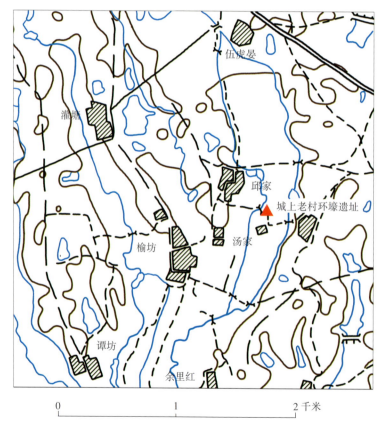

图四三　城上老村环壕遗址地形示意图

图四四 城上老村环壕遗址航拍图

图四五 城上老村环壕遗址远景图（由东向西）

在遗址中部台地北部发现 1 处残砖块、瓦片堆积区域（残砖块、瓦片堆积区域 I 区），平面近直角梯形，南北长约 14 ~ 16.7 米，东西宽约 17 米，堆积开口距地表 0.3 米，厚约 0.9 米，内包含砖块（红、蓝色）和瓦片。台地中部发现 1 处残砖块、瓦片堆积区域（残砖块、瓦片堆积区域 II 区），平面近梯形，东宽西窄，东西长约 13.6 米，南北宽约 8.4 ~ 10.5 米，堆积开口距地表 0.3

图四六 城上老村环壕遗址近景图（由北向南）

米，厚约0.7米，内包含砖块（红、蓝色）和瓦片。在残砖块、瓦片堆积Ⅱ区南侧也发现1处残砖块、瓦片堆积区域（残砖块、瓦片堆积区域Ⅲ区），平面近梯形，东西长约11～14.7米，南北宽约6.5米，堆积开口距地表0.2米，厚约0.5米，内包含砖块（红、蓝色）和瓦片。根据遗物推测残砖块、瓦片堆积区域应为近代房屋基址。在台地北部、西北部边缘地带现存一土墙，平面略呈"匚"形，残高约1.6～2.4米，结构较致密，质硬，土墙现宽4～16米（图四七）。

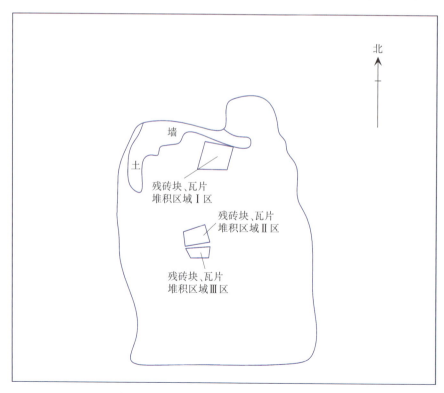

图四七 城上老村环壕遗址勘探平面示意图

2. 遗址性质与年代

城上老村环壕遗址被现代耕地破坏严重，但与区域内常见的环壕类聚落形态基本一致。由于该遗址调查和勘探过程中发现多处近现代废弃堆积，采集到零星夹砂陶片，通过与区域内相近遗址对比分析，初步推断城上老村环壕遗址的年代大致为先秦时期。

七　符仓村环壕遗址

1. 遗址概况

符仓村环壕遗址位于鹏田乡符仓村（图四八），东南距鹏乐段（道路）约 50 米，西距符仓村约 490 米，西南距曾家窠约 860 米（图四九）。地理坐标为：北纬 27°43′40.0″，东经 116°36′41.8″，海拔 71 米。

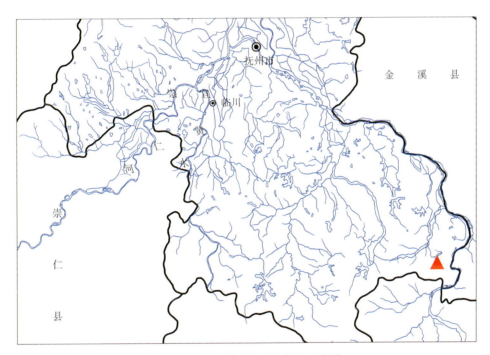

图四八　符仓村环壕遗址位置示意图

该遗址现为一高台地，整个区域被南侧贯穿而过的村道和水渠分割成南北两部分（图五〇），北侧区域平面为西北—东南向长方形，长约 72 米，宽约 56 米，区域西北部边沿地带地势较高，其余区域地势稍低且平坦。遗址南侧区域为一稍高台地，平面呈东北—西南向不规则形，长径约 37 米，短径约 13 米，植被较茂密（图五一）。经勘探，在台地西北部边缘地带发现一处文化层堆积区域，平面呈西北—东南向不规则形，长径约 42 米，短径约 6 米，面积约 153 平方米，文化层开口距地表 0.7 米，厚 0.5～0.7 米，堆积内包含少量烧土块、灰渣（图五二）。

2. 遗物介绍

遗址采集遗物较为丰富，主要有陶器残片和少量石器。

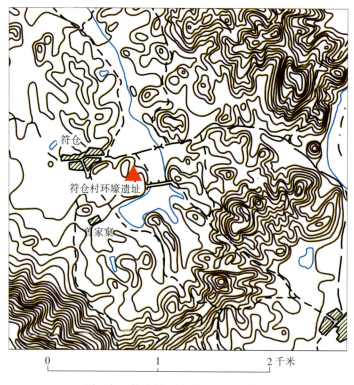

图四九　符仓村环壕遗址地形示意图

图五〇　符仓村环壕遗址航拍图

图五一　符仓村环壕遗址远景图（由西南向东北）

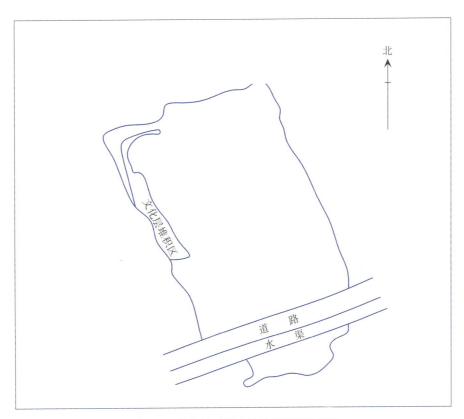

图五二　符仓村环壕遗址勘探平面示意图

（1）石器

石凿　1件。

2015LFC：1，灰白色石英岩磨制而成，截面呈不规则多边形，边缘近直，两端残。高7、厚

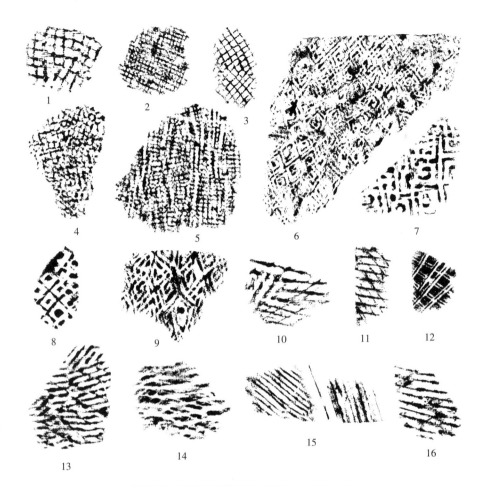

图五三　符仓村环壕遗址采集陶片纹饰拓片

1、3. 方格纹　2、4、5、11. 菱格纹　6、7、9. 雷纹　8. 方格纹＋圆点纹　10、13、14、16. 交错线纹　12. 刻划纹　15. 绳纹

2.8 厘米（图五四，3；图版三，1）。

　　砺石　1 件。

　　2015LFC：2，青灰色砂岩磨制而成，大致呈三角形，截面近梯形。器表有打磨痕迹。残高 5.4、厚 2 厘米（图五四，2；图版三，2）。

　　（2）陶器

　　符仓村环壕遗址采集的陶器以印纹硬陶居多，陶色主要为灰色、浅黄色；纹饰种类较多，有雷纹、弦纹、菱格纹、"方格纹"和"圆点"的组合纹饰、方格纹、绳纹（图五三），器形见有罐、尊；夹砂陶较少，陶色为灰褐色或褐色，多为素面，器形以罐和鼎（足）为主。

　　陶拍　2 件。

　　2015LFC：3，灰褐色硬陶，陶拍正面施雷纹。器柄表面较为光滑。残高 5.2、残宽 5.4 厘米（图五四，4；图版三，3）。

　　2015LFC：4，黄褐色硬陶，扁条状，截面大致呈矩形，两侧竖直。器表施绳纹。残高 14.4 厘米（图五四，1；图版三，4）。

　　罐　6 件。

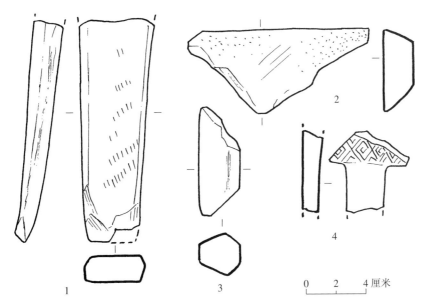

图五四 符仓村环壕遗址采集遗物

1. 陶拍（2015LFC：4） 2. 砺石（2015LFC：2） 3. 石凿（2015LFC：1） 4. 陶拍（2015LFC：3）

2015LFC：5，灰褐色硬陶，侈口，沿微卷，圆唇。素面。口径22厘米，残高4厘米（图五五，1；图版三，5）。

2015LFC：6，夹砂灰陶，侈口，宽折沿，方唇。器表施绳纹。残高5厘米（图五五，2）。

2015LFC：7，夹砂黄陶，侈口，沿略折，方圆唇。素面，口沿下有轮修痕迹。残高4.4厘米（图五五，3）。

2015LFC：8，浅灰色硬陶，侈口，折沿，方唇。素面。残高2厘米（图五五，6）。

2015LFC：9，夹砂灰褐陶，侈口，折沿，唇部残，折沿内侧有一圈凸棱。颈部有轮修痕迹。残高5.2厘米（图五五，5）。

2015LFC：10，腹部残片。灰色硬陶，弧腹，腹部外侧施一圈凸棱。器表施方格纹。残高5.6厘米（图五五，4；图版三，6）。

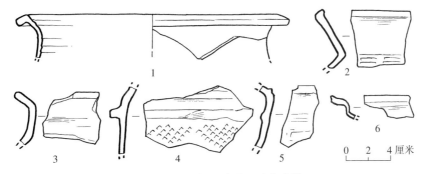

图五五 符仓村环壕遗址采集陶器

1~3、5~6. 罐（2015LFC：5、2015LFC：6、2015LFC：7、2015LFC：9、2015LFC：8） 4. 器腹残片（2015LFC：10）

鼎足 8件。根据截面形态可分为两型：

A 型 扁柱状足，截面呈扁圆形。7件。

2015LFC：11，夹砂黄褐陶。素面。残高7厘米（图五六，1；图版三，7）。

2015LFC：12，夹砂褐陶。素面。残高6.9厘米（图五六，2）。

2015LFC：13，夹砂黄陶。素面。残高8.4厘米（图五六，3；图版三，8）。

2015LFC：14，夹砂黄陶。素面。残高9.8厘米（图五六，4）。

2015LFC：16，夹砂红陶。素面。残高6.6厘米（图五六，7）。

2015LFC：17，夹砂黄褐陶。素面。残高8.2厘米（图五六，6）。

2015LFC：18，夹砂浅灰陶。素面。残高3.8厘米（图五六，5）。

B型　瓦状扁足。1件。

2015LFC：15，夹砂黄陶，两侧微卷，足腹连接处有烟炱痕迹。素面。残高5.0厘米（图五六，8）。

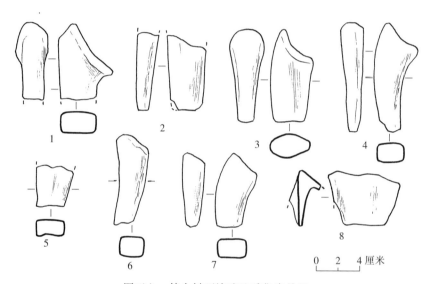

图五六　符仓村环壕遗址采集陶鼎足

1～8. 陶鼎足（2015LFC：11、2015LFC：12、2015LFC：13、2015LFC：14、2015LFC：18、2015LFC：17、2015LFC：16、2015LFC：15）

3. 遗址性质与年代

符仓村环壕遗址所处地理位置较为优越，环壕特征明确，从采集遗物进行比较，可将其年代大致分为以下三组：

第一组：以舌状鼎足、夹粗砂陶片为代表，该组陶器在邻近的鹰潭角山遗址发现有形制相似者，其年代大致为夏商时期。

第二组：以扁状鼎足、雷纹、菱格纹、方格纹为代表，该组陶器与赣江流域西周时期遗址所见陶器十分相近，在抚河流域多处遗址中也有较多相似的陶器发现，可判断其年代主要集中在西周时期。

第三组：以小方格纹、部分器表有施釉现象的陶片为代表。可推断其年代大致为东周时期。

通过对以上年代及遗址性质的初步判断，可确定该遗址的性质为环壕聚落，该遗址的发现和初步分析为抚河流域文化序列的构建、区域内聚落环壕形态的演进提供了十分重要的考古资料。

1. 石凿（2015LFC：1）

2. 砾石（2015LFC：2）

3. 陶拍（2015LFC：3）

4. 陶拍（2015LFC：4）

5. 陶罐（2015LFC：5）

6. 陶罐（2015LFC：10）

7. 陶鼎足（2015LFC：11）

8. 陶鼎足（2015LFC：13）

图版三　符仓村环壕遗址采集遗物

八 壕里环壕遗址

1. 遗址概况

壕里环壕遗址位于罗湖乡塘头村委会五组塘头小学附近（图五七），北面 300 米为塘头村，西 400 米为沙路，东 600 米处为新积村。遗址处于抚河支流沿岸，临近山岗边缘（图五八）。地理坐标为：北纬 28°04′28.4″，东经 116°24′17.7″，海拔 43 米。

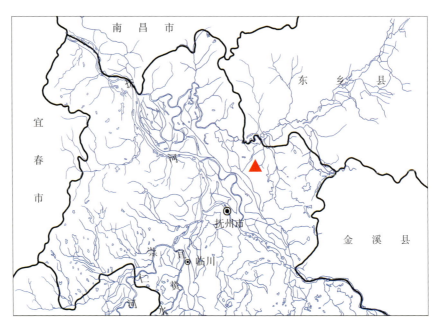

图五七　壕里环壕遗址位置示意图

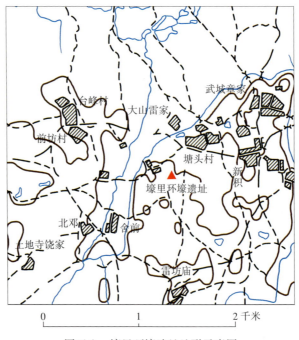

图五八　壕里环壕遗址地形示意图

该遗址中部为一近方形台地，四周为环壕，环壕外围有壕沟（图五九），深度在 1.5~3 米，台地顶部为草地，有现代坟墓（图六〇）。壕沟保存较好，除东北角被破坏以外，其余完整（图六一）。遗址内发现有 2 处文化层堆积区，文化层堆积 I 区位于中部台地中西部，厚约 0.4~1.1 米，堆积内包含部分灰渣和烧土块；文化层堆积 II 区位于中部台地东南部，厚约 0.9~1 米，堆积内包含部分灰渣和烧土块（图六二）。

图五九　壕里环壕遗址航拍图

图六〇　壕里环壕遗址远景图（由北向南）

图六一　壕里环壕遗址中部台地（由西南向东北）

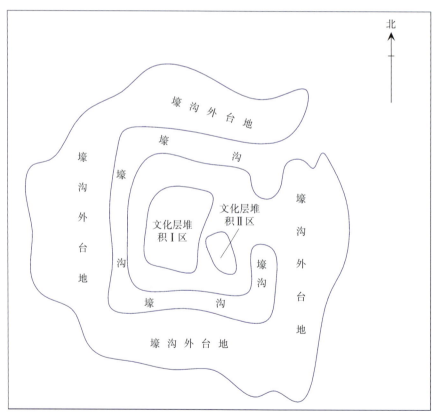

图六二　壕里环壕遗址勘探平面示意图

2. 遗物介绍

　　壕里环壕遗址采集遗物较少，均为陶器，以印纹硬陶为主，夹砂陶较少；硬陶为灰色、灰褐色，纹饰有绳纹、折线纹、菱格纹、交错线纹（图六三），器形主要为罐；夹砂陶多为红色、灰褐色，纹饰除少量绳纹外多为素面，器形有鼎（足）、罐、豆等。

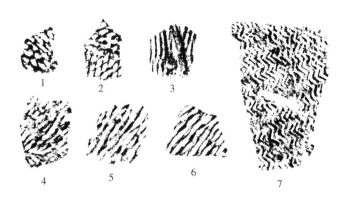

图六三　壕里环壕遗址采集陶片纹饰拓片

1、2. 菱格纹　3、5~6. 交错线纹　4. 绳纹　7. 折线纹

罐　1件。

2015LHL：1，夹砂浅黄陶，侈口，宽折沿，素面。残高3.8厘米（图六四，1）。

豆　1件。

2015LHL：2，夹砂灰褐陶，空心柄，喇叭口状外撇，近底两侧有对称圆孔。素面。残高3.6厘米（图六四，2）。

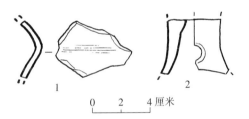

图六四　壕里环壕遗址采集陶器

1. 罐（2015LHL：1）　2. 豆（2015LHL：2）

3. 遗址性质与年代

壕里环壕遗址保存较为完整，中部台地及四周壕沟均较为完整。遗址地处河流沿岸，地理位置较为优越。遗址采集遗物数量很少，仅从所得陶片及纹饰来看，以印纹硬陶为主，多见有绳纹、折线纹、菱格纹等。此类纹饰风格为周邻地区商周时期常见。因此，可初步推断该遗址的年代为商周时期。

壕里环壕遗址聚落的发现与年代的初步推断，为抚河流域文化序列的建构、聚落的演进及社会复杂化的研究提供了十分重要的考古学资料。目前对该遗址仍有诸多疑问需解决，有待于对该地区早期环壕类遗址开展深入的考古工作。

九　壕岭环壕遗址

1. 遗址概况

壕岭环壕遗址位于高坪镇阳城村委会阳城村壕岭山上（图六五），东北侧约300米为阳城村，西侧约300米为红旗水库拦水坝，北侧即为乡道。遗址处于崇仁河支流沿岸，外围为山岗，遗址所处地势较平坦（图六六）。遗址地理坐标为：北纬27°59′24.36″，东经116°9′15.94″，海拔74米。

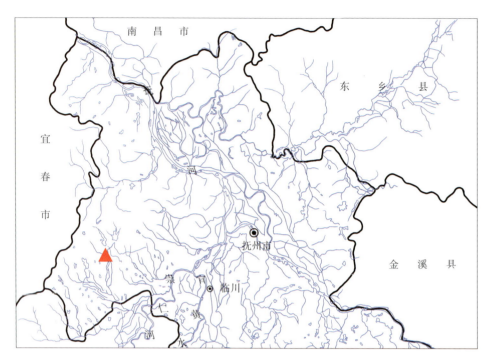

图六五　壕岭环壕遗址位置示意图

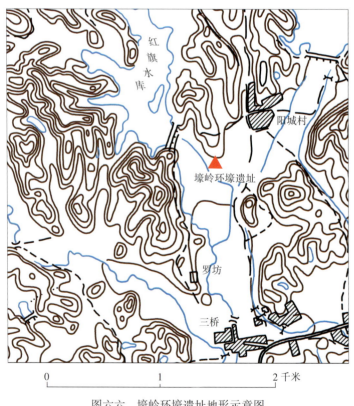

图六六　壕岭环壕遗址地形示意图

该遗址中部为一台地，四周环壕被破坏严重（图六七），台地长83米，宽82米，地表现为竹林，壕沟现存宽约6~11米（图六八；图六九）。在台地中部发现1处文化层堆积区域，厚约0.9~1.4米，分布范围较大，堆积内含少量烧土块和灰渣等。遗址地表现为废弃的房屋及菜地，采集有零星遗物（图七〇）。

图六七　壕岭环壕遗址航拍图

图六八　壕岭环壕遗址远景图（由西北向东南）

图六九　壕岭环壕遗址中部台地（由东南向西北）

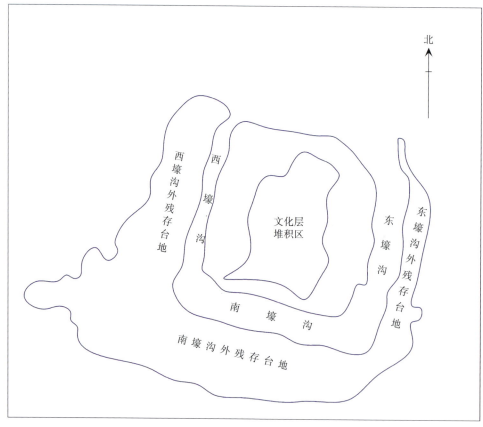

图七〇　壕岭环壕遗址勘探平面示意图

2. 遗物介绍

壕岭环壕遗址采集遗物较少，均为陶器残片。陶器以印纹硬陶为主，有灰色、灰褐色陶，纹饰有方格纹、菱格纹、绳纹、交错绳纹（图七一），器形见有罐等；夹砂陶较少，多为灰色及灰褐色，均为素面，器形见有罐。

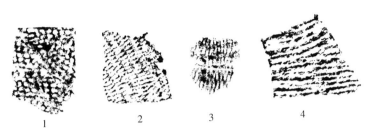

图七一　壕岭环壕遗址采集陶片纹饰拓片
1. 方格纹　2. 菱格纹　3、4. 交错绳纹

罐　2件。

2015LHL：1，灰褐色硬陶，侈口，宽折沿，唇内侧见有一周凸棱。口沿内侧有轮修痕迹。素面。残高3.0厘米（图七二，1）。

2015LHL：2，夹细砂红褐陶，侈口，宽折沿，圆唇。唇内侧有凸棱，素面。残高4厘米（图七二，2）。

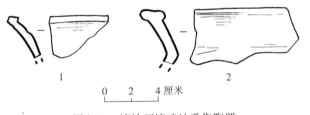

图七二　壕岭环壕遗址采集陶器
1～2. 罐（2015LHL：1、2015LHL：2）

3. 遗址性质与年代

壕岭环壕遗址位于河流沿岸，周边有低矮岗地，遗址虽遭到破坏，但环壕基本形态较为明确。通过对采集陶片进行比较分析，可大致划分为以下两个年代组：

第一组：以印纹硬陶罐、方格纹、菱格纹、绳纹为代表，所见陶罐口沿宽折，唇内侧见有凸棱，为该区域西周时期常见特征。因此，可判断该遗址年代为西周时期。

第二组：该组所见小方格纹及硬陶器表多见有施釉痕迹，这种特征为区域内东周时期陶器所常见。因此，可判断该组遗存年代大致为东周时期。

壕岭环壕遗址的发现增加了抚河流域聚落类型的考古材料，为区域社会演进及人地关系研究提供了十分重要的考古信息。

一〇　壕上环壕遗址

1. 遗址概况

壕上环壕遗址位于大岗镇乔山村委会璜坊村壕上山（图七三），东南约500米为坪上村，西北约 500 米为厚源村，北侧有水库（图七四）。地理坐标为：北纬 28°7′26.13″，东经 116°10′26.77″，海拔 58 米。

图七三　壕上环壕遗址位置示意图

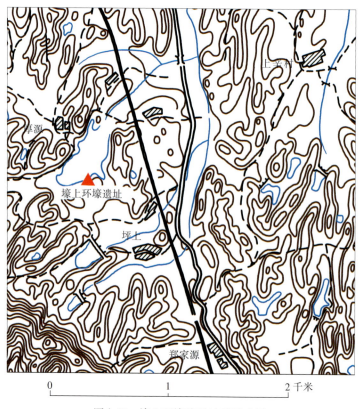

图七四　壕上环壕遗址地形示意图

遗址处于抚河流域沿岸，地势较为平坦。该遗址平面呈不规则形，主要由中部台地、四周壕沟和壕沟外墙组成（图七五）。中部台地平面呈南北向不规则形，南北长径约 66 米，东西短径约 56 米，台地外围稍高，中部区域稍低，地表植被较为茂密。四周壕沟保存较为完整，壕沟现宽约 5～18 米。壕沟外墙宽约 7～20 米，保存较为完整（图七六）。台地中部发现 2 处文化层堆积区，Ⅰ区位于中部台地南侧，厚约 0.6～0.9 米，堆积内包含部分灰渣和烧土块；Ⅱ区位于中部台地北侧厚约 0.6～1.3 米，堆积内包含部分灰渣和烧土块。在遗址地表采集到少量陶片及鼎足（图七七）。

图七五　壕上环壕遗址航拍图

图七六　壕上环壕遗址远景图（由西南向东北）

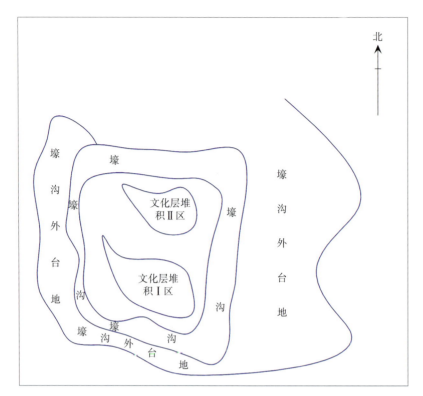

图七七　壕上环壕遗址勘探平面示意图

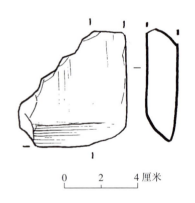

图七八　壕上环壕遗址采集石器
石锛（2015LHS：1）

2. 遗物介绍

采集遗物较少，主要有石器 1 件，陶器残片若干。

（1）石器

石锛　1 件。

2015LHS：1，黄色砾石磨制而成，顶端残，两侧平直，单面斜刃，器表磨制较为规整。残高 6 厘米（图七八；图版四，1、2）。

（2）陶器

壕上环壕遗址采集陶器较少，以夹砂陶为主，硬陶较少；夹砂陶多为灰色、灰褐色，纹饰有绳纹，器形只有罐、鼎（足）；硬陶多为灰色，纹饰以交错线纹、菱格纹为多，器形有陶罐。

罐　1 件。

2015LHS：2，灰色硬陶，侈口，尖圆唇。器表饰菱格纹。残高 5.0 厘米（图七九，1；图版四，3）。

圈足　1 件。

2015LHS：3，泥质黄陶，平底，矮圈足，略外撇。素面。残高 2.4 厘米（图七九，2）。

鼎足　3 件。均为扁柱状足，截面呈扁圆形。

2015LHS：4，夹砂灰褐陶。素面。残高 5.6 厘米（图七九，3）。

2015LHS：5，夹砂黄陶。素面。残高 6 厘米（图七九，5；图版四，4）。

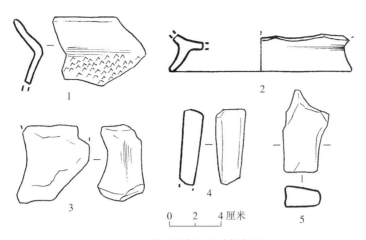

图七九　壕上环壕遗址采集陶器

1. 罐（2015LHS：2）　　2. 圈足（2015LHS：3）　　3~5. 鼎足（2015LHS：4、2015LHS：6、2015LHS：5）

1. 石锛（2015LHS：1）

2. 石锛（2015LHS：1）（背）

3. 陶罐（2015LHS：2）

4. 陶鼎足（2015LHS：5）

图版四　壕上环壕遗址采集遗物

2015LHS：6，夹砂黄陶。素面。残高5.4厘米（图七九，4）。

3. 遗址性质与年代

壕上环壕遗址地势低缓，中心台地、壕沟及外侧台地，具备了环壕的基本形态，从采集所得的遗物来看，所见素面扁足鼎在金溪釜山遗址、宜黄县锅底山遗址新石器时代晚期遗存①中均可见到，此类鼎足形态应该有较长的流行时间；所见印纹硬陶器与该区域商周时期陶器风格相近。因此可判定该遗址的年代为新石器时代晚期至商周时期。

壕上环壕遗址的发现与年代的判定，为区域内聚落形态、人地关系、社会演进等方面的研究提供了重要的考古实物资料。

一一 河塘山环壕遗址

1. 遗址概况

河塘山环壕遗址位于温泉镇中余村委会中余村东南角（图八〇）。北距 057 乡道 104 米，东北距燕子窝约 400 米（图八一）。地理坐标为：北纬 27°59′36.1″，东经 116°15′20.5″，海拔 42 米。

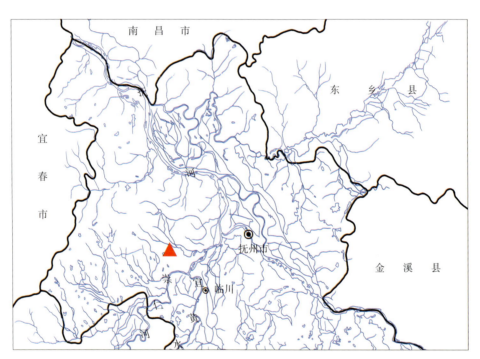

图八〇　河塘山环壕遗址位置示意图

遗址处于崇仁河支流沿岸，地势较为平坦。该遗址平面呈不规则形，主要由中部高台地、四周壕沟和壕沟外台地组成（图八二）。中部高台地平面近长方形，东西长径约 124 米，南北短径约 97 米，面积约 10754.7 平方米。台地西南部、南部较高，其余区域低缓，台地高于四周农田约 3～5 米，台地上建有房屋、寺庙、信号塔。壕沟现存东北部、南部残段，现存宽约 15～23 米，壕沟内现为稻田。壕沟外侧台地现存东北部、南部台地，现存宽约 1～18 米，地表现为杂草丛，植被较为茂密，整体高于周围农田约 1～3 米（图八三）。

台地西北部有一村道（土路）连接村庄，台地四周有人工水渠（图八四）。在该调查区域内中

① 江西省文物考古研究院发掘材料。

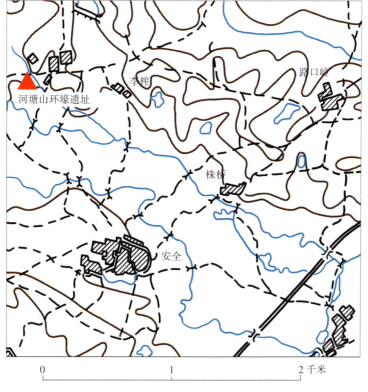

图八一 河塘山环壕遗址地形示意图

图八二 河塘山环壕遗址航拍图

图八三　河塘山环壕遗址远景图（由东向西）

图八四　河塘山环壕遗址南部壕沟（由西向东）

部台地东南部发现 1 处文化层堆积区域（文化层堆积Ⅰ区），平面近"L"形，宽约 7.3～17.1 米，面积约 1134 平方米，堆积距地表约 0.4～0.8 米，厚约 0.8～1.0 米，包含部分烧土块和灰渣。在台地西侧发现 1 处文化层堆积区域（文化层堆积Ⅱ区），平面近椭圆形，长径约 27.5 米，短径约 21.6 米，面积约 287 平方米，堆积距地表约 0.8 米，厚约 1.2 米，包含部分烧土块、灰渣和陶片。在中台地北部发现 1 处文化层堆积区域（文化层堆积Ⅲ区），平面近椭圆形，长径约 41.2 米，短径约 24 米，面积约 528 平方米，堆积距地表约 0.8 米，厚约 2.5 米，包含部分烧土块和灰渣（图八五）。

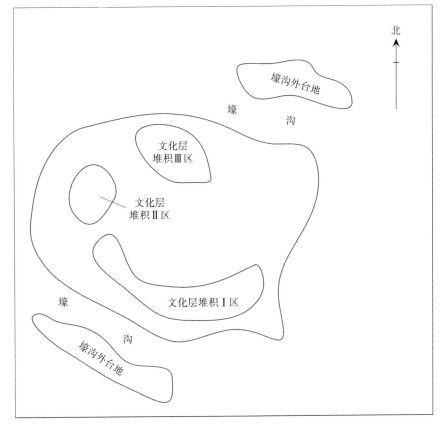

图八五　河塘山环壕遗址勘探平面示意图

2. 遗物介绍

河塘山环壕遗址采集遗物较少，以陶片为主。该遗址陶器以夹砂陶为主，印纹硬陶较少。夹砂陶多为褐色、浅灰色，多素面，器形有鼎（足）、罐。印纹硬陶多为灰色、灰褐色，纹饰有方格纹、菱格纹、短线纹、交错绳纹（图八六），器形见有豆、罐等。

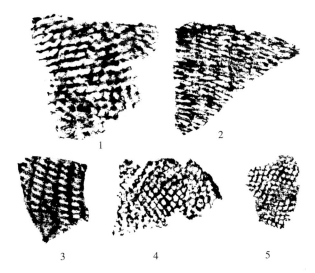

图八六　河塘山环壕遗址采集陶片纹饰拓片
1、2. 交错绳纹　3. 席纹　4、5. 菱格纹

罐　3件。

根据口沿形态可分为两型：

A型：直口，1件。

2015LHTS：2，泥制灰陶，圆唇。素面。残高3.6厘米（图八七，1）。

B型：侈口，2件。

2015LHTS：3，夹砂黄褐陶，折沿，唇部残。素面。残高3.8厘米（图八七，2）。

2015LHTS：4，夹砂浅灰陶，折沿，方唇。素面。残高5.2厘米（图八七，3；图版五，2）。

鼎足　3件。

2015LHTS：1，夹砂黄陶，柱状足，截面呈椭圆形。素面。残高5.2厘米（图八七，6；图版五，1）。

2015LHTS：5，夹砂黄陶，截面近"T"形。素面。残高5.3厘米（图八七，4）。

2015LHTS：6，夹砂浅红陶，柱状足，截面呈圆形。一侧足上部有两个按压凹窝。残高8厘米（图八七，5；图版五，3、4）。

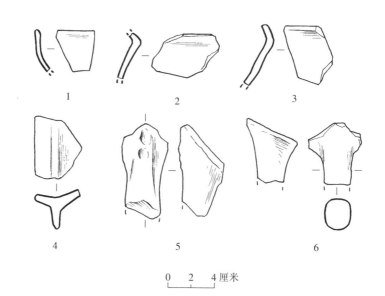

0　2　4厘米

图八七　河塘山环壕遗址采集陶器

1～3. 罐（2015LHTS：2、2015LHTS：3、2015LHTS：4）　　4～6. 鼎足（2015LHTS：5、2015LHTS：6、2015LHTS：1）

3. 遗址性质与年代

河塘山环壕遗址位于河流冲积平原区，地理位置较为优越，环壕特征较为明显。根据采集到的陶器，可将该遗址划分为以下两个年代组：

第一组：以"T"形、带按压凹窝鼎足为代表，该类型器物具有新石器时代晚期特征。此类鼎足在抚河流域及周边地区多处遗址均有发现。因此，推断该组年代大致为新石器时代晚期至夏商时期。

第二组：以小方格纹印纹硬陶为代表。该组所见印纹硬陶陶质较为坚硬，小方格纹多见，基本与抚河流域东周时期陶器风格一致。因此，可推断该组遗存年代大致为东周时期。

河塘山环壕遗址的发现与初步研究，为区域聚落环壕的演进及社会复杂化进程研究提供了十分重要的考古学资料。

1. 陶鼎足（2015LHTS：1）

2. 陶罐（2015LHTS：4）

3. 陶鼎足（2015LHTS：6）

4. 陶鼎足（2015LHTS：6）

图版五 河塘山环壕遗址采集遗物

一二 厚泽村环壕遗址

1. 遗址概况

厚泽村环壕遗址位于桐源乡岭西村委会厚泽村（图八八），遗址西北紧靠刘公山环壕遗址，北面150米处为厚泽村，东南1.1千米处为陶村（图八九）。地理坐标为：北纬28°05′06.1″，东经116°09′21.4″，海拔49米。

遗址位于抚河支流沿岸，地势较平坦。该遗址平面近长方形，主要由中部台地和残存的北壕沟组成（图九〇）。中部台地平面近西北—东南向长方形，长约95米，宽约90米，台地地势较平坦，整体高于外围农田约3～4米。残存北壕沟宽约18～23米。残存北壕沟外有台地存在，该台地为刘公山环壕遗址南壕沟外台地，推测该台地可能为两处环壕遗址共用壕沟外台地（图九一）。中部台地西北部发现有2处文化层堆积区域，Ⅰ区位于台地西北部，厚约0.5～0.7米，堆积内包含部分灰渣和烧土块；Ⅱ区位于台地偏西，厚约0.7～0.9米，堆积内包含部分灰渣和烧土块。地表采集到少量遗物（图九二）。

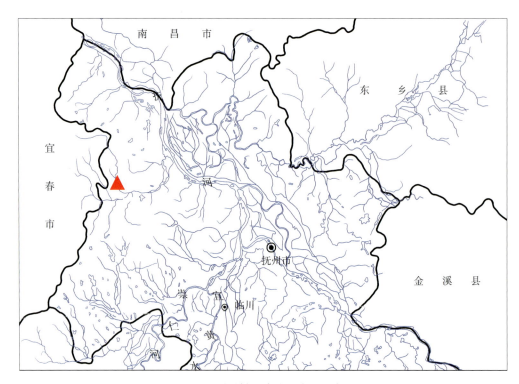

图八八　厚泽村环壕遗址位置示意图

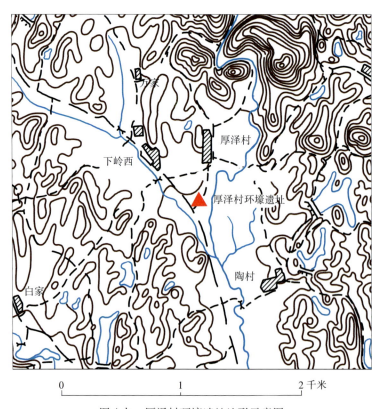

图八九　厚泽村环壕遗址地形示意图

图九〇　厚泽村环壕遗址航拍图

图九一　厚泽村环壕遗址远景图（由东向西）

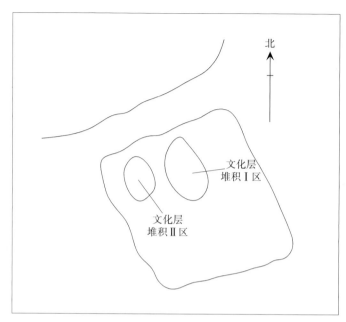

图九二　厚泽村环壕遗址勘探平面示意图

图九三　厚泽村环壕遗址
采集石器
石矛（2015LHZ：2）

2. 遗物介绍

厚泽村环壕遗址采集到遗物较少，有石矛1件及少量陶片，另采集到两件石器毛坯。

（1）石器

石矛　1件

2015LHZ：2，青石磨制而成，有打制痕迹，截面呈扁圆形。残高5.0厘米（图九三；图版六，1）。

（2）陶器

陶器多为印纹硬陶和夹砂陶，以印纹硬陶为主，有灰色和灰褐色，纹饰有折线纹、菱格纹、方格纹、席纹等（图九四），器形主要为陶罐；夹砂陶数量较少，为灰色和灰褐色，均为素面，器形有罐、鼎（足）等。

罐　3件。

2015LHZ：1，夹砂黄陶，敛口，唇部残，口沿外侧饰一周凸棱。素面。残高3.2厘米（图九五，3）。

2015LHZ：3，黄褐色硬陶，敛口，圆唇。素面。残高3.4厘米（图九五，4）。

2015LHZ：4，夹砂红褐陶，侈口，折沿，圆唇，口沿外侧饰一周凸棱。素面。残高2.6厘米（图九五，2）。

鼎足　1件。

2015LHZ：5，夹砂黄陶，"T"字形足，截面呈三棱状。素面。残高5.8厘米（图九五，1；图版六，2）。

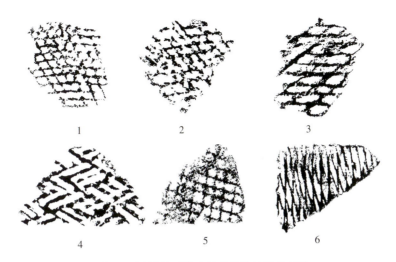

图九四　厚泽村环壕遗址采集陶片纹饰拓片

1~3. 菱格纹　4. 席纹　5. 方格纹　6. 交错线纹

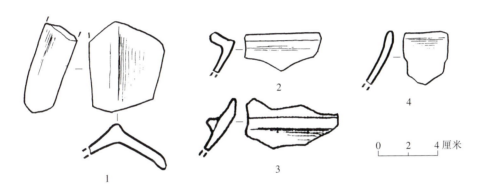

图九五　厚泽村环壕遗址采集陶器

1. 鼎足（2015LHZ：5）　2~4. 罐（2015LHZ：4、2015LHZ：1、2015LHZ：3）

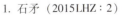
1. 石矛（2015LHZ：2）

2. 陶鼎足（2015LHZ：5）

图版六　厚泽村环壕遗址采集遗物

3. 遗址性质与年代

厚泽村环壕遗址地理环境较为优越，该遗址具有环壕类遗址的基本特征。从采集遗物来看，该遗址具有长时间的延续性，"T"字形鼎足为该区域新石器时代晚期的典型器类；所见印纹硬陶纹饰具有商周时期陶器纹饰的风格特征。因此，可初步判断该遗址的年代为新石器时代晚期至商周时期。

厚泽村环壕遗址是一处典型的环壕聚落，该遗址的发现与初步研究为抚河流域文化序列、聚落结构及社会演进等方面的探索提供了十分重要的考古学资料。

一三 华山观环壕遗址

1. 遗址概况

华山观环壕遗址位于太阳镇邓家村北（图九六），东南距邓家村约 400 米（图九七）。地理坐标为：北纬 28°03′42.1″，东经 116°29′20.9″，海拔 40 米。

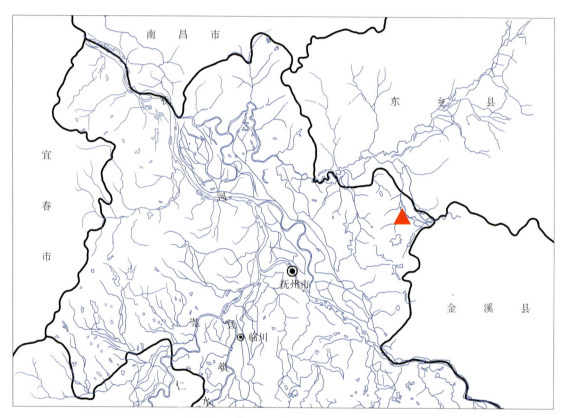

图九六 华山观环壕遗址位置示意图

遗址位于东乡河支流沿岸，地势较平坦。该遗址平面呈不规则形，主要由中部台地、四周壕沟和壕沟外台地组成（图九八）。中部台地平面近长方形，南北长约 84 米，南北宽约 66 米，台地北侧边沿地势较高。其余区域稍低且平缓，台地地表被树木、杂草和灌木丛等覆盖，植被非常茂密（图九九）。台地高于壕沟约 4~6 米。四周壕沟保存较为完整，壕沟现宽约 14~24 米，沟内部为稻田，东南部有一水塘。壕沟外台地保存较为完整，现宽约 6~41 米，现为毛竹林，植被非常茂密（图一〇〇）。

在遗址中部台地发现一处文化层堆积区，平面呈南北向不规则形，长径约 63 米，短径约 50 米，面积约 2407.1 平方米。文化层可划分为两层，上层为晚期文化层，厚约 0.4~1.5 米，堆积内

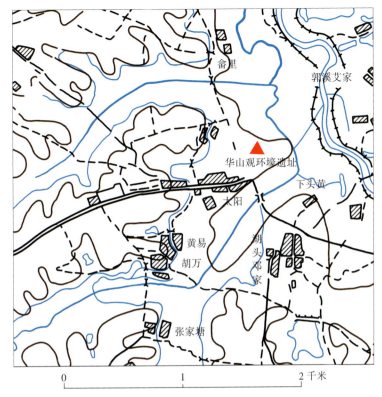

图九七 华山观环壕遗址地形示意图

图九八 华山观环壕遗址航拍图

图九九　华山观环壕遗址远景图（由东北向西南）

图一○○　华山观环壕遗址北壕沟（由东向西）

包含部分灰渣和烧土块；下层为早期文化层，厚约 1 ~ 1.3 米，堆积内包含部分灰渣和烧土块，两文化层间发现有垫土层（图一○一）。

2. 遗物介绍

华山观环壕遗址采集遗物较少，有穿孔石器 1 件，陶器残片若干。

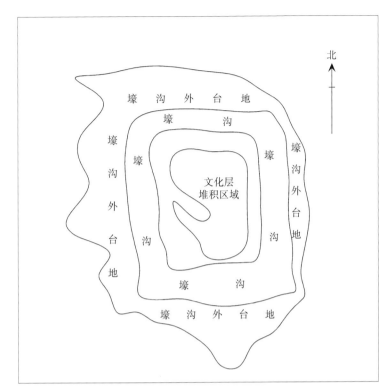

图一〇一 华山观环壕遗址勘探平面示意图

（1）石器

穿孔石器 1件。

2015LHSG：1，灰褐色砂岩磨制而成，截面近梯形，中部圆鼓，有一圆形穿孔。残宽5.1、残高3.9、厚约2厘米（图一〇二；图版七，1、2）。

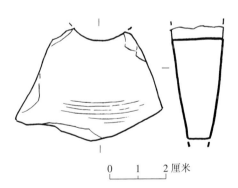

图一〇二 华山观环壕遗址采集石器
穿孔石器（2015LHSG：1）

（2）陶器

以夹砂陶为主，陶色多呈褐色、灰色，纹饰以素面为主，器形主要有罐；印纹硬陶较少，有灰色、灰褐色，纹饰见有方格纹、绳纹、菱格纹、小方格纹（图一〇三），器形有罐、钵等。

罐 1件。

2015LHSG：3，夹砂黄陶，近直口，方唇。素面。残高4厘米（图一〇四，2；图版七，4）。

图一〇三　华山观环壕遗址采集陶片纹饰拓片

1、2. 菱格纹　3. 绳纹　4. 交错绳纹

器底　1件。

2015LHSG：2，褐色硬陶，平底，斜腹。器表施方格纹。残高3.9厘米（图一〇四，1；图版七，3）。

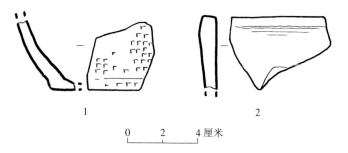

图一〇四　华山观环壕遗址采集陶器

1. 器底（2015LHSG：2）　2. 罐（2015LHSG：3）

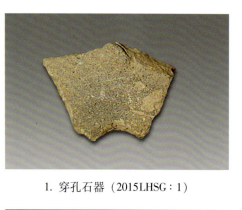

1. 穿孔石器（2015LHSG：1）

2. 穿孔石器（2015LHSG：1）（背）

3. 陶罐（2015LHSG：2）

4. 陶罐（2015LHSG：3）

图版七　华山观环壕遗址采集遗物

3. 遗址性质与年代

华山观环壕遗址位于河流沿岸，遗址位于较平坦的平地之上，人工堆积而成，中部台地较高，
是一处典型的环壕聚落。

将采集到的零星遗物进行比较，所见印纹硬陶较多，纹饰有小方格纹、绳纹等，其特征与抚河
流域西周时期所见印纹硬陶有较多的相似性。因此，可判断华山观环壕遗址的年代大致为两周时期
或略晚阶段。

华山观环壕遗址的发现，为区域聚落形态及抚河流域文明化进程等相关研究提供了十分重要的
考古学资料。

一四　界上鼓环壕遗址

1. 遗址概况

界上鼓环壕遗址位于青泥镇荣阳村委会郑家村（图一〇五），东北距围周家 250 米，北为 027
乡道，南面 600 米为合头村（图一〇六）。地理坐标为：北纬 27°47′29.2″，东经 116°36′41.6″，海
拔 60 米。

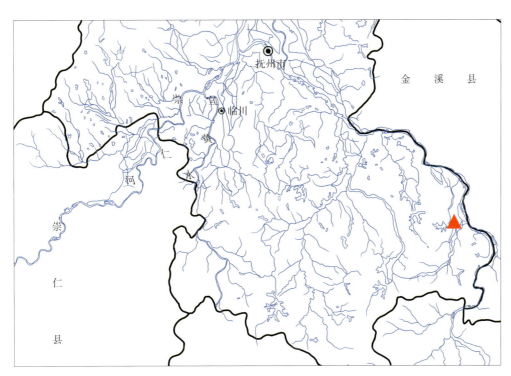

图一〇五　界上鼓环壕遗址位置示意图

遗址位于抚河沿岸，地势略平坦。该遗址为一处 100 米 × 100 米的方形台地，地表现为杂草丛和
松树林（图一〇七）。遗址壕沟及外围台地已被破坏（图一〇八；图一〇九）。遗址区域内发现 2 处
文化层堆积，Ⅰ区位于中部台地北部偏东，厚约 0.4 米，堆积内包含少量烧土块和灰渣；Ⅱ区位于
西壕沟外台地北侧，厚约 0.5 米，堆积内包含少量烧土块和灰渣等。遗址见有晚清和现代墓葬，部

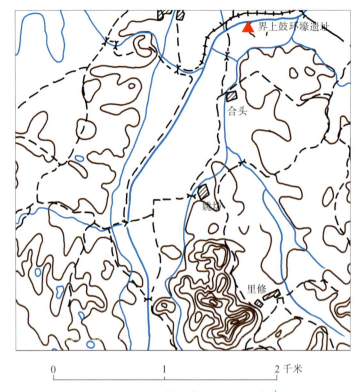

图一〇六　界上鼓环壕遗址地形示意图

图一〇七　界上鼓环壕遗址航拍图

图一〇八　界上鼓环壕遗址远景图（由南向北）

图一〇九　界上鼓环壕遗址中部台地近景图（由东北向西南）

分被盗，地表采集到少量遗物（图一一〇）。

2. 遗物介绍

界上鼓环壕遗址采集到的遗物较丰富，主要有石器和陶器，石器有石镞、砺石、石刀，陶器残片若干。

（1）石器

发现有石刀、石镞、砺石等。

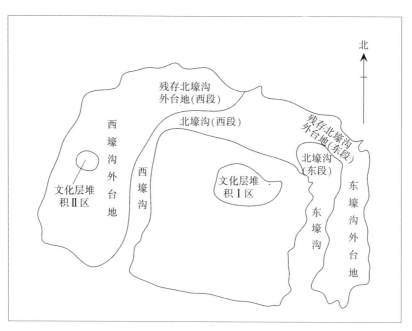

图一一〇　界上鼓环壕遗址勘探平面示意图

石刀　1件。

2015LJSG：1，青石磨制而成，弧背，单面直刃，近背处可见一圆形穿孔。残长3.8、孔径0.3厘米（图一一一，1；图版八，1、2）。

石镞　1件。

2015LJSG：10，青石磨制而成，尖锋残，两侧刃较锐利，器身中部起脊，截面呈菱形，三角形铤。残长5.9厘米（图一一一，3；图版八，3）。

砺石　2件。

2015LJSG：11，褐色砂岩磨制而成，器表有打制痕迹，研磨面内凹。残高10.4、残宽12、厚4.0厘米（图一一一，4；图版八，4）。

2015LJSG：12，半成品，黄褐色砂岩打制而成，顶端平直，底端及两侧打制成刃。残宽7厘米，残长9厘米，厚2.4厘米（图一一一，2）。

（2）陶器

陶器以印纹硬陶为主，夹砂陶较少。印纹硬陶多灰色、灰褐色，纹饰有绳纹、方格纹、菱格纹、雷纹、短线纹、交错线纹（图一一二），器形主要为罐；夹砂陶为灰色、灰褐色，纹饰有戳印纹、绳纹、交错绳纹，器形有罐、鼎（足）。

罐　11件。根据口沿及整体形态，可分为两型。

A型：折肩，浅腹，共5件。

2015LJSG：2，灰色硬陶，敞口，尖圆唇，折腹。器表施菱格纹。残高2.6厘米（图一一三，1；图版八，5）。

2015LJSG：3，灰色硬陶，敛口，尖圆唇。器表施菱格纹。残高4厘米（图一一三，2；图版八，6）。

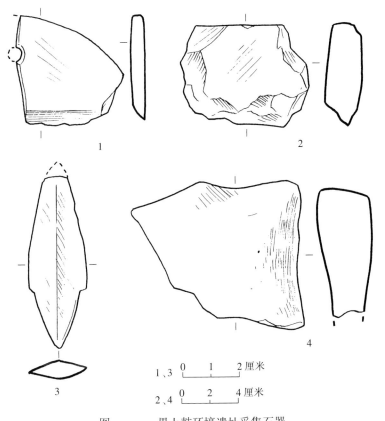

图一一一 界上鼓环壕遗址采集石器

1. 石刀（2015LJSG：1） 2、4. 砺石（2015LJSG：12、2015LJSG：11） 3. 石镞（2015LJSG：10）

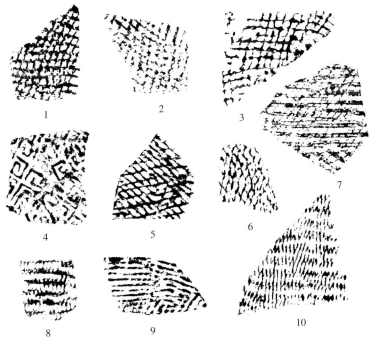

图一一二 界上鼓环壕遗址采集陶片纹饰拓片

1~3、5~6. 菱格纹 4. 变体雷纹 7、9. 交错线纹 8. 短线纹 10. 折线纹

2015LJSG：15，灰褐色硬陶，侈口，窄折沿，圆唇。器表施菱格纹。残高2.6厘米（图一一三，4）。

2015LJSG：13，褐色硬陶，侈口，折沿，唇部残。器表施菱格纹。残高4.8厘米（图一一三，6）。

2015LJSG：19，夹砂红陶，侈口，折沿，唇部残。素面。残高3厘米（图一一三，11）。

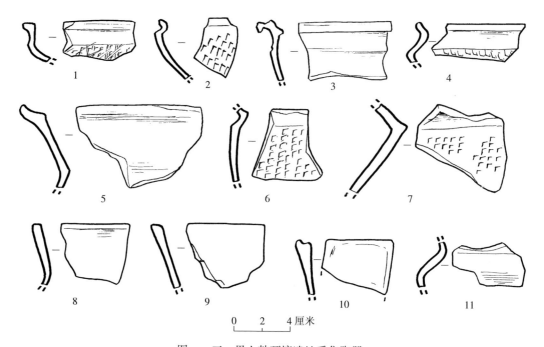

图一一三　界上鼓环壕遗址采集陶器

1~11. 罐（2015LJSG：2、2015LJSG：3、2015LJSG：4、2015LJSG：15、2015LJSG：5、2015LJSG：13、2015LJSG：14、2015LJSG：16、2015LJSG：17、2015LJSG：18、2015LJSG：19）

B 型：侈口，宽折沿，共6件。

2015LJSG：4，灰色硬陶，方唇。器壁内侧可见一周凸棱，素面。残高4厘米（图一一三，3；图版九，1、2）。

2015LJSG：5，夹砂黄陶，尖圆唇。素面。残高5.6厘米（图一一三，5）。

2015LJSG：14，褐色硬陶，唇部残。器表施菱格纹。残高6厘米（图一一三，7）。

2015LJSG：16，夹砂黄陶，方唇。素面。残高4厘米（图一一三，8）。

2015LJSG：17，夹砂黄陶，方唇。素面。残高4.4厘米（图一一三，9）。

2015LJSG：18，夹砂黄陶，方唇沿面内凹。素面。残高3.9厘米（图一一三，10）。

鼎足　13件。按截面形态可分为三型。

A 型：瓦状扁足，共4件

2015LJSG：20，夹砂黄褐陶。素面。残高4.7厘米（图一一四，2）。

2015LJSG：8，夹砂灰陶，足根部一道凸棱。残高6厘米（图一一四，3）。

2015LJSG：21，夹砂浅黄陶。素面。残高8.4厘米（图一一四，5；图版九，5、6）。

1. 石刀（2015LJSG：1）

2. 石刀（2015LJSG：1）（背）

3. 石镞（2015LJSG：10）

4. 砺石（2015LJSG：11）

5. 陶罐（2015LJSG：2）

6. 陶罐（2015LJSG：3）

图版八 界上鼓环壕遗址采集遗物

2015LJSG：25，夹砂黄陶，外撇。素面。残高9.6厘米（图一一五，3）。

B型，扁状柱足，共6件。

2015LJSG：6，夹砂黄陶。素面。残高8.6厘米（图一一四，1）。

2015LJSG：7，夹砂红陶，截面呈长条形。足上部可见数道戳印短刻槽。残高4.2厘米（图一

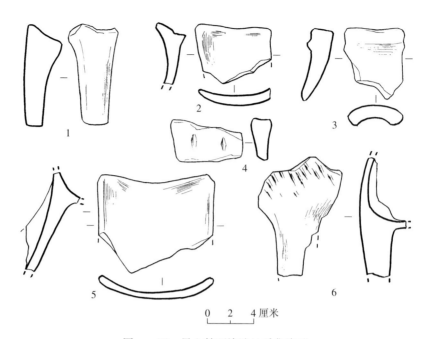

图一一四　界上鼓环壕遗址采集陶器

1～6. 鼎足（2015LJSG：6、2015LJSG：20、2015LJSG：8、2015LJSG：7、2015LJSG：21、2015LJSG：24）

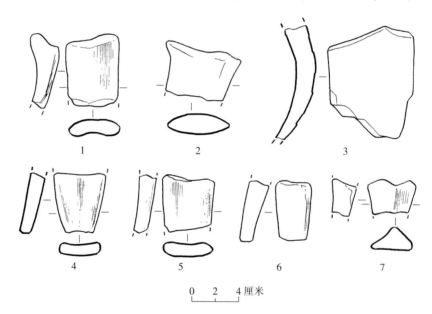

图一一五　界上鼓环壕遗址采集陶器

1～7. 鼎足（2015LJSG：22、2015LJSG：23、2015LJSG：25、2015LJSG：26、2015LJSG：27、2015LJSG：28、2015LJSG：9）

一四，4；图版九，3）。

2015LJSG：22，夹砂黄陶。素面。残高6厘米（图一一五，1）。

2015LJSG：23，夹砂黄褐陶，足腹连接处有烟炱痕迹，截面呈扁圆形。素面。残高4.9厘米（图一一五，2）。

2015LJSG：24，夹砂灰陶，截面呈圆形。足腹连接处施绳纹。残高10.2厘米（图一一四，6；图版九，7、8）。

1. 陶罐（2015LJSG：4）（内）　　　　　　　2. 陶罐（2015LJSG：4）

3. 陶鼎足（2015LJSG：7）　　　　　　　　4. 陶鼎足（2015LJSG：26）

5. 陶鼎足（2015LJSG：21）（内）　　　　　　6. 陶鼎足（2015LJSG：21）

7. 陶鼎足（2015LJSG：24）　　　　　　　　8. 陶鼎足（2015LJSG：24）（侧）

图版九　界上鼓环壕遗址采集遗物

2015LJSG：26，夹砂灰褐陶，截面呈近矩形。足部一侧施戳印纹。残高5厘米（图一一五，4；图版九，4）。

2015LJSG：27，夹砂红陶，截面呈不规则状弧形。素面。残高4.7厘米（图一一五，5）。

2015LJSG：28，夹砂灰陶，截面呈椭圆形。素面。残高5厘米（图一一五，6）。

C型：三棱状足，截面近三角形，1件。

2015LJSG：9，夹砂黄陶。素面。残高2.8厘米（图一一五，7）。

3. 遗址性质与年代

界上鼓环壕遗址是一处典型的环壕遗址，遗址采集遗物较为丰富，根据采集遗物特征，可将该遗址年代分为两组：

第一组：以舌状鼎足、三棱形鼎足、夹砂陶罐及雷纹等为代表。鼎足与抚河流域新石器时代晚期同类器形十分相近，所见印纹硬陶纹饰以雷纹为多见，其年代略晚。因此，可推测该组年代为新石器时代晚期或略晚。

第二组：以菱格纹、方格纹及宽折沿罐为代表。从印纹硬陶纹饰来看，菱格纹、方格纹多流行于区域内商周时期，所见宽折沿罐为西周时期多见。因此，该组年代可判断为商周时期。

通过对界上鼓环壕遗址的调查与初步研究，为该区域聚落类型的划分及文化序列演进等方面的研究提供了十分重要的考古资料。

一五 乐家寨Ⅰ号环壕遗址

1. 遗址概况

乐家寨Ⅰ号环壕遗址位于河西乡乐家寨乐佳山上（图一一六），北侧环壕与乐家寨2号遗址相连，南距063乡道344米，东西两侧均为橘林（图一一七）。地理坐标为：北纬27°55′29.6″，东经116°16′07.0″，海拔55米。

遗址位于宜黄水沿岸，地形较平坦。遗址平面呈不规则形，主要由中部台地、四周壕沟组成（图一一八）。中部台地长径约106米，短径约77米。台地东北部因取土被破坏，边缘地带植被较为茂密；中部区域为杂草地，台地西北部有一信号塔。仅存西北部和东南部壕沟，壕沟宽约8～15米，现为水塘（图一一九）。

经勘探，在遗址台地中部偏东地带发现1处文化层堆积区域（文化层堆积Ⅰ区），平面近椭圆形，长径13.2米，短径约8.4米，面积约60.6平方米，堆积开口距地表0.8米，厚约0.4米，文化层堆积包含部分烧土块（图一二〇）。台地东南部发现1处文化层堆积区域（文化层堆积Ⅱ区），平面呈西北—东南不规则形，长径约31.1米，短径约12.8米，面积约95.7平方米。堆积开口距地表1米，厚约0.6米，堆积包含部分灰渣和红烧土块。台地西北部发现1处文化层堆积区域（文化层堆积Ⅲ区），平面近椭圆形，长径约31.6米，短径24.4米，面积约428.6平方米，堆积开口距地表1米，厚约1.5米，堆积包含少量烧土块。在台地北侧中部被破坏区域断面可见土墙，墙体开口于地表1米处，厚约0.8米，墙基向下打破生土约0.3米，土墙堆积较致密，质地较硬（图一二一）。

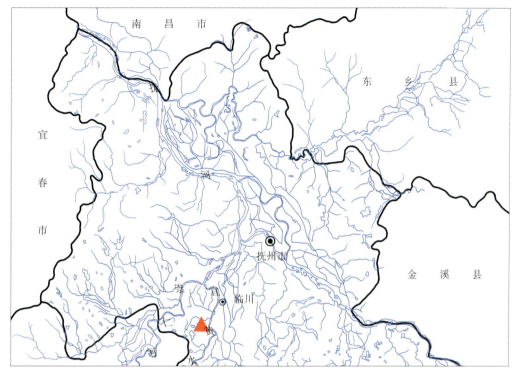

图一一六 乐家寨Ⅰ号环壕遗址位置示意图

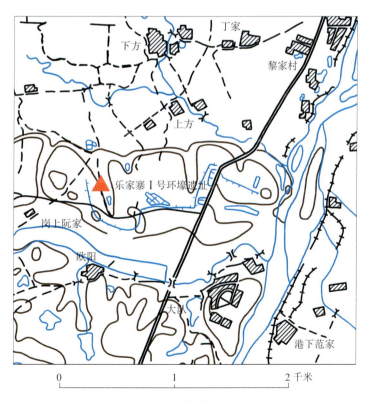

图一一七 乐家寨Ⅰ号环壕遗址地形示意图

图一一八　乐家寨Ⅰ号环壕遗址航拍图

图一一九　乐家寨Ⅰ号环壕遗址远景图（由西南向东北）

2. 遗物介绍

乐家寨Ⅰ号环壕遗址采集遗物较为丰富，石器有石镞、石球各1件，陶器残片若干。

图一二〇　乐家寨 I 号环壕遗址地层堆积

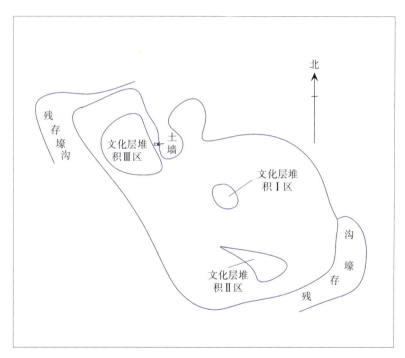

图一二一　乐家寨 I 号环壕遗址勘探平面示意图

（1）石器

石球　1件。

2015LLJZ I：1，黄色砾石，呈卵圆形，器表磨制光滑。残高9厘米（图一二二，1）。

石镞　1件。

2015LLJZ I：2，青石磨制而成，尖锋残，两刃锐利，中部起脊，铤部残。残高4.7厘米（图一二二，2；图版一〇，1）。

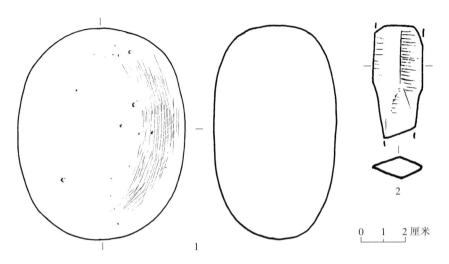

图一二二　乐家寨Ⅰ号环壕遗址采集石器
1. 石球（2015LLJZⅠ：1）　2. 石镞（2015LLJZⅠ：2）

（2）陶器

陶器以印纹硬陶为主，夹砂陶较少；印纹硬陶多为灰色、褐色，纹饰有斜线纹，器形有罐等；夹砂陶多为褐色、灰褐色，以素面为主，器形有罐、鼎（足）等。

罐　3件。

2015LLJZⅠ：3，夹砂红陶，口微敛，圆唇，口沿下可见一道凸棱。器表饰粗线纹。残高7厘米（图一二三，1；图版一〇，2）。

2015LLJZⅠ：4，灰色硬陶，侈口，圆唇。素面。残高4厘米（图一二三，2）。

2015LLJZⅠ：5，夹砂灰陶，侈口，宽折沿，圆唇。素面。残高6.8厘米（图一二三，3；图版一〇，5）。

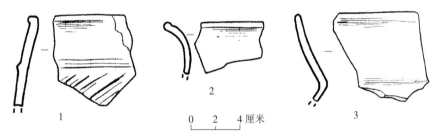

图一二三　乐家寨Ⅰ号环壕遗址采集陶器
1~3. 陶罐（2015LLJZⅠ：3、2015LLJZⅠ：4、2015LLJZⅠ：5）

鼎足　19件。

根据形态可分为4型。

A型：扁柱状足。共14件。

2015LLJZⅠ：6，夹砂黄陶，截面呈方形。素面。残高8厘米（图一二四，1）。

2015LLJZⅠ：7，夹砂浅黄陶，截面呈扁圆形。素面。残高6厘米（图一二四，2）。

2015LLJZⅠ：8，夹砂黄陶，截面呈扁圆形。素面。残高6厘米（图一二四，3）。

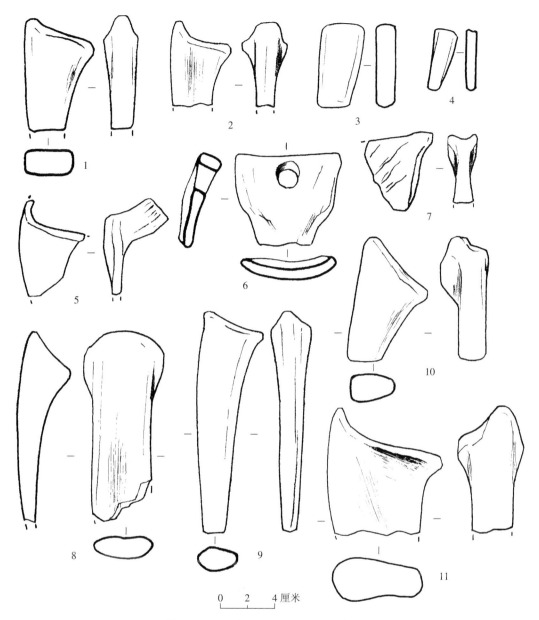

图一二四　乐家寨Ⅰ号环壕遗址采集陶器

1～11. 鼎足（2015LLJZⅠ：6、2015LLJZⅠ：7、2015LLJZⅠ：8、2015LLJZⅠ：9、2015LLJZⅠ：10、2015LLJZⅠ：11、2015LLJZ
Ⅰ：13、2015LLJZⅠ：14、2015LLJZⅠ：15、2015LLJZⅠ：16、2015LLJZⅠ：17）

2015LLJZⅠ：9，夹砂黄陶。素面。残高4.4厘米（图一二四，4）。

2015LLJZⅠ：10，夹砂灰褐陶，截面呈长条形。素面。残高7厘米（图一二四，5）。

2015LLJZⅠ：15，夹砂灰陶，截面呈扁圆形。素面。残高16厘米（图一二四，9；图版一〇，6）。

2015LLJZⅠ：16，夹砂红陶，截面呈长方形。素面。残高9厘米（图一二四，10）。

2015LLJZⅠ：17，夹砂灰陶。素面。残高9厘米（图一二四，11）。

2015LLJZⅠ：18，夹砂黄陶。素面。残高6厘米（图一二五，1）。

2015LLJZⅠ：19，夹砂灰陶。素面。残高6.3厘米（图一二五，3）。

2015LLJZⅠ：20，夹砂红陶，截面呈椭圆形。素面。残高6.8厘米（图一二五，4）。

1. 石锛（2015LLJZⅠ：2）

2. 陶罐（2015LLJZⅠ：3）

3. 陶鼎足（2015LLJZⅠ：11）

4. 陶鼎足（2015LLJZⅠ：11）（外）

5. 陶罐（2015LLJZⅠ：5）

6. 陶鼎足（2015LLJZⅠ：15）

图版一〇　乐家寨Ⅰ号环壕遗址采集遗物

2015LLJZⅠ：21，夹砂红陶。素面。残高5.2厘米（图一二五，2）。

2015LLJZⅠ：22，夹砂灰陶，截面呈弧形。素面。残高4.9厘米（图一二五，7）。

2015LLJZⅠ：23，夹砂红陶，扁柱状足，截面呈椭圆形。素面。残高4厘米（图一二五，5）。

B型：瓦状足。1件。

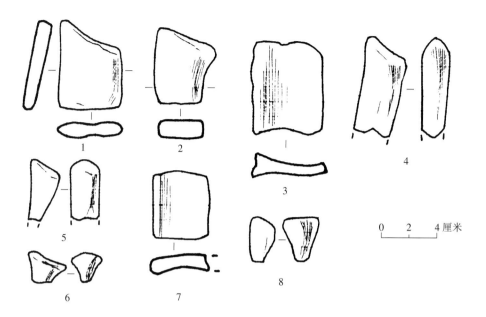

图一二五　乐家寨Ⅰ号环壕遗址采集陶器

1~8. 鼎足（2015LLJZⅠ：18、2015LLJZⅠ：21、2015LLJZⅠ：19、2015LLJZⅠ：20、2015LLJZⅠ：23、2015LLJZⅠ：25、2015LLJZⅠ：22、2015LLJZⅠ：24）

2015LLJZⅠ：11，夹砂黄陶。足上部可见一圆形穿孔。素面。残高6.6厘米（图一二四，6；图版一〇，3、4）。

C型：扁状足。共2件。

2015LLJZⅠ：13，夹砂黄陶，足根部可见一道凹槽。足面可见数道斜向刻槽。残高5厘米（图一二四，7）。

2015LLJZⅠ：14，夹砂黄陶，截面呈扁圆形。素面。残高13.6厘米（图一二四，8）。

D型：锥状足。共2件。

2015LLJZⅠ：24，夹砂红陶，截面呈圆形。素面。残高3厘米（图一二五，8）。

2015LLJZⅠ：25，泥质灰陶，截面呈圆形。素面。残高2厘米（图一二五，6）。

豆　1件。

2015LLJZⅠ：12，豆柄残片，泥质黄陶，空心，圈足略呈喇叭状。素面。残高5.8厘米（图一二六，1）。

陶刀　1件。

2015LLJZⅠ：26，泥质红陶，直背，弧刃，呈半月形。残高2厘米（图一二六，2）。

陶饼　1件。

2015LLJZⅠ：27，夹砂黄陶，圆饼状，用残陶片制成，一面内凹，中部可见一道凸棱，周缘有打磨痕迹。残高5厘米（图一二六，3）。

器物口沿　1件。

2015LLJZⅠ：28，夹砂红陶，同心圆刻划纹。残高2.1厘米（图一二六，4）。

3. 遗址性质与年代

乐家寨Ⅰ号环壕遗址地理位置优越，是一处典型的环壕遗址。将采集所得的陶器进行初步分

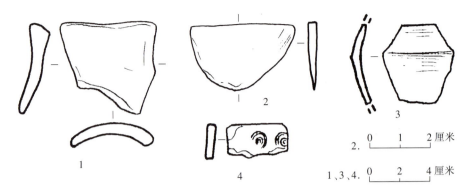

图一二六　乐家寨Ⅰ号环壕遗址采集陶器

1. 豆（2015LLJZⅠ:12）　2. 刀（2015LLJZⅠ:26）　3. 饼（2015LLJZⅠ:27）　4. 器物口沿（2015LLJZⅠ:28）

析，各类鼎足的数量较多，亦见有夹砂灰陶罐，纹饰见有绳纹，将器形与周边地区遗存进行比较，其特征与该区域内新石器时代晚期遗存较为相近。因此，乐家寨Ⅰ号环壕遗址的年代主要为新石器时代晚期。

乐家寨Ⅰ号环壕遗址的发现与初步研究，为区域内文化序列及聚落形态研究提供了十分重要的考古资料，对区域文化研究有一些促进作用。

一六　蛇家园环壕遗址

蛇家园环壕遗址位于温泉镇下余村委会下余村蛇家园山上（图一二七），东南距下余村336米，东距上南坊672米，西南距东南岭435米（图一二八）。地理坐标为：北纬28°00′21.1″，东经116°14′34.4″，海拔48米。

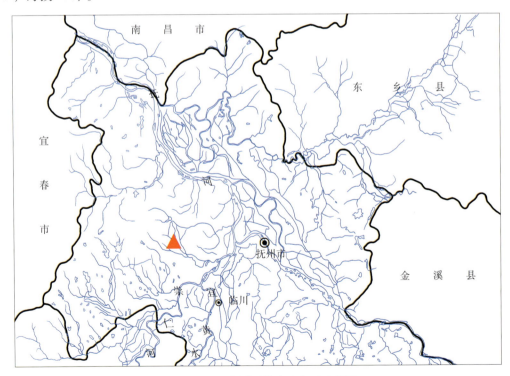

图一二七　蛇家园环壕遗址位置示意图

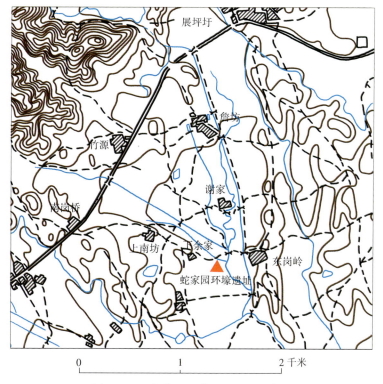

图一二八　蛇家园环壕遗址地形示意图

图一二九　蛇家园环壕遗址航拍图

图一三〇　蛇家园环壕遗址远景图（由北向南）

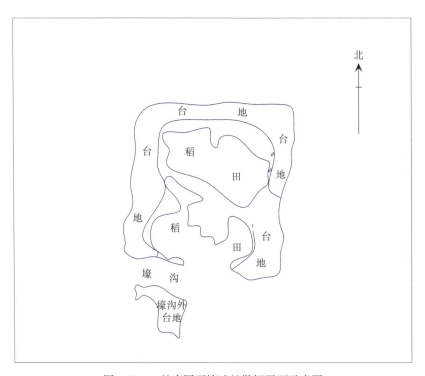

图一三一　蛇家园环壕遗址勘探平面示意图

　　遗址位于崇仁水支流沿岸，地势较平坦。遗址平面呈方形，主要由中部方形台地、四周壕沟和壕沟外台地组成（图一二九）。中部台地平面近方形，边长约117米，台地中心大部分区域已被破坏修为稻田，边沿地势较高，中间较低，外围植被较为茂密，台地整体高于四周稻田约1~4米。台地中部有一西北—东南向的水渠贯穿而过，宽约8~10米，距地表约4~5米。现存有西南部壕沟，宽约 19 ~ 25 米。仅在南壕沟外残存有台地，现宽约 3 ~ 28 米，地表植被较为茂密，整体高于周围稻田 1 ~ 3 米。壕沟外围范围较大，现宽约 12 ~ 25 米，残高约 1.4 ~ 4.2 米（图一三○、一三一）。

蛇家园环壕遗址位于河流沿岸，周围地势较为平坦，地理位置优越，是一处典型的环壕聚落。蛇家园环壕遗址考古勘探仅发现有台地和 1 处文化层堆积区域，采集遗物极少，对其年代判断较为困难。通过与区域内同类型遗址的对比分析，初步推断该遗址的年代为先秦时期。

一七　金龙岗环壕遗址

金龙岗环壕遗址位于抚北镇茶山村委会小侧坊村（图一三二）。西距 70 国道 562 米，北距小侧坊 213 米，东南距张科 414 米（图一三三）。地理坐标为：北纬 28°01′57.5″，东经 116°17′55.1″，海拔 38 米。

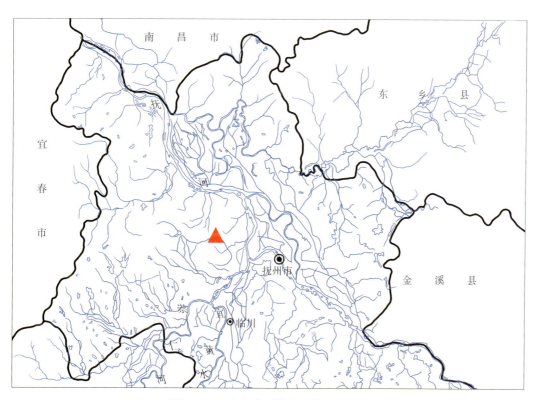

图一三二　金龙岗环壕遗址位置示意图

遗址处抚河支流，位于山岗地形的边缘。遗址平面呈不规则形，主要由中部台地和西壕沟组成（图一三四）。中部台地呈东北—西南向不规则形，长径约 89 米，短径约 64 米，台地地势四周边沿地带较高，中部区域稍低，地表被树木及灌木丛等覆盖，植被较为茂密。台地整体高于周围稻田约 2 ~ 4 米。西壕沟现存宽 18 ~ 31 米，地表为稻田（图一三五）。

经勘探，环壕中部台地南侧发现 1 处文化层堆积区域（文化层堆积 I 区），平面呈东北—西南长条形，长约 48 米，宽约 11 米，堆积开口距地表约 1.2 ~ 1.7 米，厚约 0.3 ~ 0.8 米，内包含少量烧土块和灰屑。在中部台地北部发现 1 处文化层堆积区域（文化层堆积 II 区），平面呈东北—西南

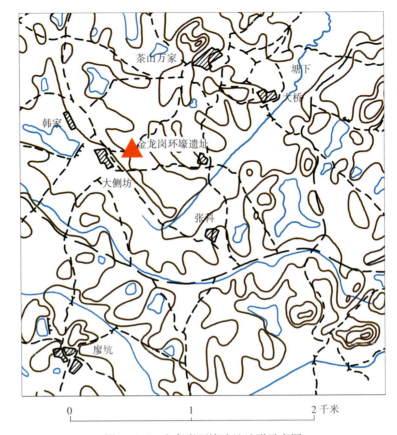

图一三三　金龙岗环壕遗址地形示意图

图一三四　金龙岗环壕遗址航拍图

向不规则形，长径约27米，短径约12米，堆积开口距地表约1.7米，厚约0.5米，内包含少量烧土块。在中部台地东侧发现1处文化层堆积区域（文化层堆积Ⅲ区），平面呈西北—西南向不规则形，长径约20米，短径约10米，堆积开口距地表约1.7米，厚约0.4米，内包含少量烧土块和灰屑，台地中部发现近现代墓葬3座（图一三六）。

图一三五　金龙岗环壕遗址远景图（由南向北）

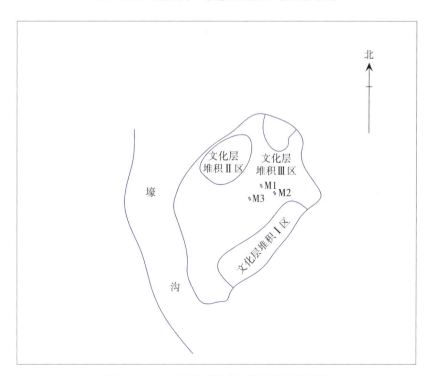

图一三六　金龙岗环壕遗址勘探平面示意图

金龙岗环壕遗址所处地理位置优越，是一处典型的环壕聚落。考古勘探发现有3处文化层堆积区域，采集到零星陶片，对其年代判断较为困难。通过与区域内同类型遗址的对比分析，初步推断该遗址的年代为先秦时期。

一八　军山环壕遗址

军山环壕遗址位于崇岗镇钟岭街办张家村楠栎祝家组（图一三七），北距 208 省道 2 千米，东距 214 省道 2 千米（图一三八）。地理坐标为：北纬 27°54′57.3″，东经 116°23′00.3″，海拔 44 米。

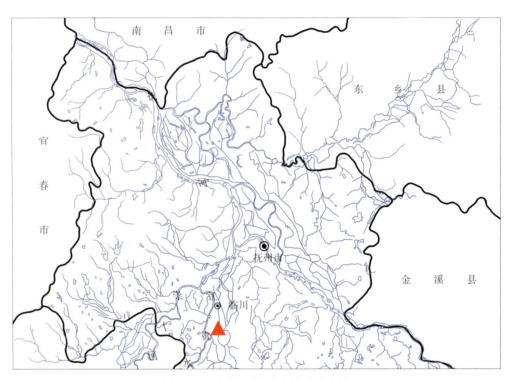

图一三七　军山环壕遗址位置示意图

遗址位于宜黄水沿岸，地势较平坦。遗址平面呈不规则形，主要由中东部台地、四周壕沟和壕沟外墙组成（图一三九）。中东部台地平面呈东西向不规则形，东西长径约 91 米，南北短径约 64 米。台地地势整体上较为平缓，高于四周稻田约 2 米。现存北、西壕沟和东、南壕沟残部，宽约 7～30 米，内部现为稻田。现仅存北、西壕沟外台地和东南壕沟外台地，宽约 3～14 米，残高 0.7～2 米，其中东壕沟外台地与整个中东部台地相连，地表植被较为茂密（图一四〇）。

经勘探，在中东部台地西南部发现现代墓葬，周围地表散布有部分墓砖（图一四一）。

军山环壕遗址所处地理位置优越，是一处典型的环壕聚落。调查仅采集到零星夹砂陶片，因此对其年代判断较为困难。通过与区域内同类型遗址的对比分析，初步推断该遗址的年代为先秦时期。

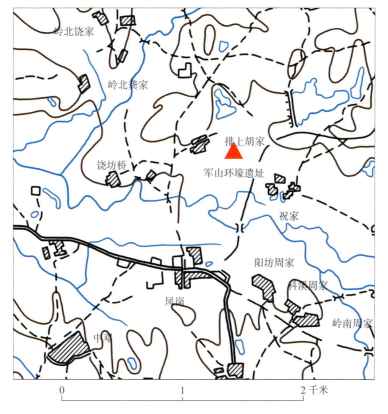

图一三八 军山环壕遗址地形示意图

图一三九 军山环壕遗址航拍图

图一四○　军山环壕遗址远景图（由东向西）

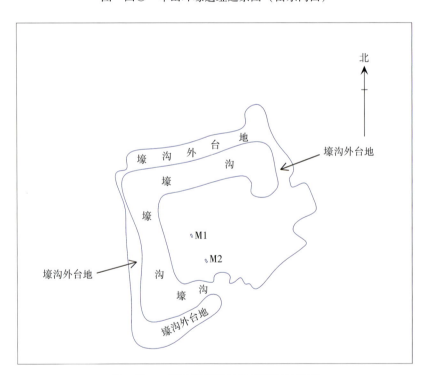

图一四一　军山环壕遗址勘探平面示意图

一九　刘公山环壕遗址

1. 遗址概况

刘公山环壕遗址位于桐源乡岭西村委会岭西村（图一四二），遗址西部紧靠岭西村，西北距下岭西400米，东北距厚泽村300米（图一四三）。地理坐标为：北纬28°05′11.0″，东经116°09′

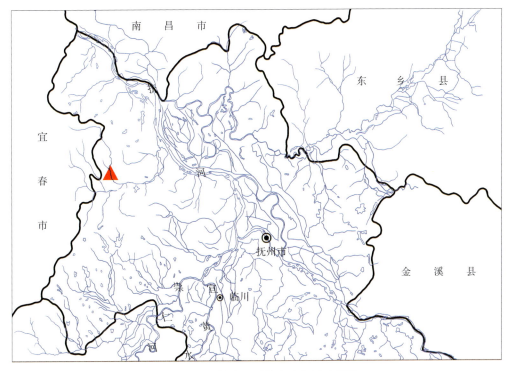

图一四二　刘公山环壕遗址位置示意图

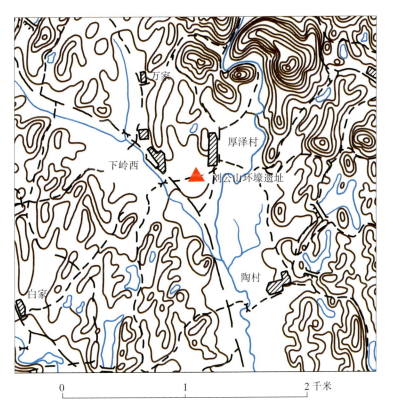

图一四三　刘公山环壕遗址地形示意图

17.2″，海拔53米。

遗址处于临川区西部的抚河支流沿岸，地势较平坦。该遗址平面呈不规则形，主要由中部台地、四周壕沟和壕沟外台地组成（图一四四）。中部台地平面呈西北—东南向不规则形，长径约120米，短径约77米，台地地势北、南、西侧边沿地带较高其余区域稍低且平缓，台地地表植被较为茂密，整体高于外围农田约3~6米（图一四五）。四周壕沟现存有北壕沟、南壕沟和东壕沟南段，北壕沟内现为竹林，南壕沟和东壕沟南段内现为稻田，壕沟现宽约8~24米。壕沟外现存有北壕沟外台地、南壕沟外台地和东壕沟南段外台地，壕沟外台地大部为竹林，植被较为茂密，壕沟外台地现宽约8~29米，北壕沟外台地与中部台地之间有现代道路（图一四六）。遗址区域内发现2处文化层堆积，Ⅰ区位于中部台地西北侧，厚约1米，堆积内包含部分灰渣和烧土块。Ⅱ区位于中部台地东南侧，厚约0.8米，堆积内包含部分灰渣和烧土块。遗址地表采集到少量石器和陶器（图一四七）。

图一四四　刘公山环壕遗址航拍图

2. 遗物介绍

刘公山环壕遗址采集到遗物较少，石器有石镞、石刀各1件，陶器残片若干。

（1）石器

石镞　1件。

2015LLG：1，青石磨制而成，尖锋及铤端残，中部起脊，刃部较为锐利。残高4.5厘米（图一四八，1；图版一一，1）。

石刀　1件。

图一四五　刘公山环壕遗址远景图（由西北向东南）

图一四六　刘公山环壕遗址中部台地近景图（由东南向西北）

2015LLG：2，黄色砾石磨制而成，双面磨制成刃，残甚。残长4厘米（图一四八，2）。

（2）陶器

陶器以印纹硬陶和夹砂陶为主。夹砂陶较多，有灰褐色、褐色，除少量陶器施粗绳纹外，多为素面，器形主要为鼎（足）、罐、器盖、杯、支座等；印纹硬陶略少，主要为灰色、浅灰色，纹饰有菱格纹、交错线纹（图一四九），器形有罐等。

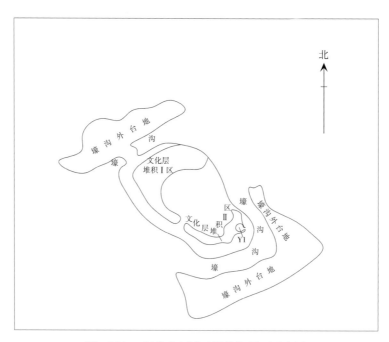

图一四七　刘公山环壕遗址勘探平面示意图

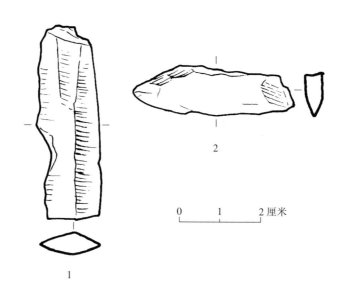

图一四八　刘公山环壕遗址采集石器
1. 石镞（2015LLG：1）　2. 石刀（2015LLG：2）

罐　13件。

根据口沿形态，可将其分为两型。

A型：折沿。共8件。

2015LLG：3，灰褐色硬陶，侈口，沿面可见两道凸棱。素面。残高7.4厘米（图一五〇，1；图版一一，2）。

2015LLG：4，夹砂黄陶，微敛口，圆唇，口沿下可见一道凸棱。素面。残高3厘米（图一五〇，3）。

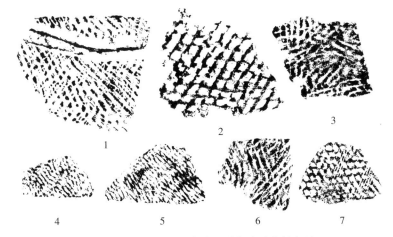

图一四九　刘公山环壕遗址采集陶片纹饰拓片
1、3、6. 交错绳纹　2、7. 菱格纹　4、5. 短线纹

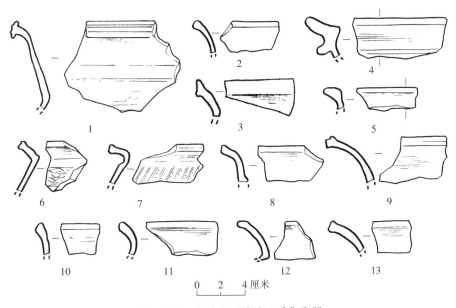

图一五〇　刘公山环壕遗址采集陶器

1～13. 罐（2015LLG：3、2015LLG：18、2015LLG：4、2015LLG：12、2015LLG：19、2015LLG：10、2015LLG：13、
2015LLG：14、2015LLG：15、2015LLG：11、2015LLG：16、2015LLG：17、2015LLG：20）

2015LLG：10，夹砂灰陶，侈口，方唇，唇面内凹。器表施菱格纹。残高 4 厘米（图一五〇，6；图版一一，3）。

2015LLG：12，夹砂黄陶，铁轨式口沿，侈口，圆唇，折沿外侧饰一圈凸棱。素面。残高 3.4 厘米（图一五〇，4）。

2015LLG：13，灰色硬陶，侈口，方唇。器表施菱格纹。残高 3.2 厘米（图一五〇，7）。

2015LLG：14，夹砂黄褐陶，侈口，方唇。素面。残高 3 厘米（图一五〇，8）。

2015LLG：19，泥质灰褐陶，侈口，圆唇。素面。残高 2 厘米（图一五〇，5）。

2015LLG：17，夹砂黄褐陶，侈口，圆唇。素面。残高 3.2 厘米（图一五〇，12）。

B 型：卷沿。共 5 件。

2015LLG：15，夹砂灰褐陶，侈口，方唇，沿面可见一周凸棱。素面，器表有轮修痕迹。残高4.0厘米（图一五〇，9）。

2015LLG：11，泥质灰陶，侈口，方圆唇。素面。残高2.6厘米（图一五〇，10）。

2015LLG：16，夹砂浅黄陶，侈口，圆唇。素面。残高2.8厘米（图一五〇，11）。

2015LLG：18，夹砂灰褐陶，侈口，方圆唇。素面。残高2.6厘米（图一五〇，2）。

2015LLG：20，夹砂黄褐陶，侈口，方唇。素面。残高2.6厘米（图一五〇，13）。

鼎足　11件。

根据形态可分为两型。

A型：扁状足。共10件。

2015LLG：5，灰色硬陶，截面呈不规则状。一侧可见数道弦纹。残高7.2厘米（图一五一，1）。

2015LLG：30，夹砂黄褐陶，截面呈矩形。素面。残高2.8厘米（图一五一，11）。

2015LLG：21，夹砂灰褐陶，截面呈矩形。素面。残高4.8厘米（图一五一，2）。

2015LLG：22，夹砂褐陶，截面呈圆角梯形。素面。残高4.4厘米（图五一，3）。

2015LLG：23，夹砂黄陶，截面呈三角形。素面。残高5.6厘米（图一五一，4）。

2015LLG：25，夹砂灰陶，截面呈椭圆形。素面。残高4厘米（图一五一，6）。

2015LLG：26，夹砂浅黄陶，足外侧有竖向凹槽，截面略呈矩形，足腹连接处有烟炱痕迹。素面。残高5.4厘米（图一五一，10）。

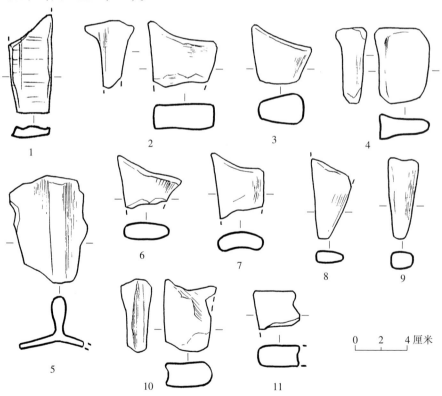

图一五一　刘公山环壕遗址采集陶器

1~11. 鼎足（2015LLG：5、2015LLG：21、2015LLG：22、2015LLG：23、2015LLG：24、2015LLG：25、2015LLG：27、2015LLG：28、2015LLG：29、2015LLG：26、2015LLG：30）

2015LLG：27，夹砂黄陶，截面呈长弧形。素面。残高4.8厘米（图一五一，7）。

2015LLG：28，夹砂灰陶，截面略呈椭圆形。素面。残高6厘米（图一五一，8）。

2015LLG：29，夹砂灰陶，截面略呈圆形。素面。残高6厘米（图一五一，9；图版一一，6）。

B型：三棱状足。1件

2015LLG：24，夹砂黄陶。素面。残高8厘米（图一五一，5；图版一一，5）。

豆　2件。

2015LLG：8，豆柄残片，夹砂黄陶，喇叭状底座。素面。柄径6、残高5厘米（图一五二，2）。

2015LLG：9，豆柄残片，夹砂黄褐陶，喇叭状底座。素面。柄径4.2、残高4.8厘米（图一五二，3）。

器盖纽　1件。

2015LLG：7，泥质灰陶，喇叭形纽，顶端内凹。素面。残高2.4厘米（图一五二，4；图版一一，4）。

器座　1件。

2015LLG：6，夹砂红褐陶，空心柱状。器表施菱格纹大部分被抹平。底径9、残高6.6厘米（图一五二，1）。

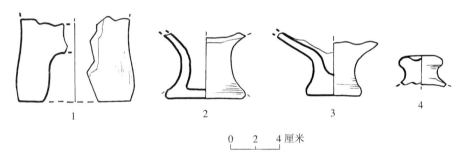

0　2　4厘米

图一五二　刘公山环壕遗址采集陶器

1. 器座（2015LLG：6）　2、3. 豆（2015LLG：8、2015LLG：9）4. 器盖纽（2015LLG：7）

3. 遗址性质与年代

刘公山环壕遗址是一处典型的环壕聚落遗址，其中部台地、外围壕沟等特征与抚河中游区域其他环壕遗址结构相同。从采集遗物的情况分析，其年代初步分为以下两组：

第一组：以"T"字形鼎足、扁状鼎足、夹粗砂罐口沿、器盖为代表，与周边遗存相比较，其特征与新石器时代晚期遗存较为相近，部分器物有略晚特征。因此，推断该组年代为新石器时代晚期或略晚。

第二组：以印纹硬陶罐、交错绳纹、菱格纹为代表。该组所见陶器以印纹硬陶为主，纹饰流行绳纹、交错绳纹、菱格纹，一般纹饰较为稀疏，具有年代略早的特征，结合宽折沿罐的形态，可初步判断该组遗存年代为商周时期。

1. 石镞（2015LLG：1）

2. 陶罐（2015LLG：3）

3. 陶罐（2015LLG：10）

4. 陶器盖纽（2015LLG：7）

5. 陶鼎足（2015LLG：24）

6. 陶鼎足（2015LLG：29）

图版一一　刘公山环壕遗址采集遗物

刘公山环壕遗址的发现与初步分析，有助于区域文化序列及聚落结构的研究，为区域文明化进程提供了十分重要的考古学资料。

二〇　罗家寨Ⅱ号环壕遗址

1. 遗址概况

罗家寨Ⅱ号环壕遗址位于河西乡龙泉古寺东南约 300 米处（图一五三），东距宜黄水约 190 米，

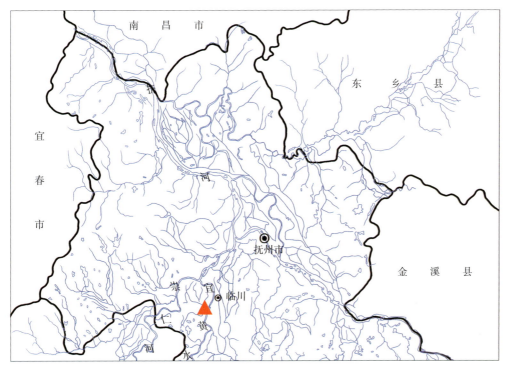

图一五三 罗家寨Ⅱ号环壕遗址位置示意图

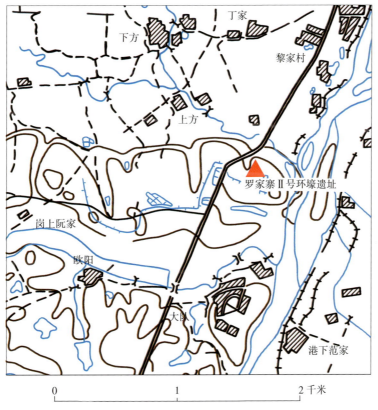

图一五四 罗家寨Ⅱ号环壕遗址地形示意图

西距河西街约 480 米，距 329 省道约 420 米（图一五四）。地理坐标为：北纬 27°55′20.7″，东经 116°17′10.1″，海拔 56 米。

遗址位于宜黄水沿岸，为山岗地形。平面呈不规则形，主要由中部不规则形高台和四周壕沟组成（图一五五）。中部台地长径约 86 米，短径约 57 米，台地上部高于外围壕沟底部约 1~2 米，台地上整体地势中部偏北和西北部较高，其余地带稍低（图一五六）。台地地表为杂草，植被较为茂密。四周现存有北、东、西壕沟，台地南侧临一小道，南侧壕沟疑似被小道破坏，壕沟现宽度约 3~5 米，壕沟内现为杂草地（图一五七）。

图一五五　罗家寨Ⅱ号环壕遗址航拍图

图一五六　罗家寨Ⅱ号环壕遗址远景图（由西南向东北）

经勘探，在遗址中部高台西北部发现一处文化层堆积，平面呈不规则形，长径约 13.6 米，短径约 4.1 米，面积约 54 平方米，文化层厚约 0.7 米，包含灰渣和烧土块（图一五八），另见有 6 座晚期墓葬。

图一五七　罗家寨Ⅱ号环壕遗址西壕沟（由北向南）

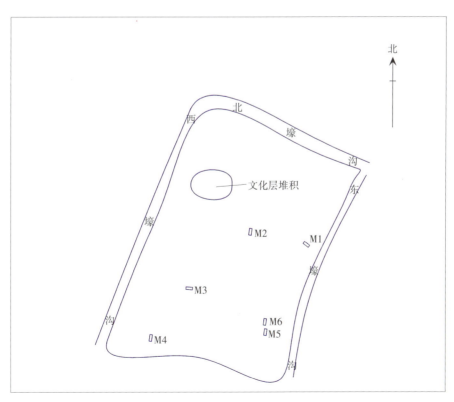

图一五八　罗家寨Ⅱ号环壕遗址勘探平面示意图

2. 遗物介绍

罗家寨Ⅱ号环壕遗址采集遗物很少，石器有石锛、砺石各1件，陶器残片若干。

（1）石器

石锛　1件。

2015LLJⅡ：1，黄色砂岩磨制而成，顶端残，单面直刃，两侧平直，背部有阶。器表磨制光滑。残高2.6厘米（图一五九，2；图版一二，1）。

砺石　1件。

2015LLJⅡ：2，灰褐色砂岩磨制而成，一端残，器表一面磨制光滑。残高5厘米（图一五九，1；图版一二，2）。

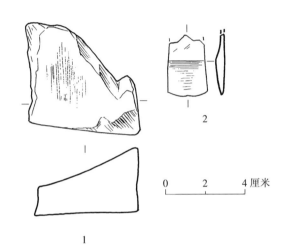

图一五九　罗家寨Ⅱ号环壕遗址采集石器
1. 砺石（2015LLJⅡ：2）　2. 石锛（2015LLJⅡ：1）

（2）陶器

陶器以印纹硬陶为主，夹砂陶较少；硬陶多为灰色、灰褐色，纹饰有交错线纹，器形有罐等；夹砂陶多为灰色、黄色，纹饰有绳纹，器形有罐、鼎（足）等。

罐　1件。

2015LLJⅡ：3，灰色硬陶，敛口，圆唇，沿面可见三道凹槽。素面。残高5.6厘米（图一六〇，1；图版一二，3）。

器底　2件。

2015LLJⅡ：4，灰色硬陶，斜直腹，平底。器表可见交错线纹。残高2.4厘米（图一六〇，4）。

2015LLJⅡ：5，灰褐色硬陶，斜直腹，平底。素面。残高4厘米（图一六〇，2；图版一二，4）。

鼎足　1件。

2015LLJⅡ：6，夹砂黄陶，扁状足，截面呈长条形。素面。残高10厘米（图一六〇，3）。

3. 遗址性质与年代

罗家寨Ⅱ号环壕遗址具有中部为台地，四周有壕沟的特征，是一处典型的环壕遗址，其与罗家

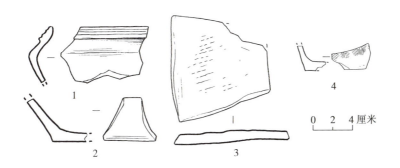

图一六〇　罗家寨Ⅱ号环壕遗址采集陶器

1. 罐（2015LLJⅡ：3）　2、4. 器底（2015LLJⅡ：5、2015LLJⅡ：4）　3. 鼎足（2015LLJⅡ：6）

寨Ⅰ号遗址位置较近，两者应该具有密切关系。

　　遗址采集遗物较少，仅可大致推断遗址的年代。所见陶器以印纹硬陶为多，纹饰可见绳纹和折线纹，其与商周时期陶器较为接近，可推测其年代大致在商周时期。

　　罗家寨Ⅱ号环壕遗址的发现与研究为区域文化发展和聚落形态演进等方面的研究提供了十分重要的考古资料。该遗址仍有诸多问题需要解决，如罗家寨Ⅰ号、Ⅱ号遗址间的关系，应进一步开展深入的考古工作。

1. 石锛（2015LLJⅡ：1）

2. 砺石（2015LLJⅡ：2）

3. 陶罐（2015LLJⅡ：3）

4. 陶罐（2015LLJⅡ：5）

图版一二　罗家寨Ⅱ号环壕遗址采集遗物

二一 罗城岭环壕遗址

罗城岭环壕遗址位于抚北镇金坪村委会厂下村东侧约 360 米处（图一六一），遗址东临宜黄水，北邻 322 省道，西距 034 乡道约 350 米（图一六二）。地理坐标为：北纬 27°59′43.7″，东经 116°19′08.9″，海拔 37 米。

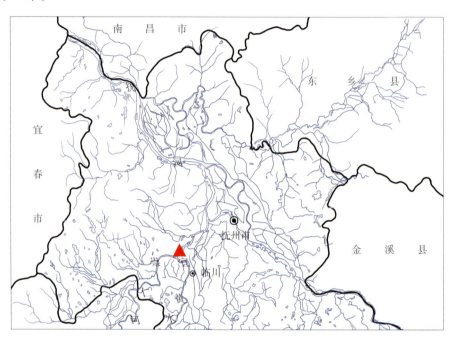

图一六一　罗城岭环壕遗址位置示意图

图一六二　罗城岭环壕遗址地形示意图

图一六三 罗城岭环壕遗址航拍图

图一六四 罗城岭环壕遗址远景图（由西南向东北）

　　遗址位于宜黄水沿岸，地形较为平坦。该遗址平面呈不规则形，主要由中部台地、东部残存壕沟和东壕沟外台地组成（图一六三）。中部台地平面呈东北—西南向不规则形，长径约75米，短径约47米，台地地势东、南边沿地带较高，其余区域稍低，地表被杂草和灌木丛等覆盖，植被较为茂密。台地整体高于东侧壕沟底部约 4 米，南侧与东壕沟外台地相接。东部残存壕沟现宽约 8~42 米，内部为杂草地。东壕沟外台地现为河堤，宽约 22~30 米，地表为杂草和灌木丛等覆盖，植被较为茂密（图一六四）。

在遗址中部台地东北部发现 1 处文化层堆积区域，平面近椭圆形，长径约 16 米，宽约 6 米，面积约 80 平方米，堆积开口距地表约 0.7~1 米，厚约 0.8~1 米，堆积内包含部分灰渣和烧土块（图一六五）。

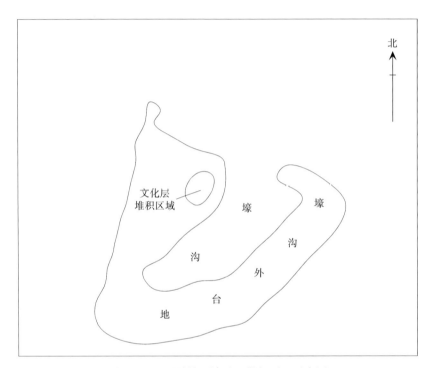

图一六五　罗城岭环壕遗址勘探平面示意图

罗城岭环壕遗址紧邻宜黄水，地理位置优越，环壕结构较为完备，是一处典型的环壕聚落。考古勘探发现有文化层堆积，采集遗物极少，因此对其年代判断较为困难。通过与区域内同类型遗址的对比分析，初步推断该遗址的年代大致为先秦时期。

二二　桃禾寨环壕遗址

1. 遗址概况

桃禾寨环壕遗址位于桐源乡东坊村委会丘家巷村（图一六六），西北紧靠丘家巷，东南距勘头约 450 米（图一六七）。地理位置为：北纬 28°02′25.1″，东经 116°10′50.7″，海拔 72 米。

遗址现存为一土墩，其上多杂木林，四周有环壕，大部分被破坏，只剩东南部环壕残留（图一六八；图一六九）。该遗址面积约为 0.5 万平方米，勘探发现 3 处文化层堆积区域。Ⅰ区位于中部台地西北部，厚约 0.8 米，堆积内包含部分烧土块和灰渣。Ⅱ区位于中部台地西部，厚约 0.7 米，堆积内包含部分烧土块和灰渣。Ⅲ区位于中部台地西部，北部紧邻Ⅱ区，厚约 0.9 米，堆积内包含部分烧土块。Ⅱ区与Ⅲ区之间发现有近现代墓葬 1 座。地表零星发现有陶片等遗物（图一七〇）。

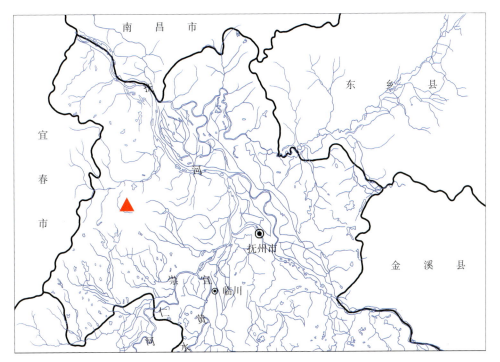

图一六六　桃禾寨环壕遗址位置示意图

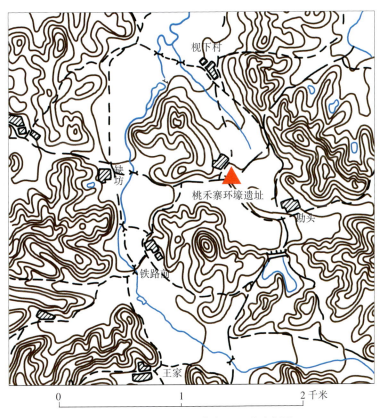

图一六七　桃禾寨环壕遗址地形示意图

图一六八　桃禾寨环壕遗址航拍图

图一六九　桃禾寨环壕遗址远景图（由西南向东北）

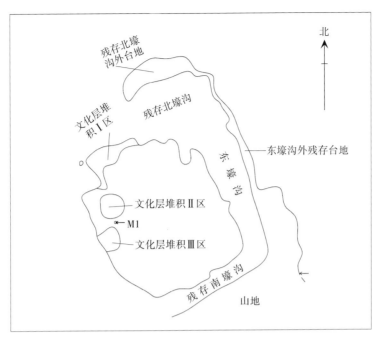

图一七〇 桃禾寨环壕遗址勘探平面示意图

2. 遗物介绍

桃禾寨环壕遗址采集遗物很少，均为陶器残片。陶器均为夹砂陶，多为灰褐色、浅黄色，纹饰除少量刻划纹外均为素面，器形有罐、鼎（足）等。

罐 2件。

2015LTH：1，泥质灰陶，近直口，圆唇。素面。残高4.2厘米（图一七一，1）。

2015LTH：2，夹砂灰陶，侈口，折沿，唇部残。素面。残高5.4厘米（图一七一，2）。

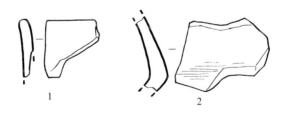

0　2　4厘米

图一七一 桃禾寨环壕遗址采集陶器
1、2. 罐（2015LTH：1、2015LTH：2）

鼎足 3件。

2015LTH：3，夹砂浅红陶，扁柱状，截面呈扁圆形。素面。残高6.2厘米（图一七二，1）。

2015LTH：4，夹砂黄褐陶，扁柱状，截面略呈三角形。素面。残高6.8厘米（图一七二，2）。

2015LTH：5，夹砂红陶，扁状，截面呈椭圆形。素面。残高4.0厘米（图一七二，3）。

3. 遗址性质与年代

桃禾寨环壕遗址破坏较为严重，残存的中部台地及四周壕沟可说明该遗址是一处典型的环

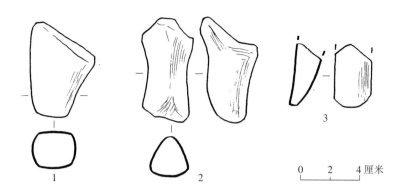

图一七二　桃禾寨环壕遗址采集陶器
1～3. 鼎足（2015LTH：3、2015LTH：4、2015LTH：5）

壕遗址。由于遗址采集遗物较少，有关该遗址的年代判断较为困难，从夹砂陶及陶鼎足形态来看，与本地区新石器时代晚期遗存较为相近。因此，可初步推断遗址的年代为新石器时代晚期。桃禾寨环壕遗址的发现与初步研究，有助于区域文化演进及聚落结构等方面的深入研究。

二三　桃李山环壕遗址

1. 遗址概况

桃李山环壕遗址位于鹏田乡里修村委会姚坊村（图一七三），东北距姚坊 300 米，南面 1.3 千米为东山下，东南距里修村 1.2 千米（图一七四）。地理坐标为：北纬 27°46′33.9″，东经 116°36′09.3″，海拔 58 米。

遗址位于抚河支流沿岸，属于河谷地貌。该遗址地形为一处 60 米×70 米的台地，外围壕沟已被破坏（图一七五），地表现为橘树林（图一七六；图一七七）。遗址面积为 0.42 万平方米，中部台地发现 3 处文化层堆积区。Ⅰ区位于台地东北部，厚约 0.7 米，堆积内包含少量烧土块和灰渣等。Ⅱ区位于台地西部，厚约 0.8 米，堆积内包含少量烧土块和灰渣等。Ⅲ区位于台地南部，厚约 0.9 米，堆积内包含少量烧土块和灰渣等。北壕沟外台地西端发现近现代窑一座（Y1），调查时在地表采集到少量遗物（图一七八）。

2. 遗物介绍

桃李山环壕遗址采集遗物较少，石器有砺石 1 件，陶器残片若干。

（1）石器

砺石　1 件。

2015LTL：9，浅黄色砂岩磨制而成，截面呈梯形。表面磨制光滑。残高 3.6 厘米（图一七九；图版一三，1、2）。

（2）陶器

陶器以印纹硬陶居多，夹砂陶较少。印纹硬陶多为灰色、灰褐色，纹饰有菱格纹、方格纹、小方格纹、绳纹（图一八〇），部分器表施釉，器形仅见罐；夹砂陶较少，为灰白色、灰褐色，少见

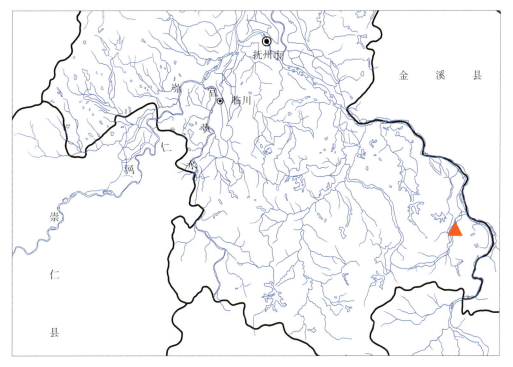

图一七三 桃李山环壕遗址位置示意图

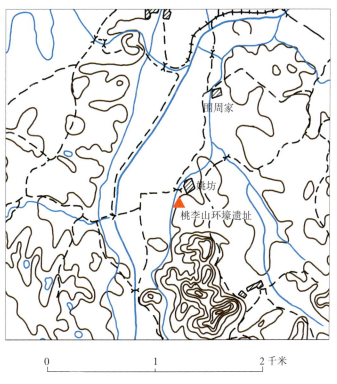

图一七四 桃李山环壕遗址地形示意图

图一七五　桃李山环壕遗址航拍图

图一七六　桃李山环壕遗址远景图（由东北向西南）

图一七七 桃李山环壕遗址中部台地近景图（由西南向东北）

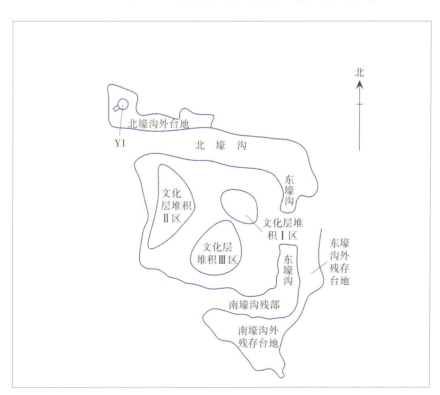

图一七八 桃李山环壕遗址勘探平面示意图

绳纹，多为素面，器形有罐、鼎（足）等。

　　罐　4件。

　　2015LTL：1，灰褐色硬陶，侈口，折沿，圆唇。器表饰方格纹。残高6.0厘米（图一八一，1；

图版一三，3）。

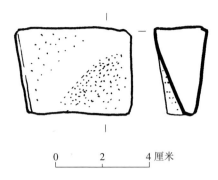

图一七九　桃李山环壕遗址采集石器
砺石（2015LTL：9）

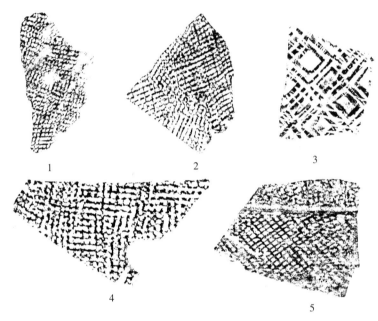

1　　　　　　　　　　2　　　　　　　　　　3

4　　　　　　　　　　　　　　　5

图一八〇　桃李山环壕遗址采集陶片纹饰拓片
1、2、4、5. 菱格纹　3. 交错线纹＋雷纹

2015LTL：2，灰褐色硬陶，侈口，折沿，方唇。沿面内凹，可见数道凹槽，器表饰方格纹。残高6厘米（图一八一，2；图版一三，4）。

2015LTL：3，黄色硬陶，侈口，圆唇。口沿外侧有一圈凸棱，素面。残高5.6厘米（图一八一，3）。

2015LTL：11，灰褐色硬陶，侈口，方唇。器表施菱格纹。残高3.9厘米（图一八一，5）。

鼎足　7件。

根据形态可分为两型。

A型：扁状足。共6件。

2015LTL：5，夹砂黄陶，截面呈扁圆形。素面。残高10.8厘米（图一八二，1）。

2015LTL：6，夹砂黄陶，截面呈扁圆形。素面。残高7.4厘米（图一八二，2；图版一三，7）。

2015LTL：7，夹砂灰陶，截面呈扁圆形。一侧足上部可见一按压凹窝。残高6.2厘米（图一八二，3）。

2015LTL：13，夹砂黄陶，截面呈椭圆形。素面。残高5.0厘米（图一八二，6；图版一三，8）。

2015LTL：14，夹砂红陶，截面呈不规则椭圆形。素面，足腹连接处有烟炱痕。残高6.0厘米（图一八二，7）。

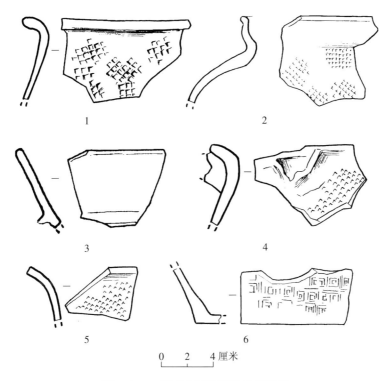

0　2　4厘米

图一八一　桃李山环壕遗址采集陶器

1~6. 罐（2015LTL：1、2015LTL：2、2015LTL：3、2015LTL：10、2015LTL：11、2015LTL：4）

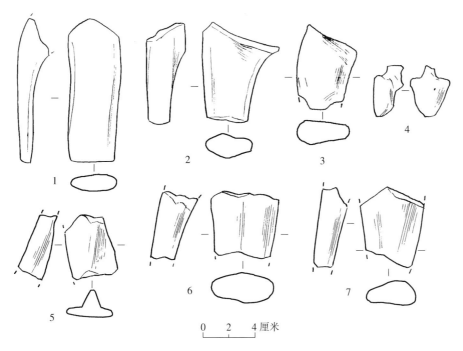

0　2　4厘米

图一八二　桃李山环壕遗址采集陶器

1~7. 鼎足（2015LTL：5、2015LTL：6、2015LTL：7、2015LTL：8、2015LTL：12、2015LTL：13、2015LTL：14）

1. 砺石（2015LTL：9）　　　　　　2. 砺石（2015LTL：9）（背）

3. 陶罐（2015LTL：1）　　　　　　4. 陶罐（2015LTL：2）

5. 陶器底（2015LTL：4）　　　　　　6. 陶甗（2015LTL：10）

7. 陶鼎足（2015LTL：6）　　　　　　8. 陶鼎足（2015LTL：13）

图版一三　桃李山环壕遗址采集遗物

2015LTL：8，夹砂黄陶。素面。残高3.9厘米（图一八二，4）。

B型：三棱状足。共1件。

2015LTL：12，夹砂黄陶。素面。残高4.8厘米（图一八二，5）。

甗 1件。

2015LTL：10，夹砂灰褐陶，侈口，沿略卷，圆唇，器表施方格纹，口沿外侧有护耳。残高5.8厘米（图一八一，4；图版一三，6）。

器底 1件。

2015LTL：4，斜直腹，灰色硬陶，平底。器表施回纹。残高4.0厘米（图一八一，6；图版一三，5）。

3. 遗址性质与年代

桃李山环壕遗址外围壕沟已被破坏，但残存特征与该区域环壕类遗址十分相近，应属于环壕遗址。根据采集遗物，可将遗址年代分为以下三组：

第一组：以"T"字形鼎足、大菱格纹、夹砂粗陶片为代表。该组陶器与本地新石器时代晚期遗存有较多的相似特征，从少见印纹硬陶，陶器烧制火候不高等特点，可将该组年代判断为新石器时代晚期或略晚。

第二组：以方格纹、绳纹、硬陶卷沿罐、护耳甗为代表。该组所见印纹硬陶数量增多，所见器形与区域内商周时期遗存较为相似，可推断该组遗存年代为商周时期。

第三组：以施釉硬陶为代表。该组年代大致可判断为东周时期。

桃李山环壕遗址的发现与研究，为区域聚落形态及社会演进等方面的研究提供了十分重要的考古资料。

二四 桃子山寨环壕遗址

1. 遗址概况

桃子山寨环壕遗址位于河东乡城上村委会城上村东北约339米处（图一八三），北距208省道138米，西北距873县道527米（图一八四）。地理坐标为：北纬27°54′52.0″，东经116°19′00.2″，海拔48米。

遗址位于宜黄水沿岸，为山岗地貌。遗址主体由南、北两个区域组成（图一八五）。南部区域平面近长方形（西北—东南向），长约128米，宽约100米，区域内建有2处厂房，遗址主体大部分已被破坏，仅留有东、西、南部外围稍高台地。台地地势高低不一，整体高于外围地表约1~3米，地表植被较为茂密。北部区域平面近"L"形，宽约3~27米，地势较为平缓，地表植被较为茂密，区域东、北紧邻民居，遗址大部分已被修建的民居破坏。南北两个区域之间有村道连接，中部有一西北—东南向水泥路穿过，路北侧残存壕沟，宽约9~18米，其内被杂草覆盖，植被较为茂密（图一八六）。

据当地文管所工作人员介绍，该遗址原为两处环壕遗址，中部有道路相连，外围有壕沟，目前破坏严重。经勘探，在遗址西南部发现一土墙，墙体结构致密，质地坚硬，现存宽约4~9米，残高约0.7~1.7米。遗址北部发现多座晚期墓葬（编号M1~M8），周围地表散落有部分墓砖（图一八七）。

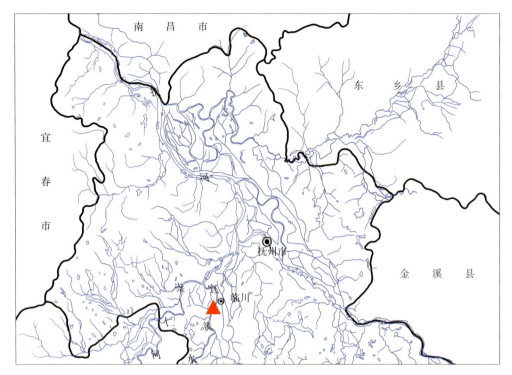

图一八三　桃子山寨环壕遗址位置示意图

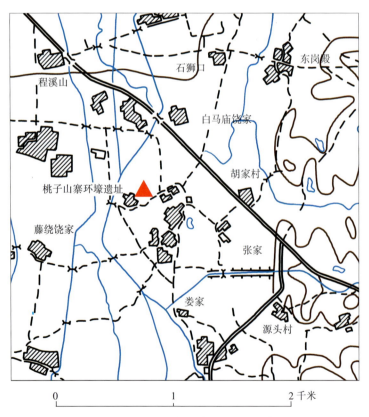

图一八四　桃子山寨环壕遗址地形示意图

图一八五　桃子山寨环壕遗址航拍图

图一八六　桃子山寨环壕遗址远景图（由东南向西北）

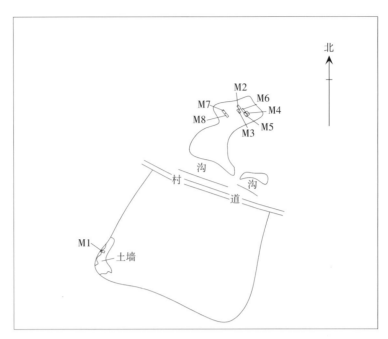

图一八七　桃子山寨环壕遗址勘探平面示意图

2. 遗址性质与年代

桃子山寨环壕遗址紧邻宜黄水，地理位置优越。由于被破坏严重，考古勘探中仅发现土墙，采集到零星夹砂陶片，因此对遗址年代判断较为困难。通过与区域内同类型遗址的对比分析，初步推断该遗址的年代为先秦时期。

二五　铁路前城上山环壕遗址

铁路前城上山环壕遗址位于桐源乡东坊村委会铁路前村（图一八八），东距郑东段（道路）约470米，西距鼓王段（道路）约380米，西北距铁路前村450米（图一八九）。地理坐标为：北纬28°01′54.9″，东经116°10′33.6″，海拔68米。

遗址位于临川区西部抚河支流沿岸，处于地势较低的河谷地带。遗址主要由中部台地、四周壕沟和壕沟外台地组成（图一九○）。中部台地平面呈西北—东南向长方形，长约68米，宽约52米，部分区域经过人为修整，被杂草和毛竹林覆盖，植被较为茂密（图一九一）。台地顶部较为平坦，整体高于外围稻田约3~4米。四周壕沟现残存有西北部和东南部，现宽约8~17米，内多为毛竹林，植被较为茂密，北侧有部分为稻田。壕沟外台地现存西北部，宽约5~23米，墙体上为树林，植被较茂密（图一九二）。

经勘探，遗址中部台地发现1处文化层堆积区域，平面近"U"字形，宽约9~26米，面积为1862.9平方米，堆积开口距地表约0.2~0.7米，厚约0.6~1.3米，堆积内包含少量烧土块和灰渣（图一九三）。

铁路前城上山环壕遗址紧邻河流，地理位置优越，环壕结构比较完备，是一处典型的环壕遗址。考古勘探发现文化层堆积，但未采集到遗物，因此对遗址年代判断较为困难。通过与区域内同类型遗址的形态对比分析，初步推断该遗址的年代大致为先秦时期。

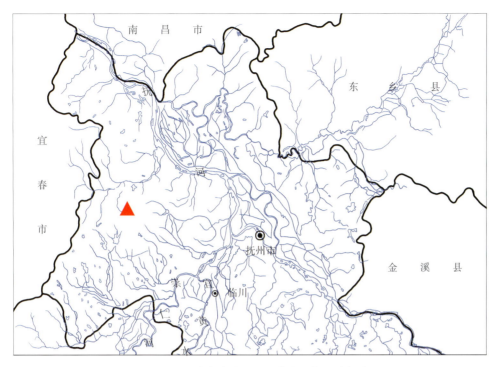

图一八八　铁路前城上山环壕遗址位置示意图

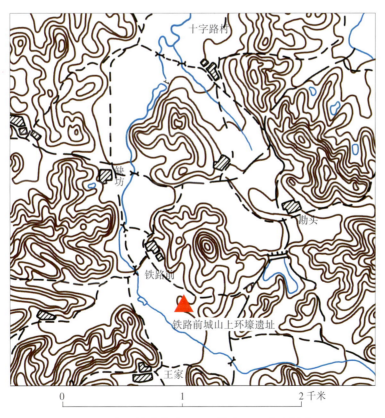

图一八九　铁路前城上山环壕遗址地形示意图

图一九〇　铁路前城上山环壕遗址航拍图

图一九一　铁路前城上山环壕遗址远景图（由西北向东南）

图一九二　铁路前城上山环壕遗址北壕沟东部残段（由东向西）

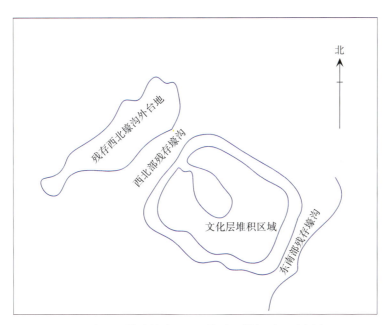

北

残存西北壕沟外台地

西北部残存壕沟

文化层堆积区域

东南部残存壕沟

图一九三　铁路前城上山环壕遗址勘探平面示意图

二六　万家山环壕遗址

1. 遗址概况

万家山环壕遗址位于云山镇圳上村委会饶上村（图一九四），遗址东距圳上村500米，西面400米处为圳上周家（村），南面距岭前胡家800米（图一九五）。地理位置为：北纬28°12′02.4″，东经116°18′52.4″，海拔41米。

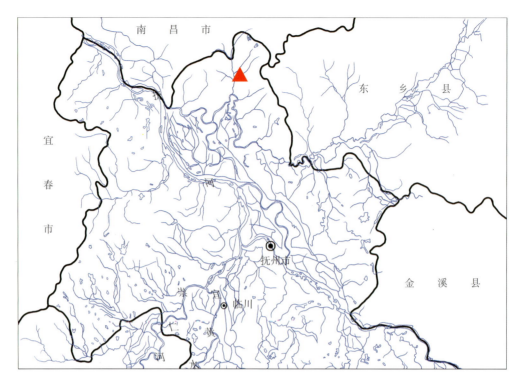

图一九四　万家山环壕遗址位置示意图

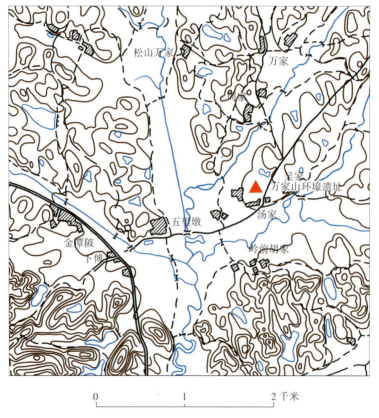

图一九五　万家山环壕遗址地形示意图

遗址位于抚河支流沿岸，为山岗地形。遗址由中部台地及四周壕沟组成（图一九六），台地较高，四周均为民房，壕沟被破坏严重，仅东环壕尚存（图一九七；图一九八）。在遗址中部台地勘探发现有文化层堆积区2处。I区位于台地北部，厚约1.1米，堆积内含少量烧土块和灰渣等。II区位于台地南部，厚约0.9米，堆积内含少量烧土块和灰渣等。地表采集到少量遗物（图一九九）。

图一九六 万家山环壕遗址航拍图

图一九七 万家山环壕遗址远景图（由东向西）

图一九八　万家山环壕遗址中部台地近景图（由南向北）

图一九九　万家山环壕遗址勘探平面示意图

2. 遗物简介

　　万家山环壕遗址采集遗物很少，均为陶器残片，都是印纹硬陶，以灰色、灰褐色为主，纹饰以素面为主，器形有罐等。

罐 2件。

2015LWJ：1，灰色硬陶，侈口，宽折沿，方唇，高领。器表饰绳纹。残高3.8厘米（图二〇〇，1）。

2015LWJ：2，灰色硬陶，侈口，折沿，方唇。素面。残高2厘米（图二〇〇，2）。

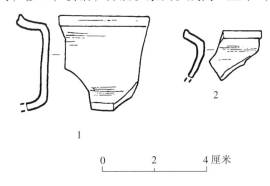

图二〇〇 万家山环壕遗址采集陶器
1、2. 罐（2015LWJ：1、2015LWJ：2）

3. 遗址性质与年代

万家山环壕遗址受后期破坏较大，从残留下的局部来看，其应是一处较为典型的环壕遗址。采集遗物较少，从陶器多为印纹硬陶，器形主要为高领罐等特征来看，可将遗址年代推测为商周时期。有关于万家山遗址的更多相关信息，还需要进一步的考古工作。

二七 翁坊金钟环壕遗址

1. 遗址概况

翁坊金钟环壕遗址位于临川区桐源乡翁坊村东南（图二〇一），西北距031县道495米，东北距池溪村1.2千米，北距外高家村422米（图二〇二）。地理坐标为：北纬28°05′50.4″，东经116°12′10.9″，海拔35米。

遗址位于抚河支流河谷地带，所处地势较为平坦。遗址现存区域平面呈不规则形，主要由中部台地、四周壕沟和壕沟外台地组成（图二〇三）。中部台地现存东北部和西南部台地。东北部台地平面呈西北—东南不规则形，长径约31米，短径约10米，现存面积约182平方米，台地地势较为平缓，整体高于北侧稻田约3米，地表为杂草以及毛竹覆盖，植被较为茂密，台地西南紧邻向莆铁路（图二〇四）。西南部台地平面近直角三角形，边长约39米，现存面积约735平方米，台地上地势东南和西北稍高，其余区域较低且平缓，台地整体高于南侧稻田约1～4米，台地上已被附近村民开垦为田，植被稀疏，台地西北处建有一信号塔。壕沟现存北壕沟、南壕沟、西壕沟残部，壕沟宽约25～34米，内现为稻田。北壕沟外、南壕沟外和西壕沟外均残存有台地，台地现宽1～17米，地表被毛竹、杂草和灌木丛覆盖（图二〇五）。

经勘探，在遗址中部台地东北部发现1处文化层堆积区域，平面呈不规则形，长径约31米，短径约10米，面积约182平方米，堆积开口于地表下1米，厚约0.5米，文化层包含少量烧土块，土质较硬（图二〇六）。

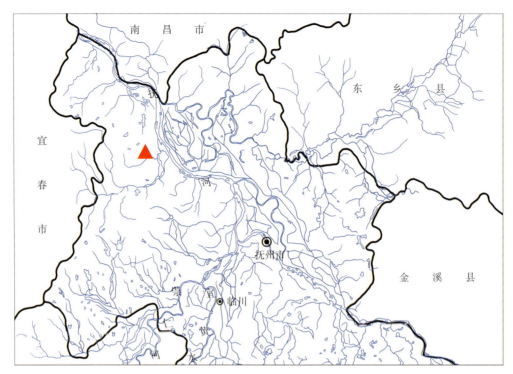

图二〇一　翁坊金钟环壕遗址位置示意图

图二〇二　翁坊金钟环壕遗址地形示意图

图二〇三 翁坊金钟环壕遗址航拍图

图二〇四 翁坊金钟环壕遗址远景图（由东向西）

图二〇五　翁坊金钟环壕遗址南部壕沟近景图（由东向西）

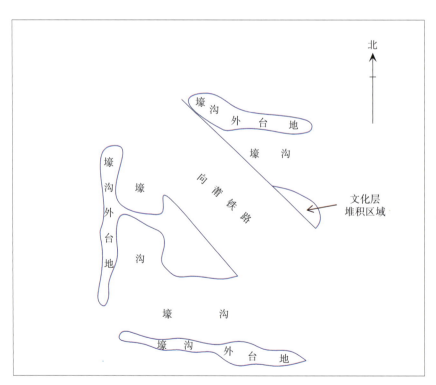

图二〇六　翁坊金钟环壕遗址勘探平面示意图

2. 遗物介绍

翁坊金钟环壕遗址采集遗物较为丰富，石器有石锛、石镞等；陶器残片较多。

（1）石器

砺石　2件。

2015LWF：6，黄褐色砂岩磨制而成，顶端与底端较平直，器表有磨制痕迹。残高5.6、残宽3.4、厚约2.8厘米（图二〇七，1）。

2015LWF：7，灰褐色砂岩磨制而成，底端平直，器表有磨制痕迹。残长10、残宽7.2、厚约3.8厘米（图二〇七，2）。

石锛　1件。

2015LWF：8，黄褐色页岩磨制而成，顶端残，两侧竖直，底端单面磨制成刃，器表磨制光滑。残高6.4厘米（图二〇七，3；图版一四，5）。

石镞　5件。

2015LWF：1，青石磨制而成，尖锋残，两侧刃部锋利，中部起脊，铤部残，截面呈菱形。残长9厘米（图二〇八，1；图版一四，1）。

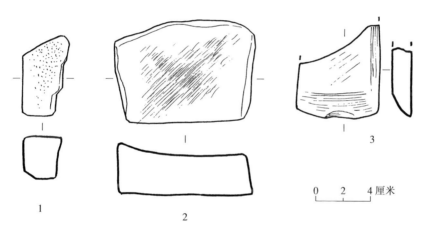

图二〇七　翁坊金钟环壕遗址采集石器
1、2. 砺石（2015LWF：6、2015LWF：7）　3. 石锛（2015LWF：8）

2015LWF：2，褐色砂岩磨制而成，尖锋残，两侧刃部锋利，中部起脊，铤部残，截面近菱形。残长9.1厘米（图二〇八，2；图版一四，3）。

2015LWF：3，青石磨制而成，尖锋残，两侧刃部锐利，中部起脊，铤部残，截面呈菱形。残长3.5厘米（图二〇八，3；图版一四，2）。

2015LWF：4，青石磨制而成，尖锋残，两侧刃部锋利，中部起脊，铤部残，截面呈菱形。残长4厘米（图二〇八，4）。

2015LWF：5，青石磨制而成，尖锋残，两侧刃部锋利，中部起脊，锥状铤，截面呈菱形。残长5.2厘米（图二〇八，5；图版一四，4）。

（2）陶器

陶器以印纹硬陶为主，夹砂陶较少。印纹硬陶多为灰色、灰褐色，纹饰较为丰富，有雷纹、

"回"字纹、菱格纹、卷云纹、交错线纹、方格纹（图二〇九），器形有罐、甗、钵等；夹砂陶多为灰色、灰褐色，少见绳纹，以素面为主，器形主要为鼎（足）等。

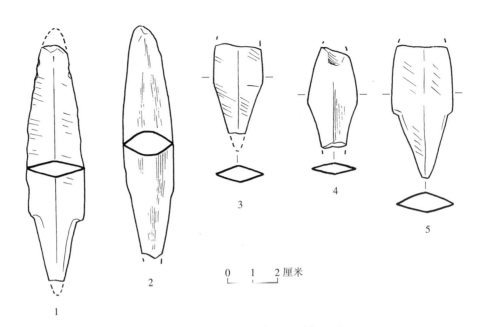

图二〇八　翁坊金钟环壕遗址采集石器

1~5. 石镞（2015LWF：1、2015LWF：2、2015LWF：3、2015LWF：4、2015LWF：5）

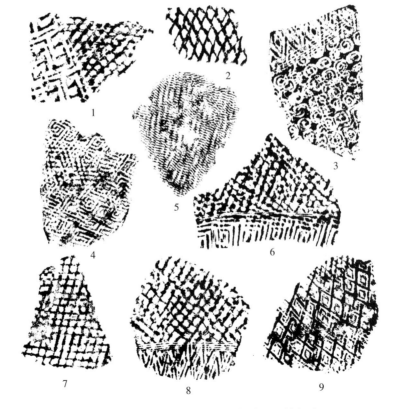

图二〇九　翁坊金钟环壕遗址采集陶片纹饰拓片

1、6. 雷纹＋方格纹　2、7. 菱格纹　3. 重菱纹＋圆圈纹　4、9. 雷纹　5. 短线纹　8. 重菱纹＋方格纹

罐　9 件。

根据口沿形态，可分为两型。

A 型：侈口，卷沿。共 3 件。

2015LWF：11，灰色硬陶，方唇，鼓腹。器表施方格纹大部分被抹平。残高 11 厘米（图二一
〇，1）。

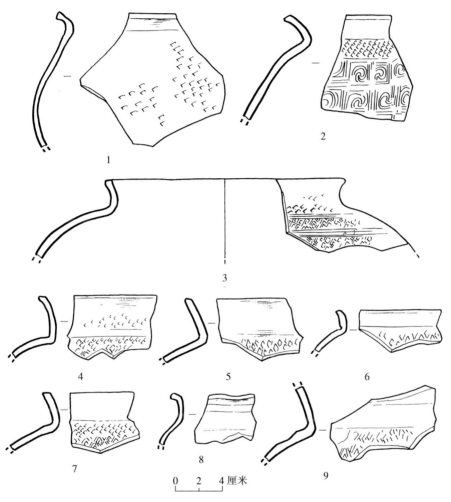

图二一〇　翁坊金钟环壕遗址采集陶器

1~9. 罐（2015LWF：11、2015LWF：14、2015LWF：12、2015LWF：13、2015LWF：16、2015LWF：15、2015LWF：17、
2015LWF：18、2015LWF：19）

2015LWF：12，灰色硬陶，方唇，弧肩。器表施菱格纹与重菱纹，重菱纹上施数道弦纹。口径
20.2 厘米，残高 5.9 厘米（图二一〇，3；图版一四，6）。

2015LWF：18，泥质红陶，圆唇。口沿处有轮修痕迹。素面。残高 4 厘米（图二一〇，8）。

B 型：侈口，折沿。共 6 件。

2015LWF：13，灰色硬陶，方唇。器表施菱格纹，沿部外侧施方格纹大部分被抹平。残高 5.2
厘米（图二一〇，4；图版一五，1）。

2015LWF：14，灰色硬陶，方唇，弧肩。器表施菱格纹与云雷纹。残高 8.5 厘米（图二一〇，

2；图版一五，2）。

2015LWF：15，浅黄色硬陶，有夹炭颗粒，方唇，弧肩。器表施菱格纹。残高3.4厘米（图二一○，6）。

2015LWF：16，灰褐色硬陶，方唇。器表施菱格纹。残高5厘米（图二一○，5；图版一五，3）。

2015LWF：17，灰色硬陶，方唇内凹。器表施方格纹与重菱纹。残高5厘米（图二一○，7；图版一五，4）。

2015LWF：19，灰褐色硬陶，唇部残，弧肩。沿部外侧施弦纹，器表施菱格纹。残高6厘米（图二一○，9）。

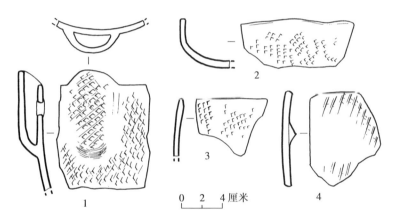

图二一一　翁坊金钟环壕遗址采集陶器
1. 甑（2015LWF：20）　2. 钵（2015LWF：21）　3、4. 盆（2015LWF：22、2015LWF：23）

甑　2件。

2015LWF：10，夹砂浅黄陶，直筒状附耳。器表施菱格纹。残高9厘米（图二一四，4；图版一四，7、8）。

2015LWF：20，泥质红陶，直口，方圆唇，斜直腹，沿面有一圆形穿孔，外有一附耳。附耳及器表施菱格纹。残高11.6厘米（图二一一，1；图版一五，5、6）。

钵　1件。

2015LWF：21，灰色硬陶，近直口，弧腹。器表施方格纹，口部烧制变形。残高4.8厘米（图二一一，2）。

盆　2件。

2015LWF：22，夹细砂黄陶，微敛口，圆唇。器表施方格纹大部分被抹平。残高5.4厘米（图二一一，3）。

2015LWF：23，夹砂黄陶，近直口，方圆唇。器内壁侧有一圈凸棱，器表施菱格纹，大部分被抹平。残高9厘米（图二一一，4）。

鼎足　11件。

根据截面形状，可将其分为两型。

1. 石镞（2015LWF：1）

2. 石镞（2015LWF：3）

3. 石镞（2015LWF：2）

4. 石镞（2015LWF：5）

5. 石锛（2015LWF：8）

6. 陶罐（2015LWF：12）

7. 陶甗护耳（2015LWF：10）

8. 陶甗护耳（2015LWF：10）（内）

图版一四　翁坊金钟环壕遗址采集遗物

1. 陶罐（2015LWF：13）

2. 陶罐（2015LWF：14）

3. 陶罐（2015LWF：16）

4. 陶罐（2015LWF：17）

5. 陶甗护耳（2015LWF：20）

6. 陶甗护耳（2015LWF：20）（内）

7. 陶鼎足（2015LWF：27）

8. 陶鼎足（2015LWF：33）

图版一五　翁坊金钟环壕遗址采集遗物

A 型：扁状足。共 6 件。

2015LWF：26，夹砂红陶。素面。残高 5.2 厘米（图二一二，1）。

2015LWF：27，夹砂浅黄陶，截面呈矩形。素面。残高 8.2 厘米（图二一二，2；图版一五，7）。

2015LWF：34，夹砂红陶，截面近圆形。素面。残高 4.6 厘米（图二一三，1）。

2015LWF：35，夹砂浅黄陶。素面。残高 12.6 厘米（图二一二，5）。

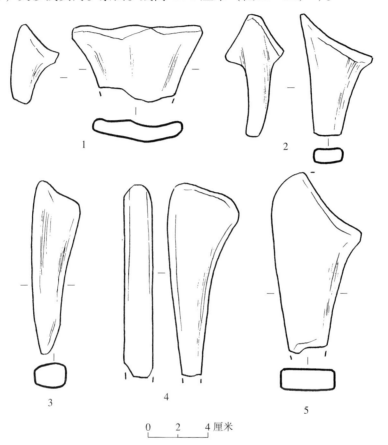

图二一二　翁坊金钟环壕遗址采集陶器

1~5. 鼎足（2015LWF：26、2015LWF：27、2015LWF：30、2015LWF：33、2015LWF：35）

2015LWF：28，夹砂浅黄陶。素面。残高 6.4 厘米（图二一三，5）。

2015LWF：29，夹砂黄陶。素面。残高 5 厘米（图二一三，3）。

B 型：柱状足。共 5 件。

2015LWF：30，夹砂黄陶，截面近圆形。素面。残高 11.6 厘米（图二一二，3）。

2015LWF：31，夹砂红陶，截面呈椭圆形。素面。残高 6.4 厘米（图二一三，6）。

2015LWF：32，夹砂红陶，截面呈椭圆形。素面。残高 9 厘米（图二一三，4）。

2015LWF：33，夹砂灰陶，截面呈不规则形。素面。残高 13 厘米（图二一二，4；图版一五，8）。

2015LWF：36，夹砂黄陶。素面。残高 5.9 厘米（图二一三，2）。

器底　1 件。

2015LWF：24，褐色硬陶，罐底残片，斜腹，平底。器表施云纹大部分被抹平。残高 3.4 厘米
（图二一四，2）。

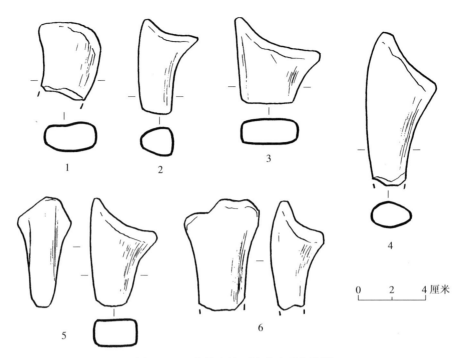

图二一三　翁坊金钟环壕遗址采集陶器

1~6. 鼎足（2015LWF：34、2015LWF：36、2015LWF：29、2015LWF：32、2015LWF：28、2015LWF：31）

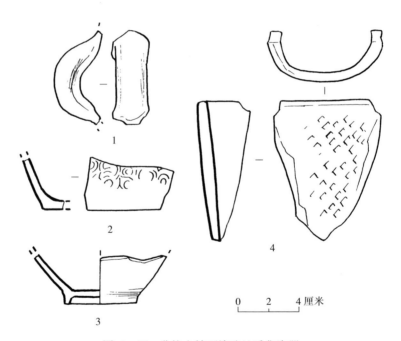

图二一四　翁坊金钟环壕遗址采集陶器

1. 器耳（2015LWF：9）　2. 器底（2015LWF：24）　3. 碗（2015LWF：25）　4. 甗护耳（2015LWF：10）

陶碗　1件。

2015LWF：25，泥质灰陶，斜直腹，矮圈足。素面。残高3厘米（图二一四，3）。

器耳　1件。

2015LWF：9，泥质红陶，半圆形桥状耳。素面。残高6厘米（图二一四，1）。

3. 遗址性质与年代

翁坊金钟遗址是一处典型的环壕遗址。根据调查采集遗物分析，可将该遗址年代分为以下两组：

第一组：以扁状足、大方格纹、雷纹等为代表，扁状足流行时间较长，自新石器时代晚期以来就有大量发现。从纹饰来看，雷纹主要流行于商代或略早。因此，推断该组年代为新石器时代晚期至商代。

第二组：以护耳瓿、折沿罐等印纹硬陶器为代表，该类器形在区域内晚商至西周时期遗存中常见，可推断该组年代为晚商至西周时期。

翁坊金钟环壕遗址的发现与初步研究，为区域聚落形态的演进及区域文明化进程研究提供了十分重要的考古资料。

二八　五里墩村壕沟山环壕遗址

1. 遗址概况

五里墩村壕沟山环壕遗址位于云山镇甘陵村委会五里墩村壕沟山上（图二一五），南距五里墩村约 500 米（图二一六）。地理坐标为：北纬 28°12′14.80″，东经 116°18′11.90″，海拔 29 米。

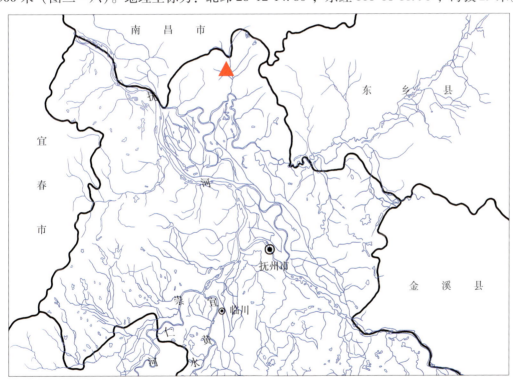

图二一五　五里墩村壕沟山环壕遗址位置示意图

该遗址位于东乡河支流沿岸，现存为一方形台地（图二一七），破坏严重，现地表植被为橘林、菜地（图二一八；图二一九）。经勘探，在遗址中部台地共发现 3 个文化层堆积区，文化层堆积Ⅰ区位于中部台地东南部，平面近圆形，开口距地表约 0.4～0.8 米，厚约 0.5～0.9 米，堆积内含少量烧土块和灰渣等。文化层堆积Ⅱ区位于中部台地北部，开口距地表约 0.5 米，厚约 0.7～1.4 米，堆积内含少量烧土块和灰渣等。文化层堆积Ⅲ区位于中部台地西南部，呈长条状，开口距地表约 0.8 米，厚约 0.5～1 米，堆积内含少量烧土块和灰渣等，地表采集到大量遗物（图二二〇）。

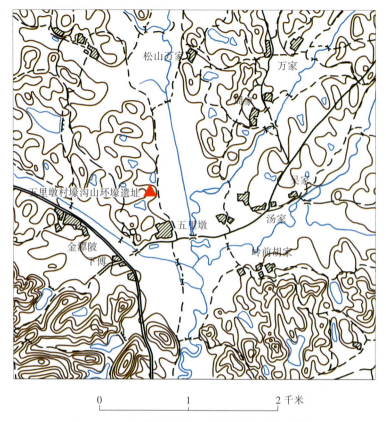

图二一六　五里墩村壕沟山环壕遗址地形示意图

图二一七　五里墩村壕沟山环壕遗址航拍图

2. 遗物介绍

五里墩村壕沟山环壕遗址采集到遗物较为丰富，其中石器、陶器数量较多，石器有石矛、石镞、石锛、石刀等；陶器见有罐、鼎（足）等。

图二一八　五里墩村壕沟山环壕遗址远景图（由西南向东北）

图二一九　五里墩村壕沟山环壕遗址近景图（由东北向西南）

（1）石器

石矛　1件。

2015LWL：2，青石磨制而成，尖锋及两刃锐利，中部起脊，截面呈菱形。残高14.5厘米（图二二一，1；图版一六，3）。

石镞　3件。

2015LWL：7，青石磨制而成，尖锋及刃部残，中部起脊，铤部残，截面呈菱形。器表磨制光滑。残高6.5厘米（图二二一，2；图版一六，7）。

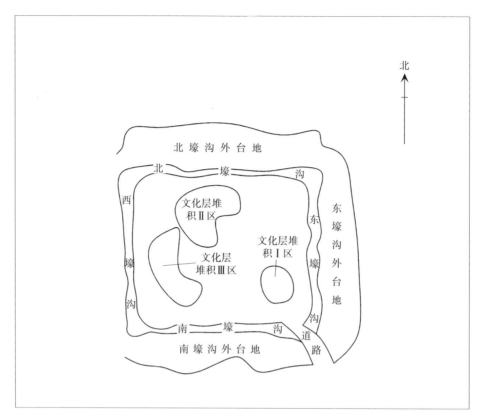

图二二〇　五里墩村壕沟山环壕遗址勘探平面示意图

　　2015LWL：9，青石磨制而成，尖锋残，两刃锐利，中部起脊，锥状铤，截面呈菱形。器表磨制光滑。残高3.6厘米（图二二一，4；图版一六，8）。

　　2015LWL：28，青石磨制而成，尖锋及刃部略残，中部起脊，铤部残，截面呈菱形。器表磨制光滑。残长7厘米（图二二一，3；图版一七，1）。

　　砺石　3件。

　　2015LWL：3，灰褐色砾石，一面内凹。器表磨制光滑。残高14厘米（图二二二，1）。

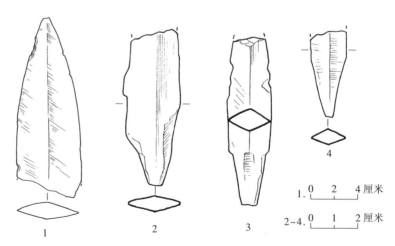

图二二一　五里墩村壕沟山环壕遗址采集石器
1. 石矛（2015LWL：2）　2～4. 石镞（2015LWL：7、2015LWL：28、2015LWL：9）

1. 石锛（2015LWL：1）

2. 石锛（2015LWL：6）

3. 石矛（2015LWL：2）

4. 石刀（2015LWL：12）

5. 石锛（2015LWL：4）

6. 石锛（2015LWL：5）

7. 石镞（2015LWL：7）

8. 石镞（2015LWL：9）

图版一六　五里墩村壕沟山环壕遗址采集遗物

1. 石镞（2015LWL：28）

2. 石斧（2015LWL：29）

3. 石锛（2015LWL：30）

4. 石锛（2015LWL：31）

5. 石斧（2015LWL：32）

6. 砺石（2015LWL：33）

7. 砺石（2015LWL：34）

8. 石斧（2015LWL：35）

图版一七　五里墩村壕沟山环壕遗址采集遗物

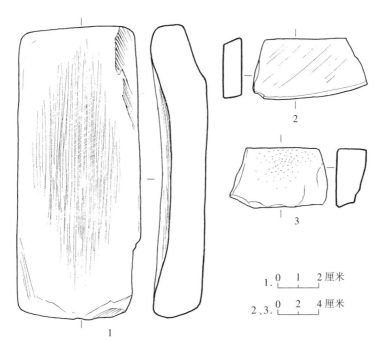

图二二二　五里墩村壕沟山环壕遗址采集石器
1～3. 砺石（2015LWL：3、2015LWL：33、2015LWL：34）

2015LWL：33，青石制成，平面呈梯形，剖面呈矩形。器表有磨痕。残长 11.2、残宽 5.8、厚 1.8 厘米（图二二二，2；图版一七，6）。

2015LWL：34，红褐色砂岩，截面呈不规则状。器表有使用痕迹。残长 9.4、残宽 5.8 厘米（图二二二，3；图版一七，7）。

石锛　7 件。

2015LWL：1，青灰色砾石磨制而成，单面斜刃，两侧平直，表面粗糙，有使用痕迹，器表有多处残损。残高 14 厘米（图二二三，1；图版一六，1）。

2015LWL：4，黄色砾石磨制而成，顶端及刃部残，两侧平直。器表一面磨制平整，一面不甚平直。残高 9.5 厘米（图二二三，2；图版一六，5）。

2015LWL：5，黄色砂岩磨制而成，两侧平直，底端单面磨制成刃。器表磨制规整。残高 7.2 厘米（图二二三，3；图版一六，6）。

2015LWL：6，灰色砂岩磨制而成，两侧平直，底端双面磨制成刃。器表磨制规整。残高 6.8 厘米（图二二三，4；图版一六，2）。

2015LWL：8，红褐色砾石磨制而成，顶端及刃部残。器表磨制规整。残高 5.5 厘米（图二二三，5）。

2015LWL：30，褐色砂岩磨制而成，顶端平直，底端双面磨制成刃，两侧斜直。器表有磨制痕迹。高 7.8、宽 3.8、厚 1.8 厘米（图二二三，7；图版一七，3）。

2015LWL：31，红褐色砂岩磨制而成，顶端平直，底端单面磨制成刃，两侧斜直。器表磨制规整。残高 6.4、残宽 5.9、厚 3 厘米（图二二三，6；图版一七，4）。

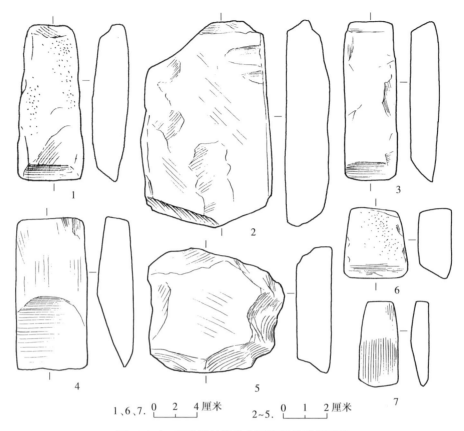

图二二三　五里墩村壕沟山环壕遗址采集石器

1~7. 石锛（2015LWL：1、2015LWL：4、2015LWL：5、2015LWL：6、2015LWL：8、2015LWL：31、2015LWL：30）

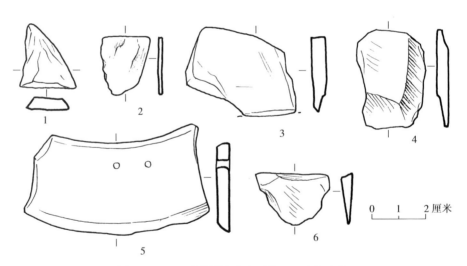

图二二四　五里墩村壕沟山环壕遗址采集遗物

1~4、6. 石刀（2015LWL：10、2015LWL：11、2015LWL：12、2015LWL：13、2015LWL：14）　5. 陶刀（2015LWL：36）

石刀　5件。

2015LWL：10，青石磨制而成，弧背，刃部残。器表磨制光滑。残高2.2厘米（图二二四，1）。

2015LWL：11，青石磨制而成，直背，刃部残。器表磨制光滑。残高2厘米（图二二四，2）。

2015LWL：12，青石磨制而成，背部及刃部残。器表磨制光滑。残高2.5厘米（图二二四，3；

图版一六，4）。

2015LWL：13，青石磨制而成，背部及刃部残。器表磨制较光滑。残高3.5厘米（图二二四，4）。

2015LWL：14，青石磨制而成，直背，弧刃。器表一面磨制光滑。残高1.8厘米（图二二四，6）。

石斧　3件。

2015LWL：29，青色砂岩磨制而成，两端平直，一侧竖直，一侧略残。器表磨制平整。残高4.6、残长6.8厘米（图二二五，2；图版一七，2）。

2015LWL：32，青褐色砂岩磨制而成，截面呈椭圆形，顶端残，底端单面磨制成刃。器表磨制光滑。残长10.4、残高5.3厘米（图二二五，1；图版一七，5）。

2015LWL：35，青色页岩磨制而成，顶端残，底端单面打制成刃。两侧竖直磨光，器表一面较为平整，一面残。残高8.6厘米（图二二五，3；图版一七，8）。

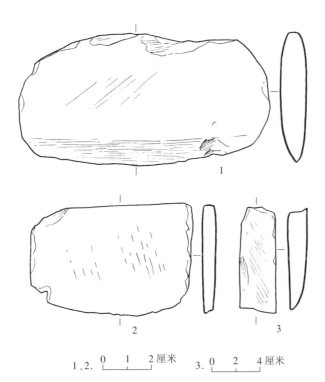

图二二五　五里墩村壕沟山环壕遗址采集石器
1~3. 石斧（2015LWL：32、2015LWL：29、2015LWL：35）

（2）陶器

陶器以印纹硬陶为主，夹砂陶较少，印纹硬陶多为灰色及浅黄色，纹饰有折线纹、方格纹、菱格纹、雷纹、细线纹、弦纹、绳纹（图二二六；图二二七），器形有尊、罐等；夹砂陶多为浅黄色、灰褐色，以素面为主，器形有罐、鼎（足）等。

罐　12件。

根据形态，可分为两型。

图二二六　五里墩村壕沟山环壕遗址采集陶片纹饰拓片
1. 短线纹　2、4、7. 交错绳纹　3. 方格纹　5、6. 菱格纹

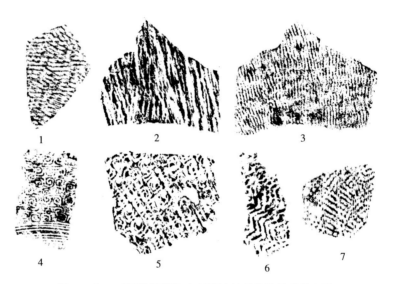

图二二七　五里墩村壕沟山环壕遗址采集陶片纹饰拓片
1、7. 交错线纹　2. 绳纹　3. 短线纹　4. 弦纹+圆圈纹　5. 雷纹　6. 折线纹

A 型：侈口，宽折沿。共 10 件。

2015LWL：15，黄色硬陶，方唇。唇面可见一道凸棱。器表纹饰不清。残高 7.8 厘米（图二二八，1；图版一八，1、2）。

2015LWL：17，灰色硬陶，圆唇，长颈，颈部可见一道凸棱。素面。残高 4.4 厘米（图二二八，3）。

2015LWL：18，夹砂灰白陶，圆唇，唇面有一道凹槽。素面。残高 4.4 厘米（图二二八，4）。

2015LWL：19，夹砂灰陶，圆唇。素面，残高 3.6 厘米（图二二八，5）。

2015LWL：20，夹砂红陶，尖圆唇，唇面有一道凹槽。素面。残高 3.6 厘米（图二二八，6）。

2015LWL：21，黄色硬陶，尖圆唇，唇面有一道凸棱。素面。残高 4.6 厘米（图二二八，7）。

2015LWL：27，灰褐色硬陶，唇部残。器表施菱格纹。残高 3.2 厘米（图二二八，8）。

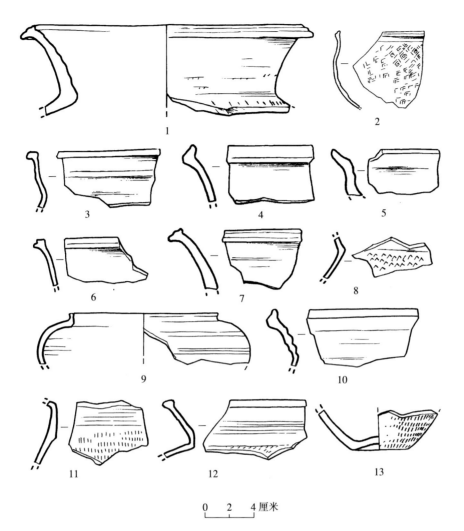

0　2　4厘米

图二二八　五里墩村壕沟山环壕遗址采集陶器

1~12. 罐（2015LWL：15、2015LWL：16、2015LWL：17、2015LWL：18、2015LWL：19、2015LWL：20、2015LWL：21、
2015LWL：27、2015LWL：37、2015LWL：38、2015LWL：39、2015LWL：40）　13. 罐底（2015LWL：22）

2015LWL：38，夹砂浅黄陶，方唇内勾。颈部有轮修痕迹，素面。残高4.6厘米（图二二八，10）。

2015LWL：39，浅黄色硬陶，唇部残。器表施凹弦纹和细绳纹。残高5厘米（图二二八，11）。

2015LWL：40，灰褐色硬陶，高领，方圆唇。器表施绳纹，颈部有轮修痕迹。残高4.6厘米（图二二八，12）。

B型：直口。共2件。

根据腹部形态又可分为两亚型。

Ba型：直口，弧腹，共1件。

2015LWL：16，灰色硬陶，方唇，唇面有一道凹槽。器表饰席纹。残高7.3厘米（图二二八，2；图版一八，3）。

Bb型：直口，鼓腹。共1件。

2015LWL：37，灰色硬陶，小口，窄折沿，方唇，鼓肩。器表施数道凹弦纹。口径12、残高4.2厘米（图二二八，9）。

罐底　1件。

2015LWL：22，灰色硬陶，平底内凹，弧腹。器表饰线纹。残高2.6厘米（图二二八，13；图版一八，4）。

鼎足　25件。

根据截面形态可分为两型。

A型：扁状足。共16件。

2015LWL：23，夹砂灰陶，截面近方形。素面。残高7厘米（图二二九，1）。

2015LWL：24，夹砂黄陶，截面呈圆角方形。素面。残高4.6厘米（图二二九，2）。

2015LWL：25，夹砂红陶，截面近方形。素面。残高7厘米（图二二九，3）。

2015LWL：26，夹砂灰陶，截面呈长条形。足部一面可见一道竖向凹槽。残高7.2厘米（图二二九，4）。

2015LWL：42，夹砂灰陶，截面呈扁圆形。器表有按压凹窝。残高9厘米（图二二九，7；图版一八，7）。

2015LWL：43，夹砂灰陶，截面呈椭圆形。素面。残高6.8厘米（图二二九，6）。

2015LWL：45，夹砂灰褐陶，截面呈长条形。素面。残高7.2厘米（图二二九，9）。

2015LWL：49，夹砂灰陶，截面呈半圆形。素面。残高6.2厘米（图二二九，12）。

2015LWL：48，夹砂浅红陶，截面近矩形。素面。残高7厘米（图二二九，13）。

2015LWL：50，夹砂浅黄陶，截面近方形。素面。残高4.6厘米（图二三〇，1）。

2015LWL：51，夹砂红陶，截面近方形。素面。残高8.4厘米（图二三〇，2）。

2015LWL：52，夹砂红陶，截面近矩形。足外侧有一道凹槽。残高8厘米（图二三〇，3）。

2015LWL：55，夹砂灰褐陶，截面呈椭圆形。素面。残高6厘米（图二三〇，6）。

2015LWL：57，夹砂褐陶，截面近椭圆形。素面。残高6厘米（图二三〇，8）。

2015LWL：59，夹砂红陶，截面呈椭圆形。素面。残高4厘米（图二三〇，9）。

2015LWL：60，夹砂红陶。素面。残高5.2厘米（图二三〇，10）。

B型：柱状足。共9件。

2015LWL：41，夹砂黄陶，截面呈椭圆形。素面。残高12.2厘米（图二二九，5；图版一八，6）。

2015LWL：44，夹砂灰褐陶，截面呈近圆形。素面。残高7.2厘米（图二二九，8）。

2015LWL：46，夹砂黄陶，截面呈矩形。素面。残高7厘米（图二二九，10）。

2015LWL：47，夹砂红陶，截面呈椭圆形。素面。残高7.6厘米（图二二九，11；图版一八，8）。

2015LWL：53，夹砂红褐陶，扁状足，截面呈椭圆形。素面。残高10厘米（图二三〇，4）。

2015LWL：54，夹砂红陶，截面呈椭圆形。素面。残高7厘米（图二三〇，5）。

2015LWL：56，夹砂红褐陶。素面。残高9厘米（图二三〇，7）。

2015LWL：58，夹砂红褐陶，截面呈不规则状。一侧有凹槽，素面。残高6.1厘米（图二二九，14）。

2015LWL：61，夹砂浅红陶，截面呈圆形。器表见有刻划纹。残高3.4厘米（图二三〇，11）。

1. 陶罐（2015LWL：15）

2. 陶罐（2015LWL：15）内

3. 陶罐（2015LWL：16）

4. 陶罐底（2015LWL：22）

5. 陶刀（2015LWL：36）

6. 陶鼎足（2015LWL：41）

7. 陶鼎足（2015LWL：42）

8. 陶鼎足（2015LWL：47）

图版一八　五里墩村壕沟山环壕遗址采集遗物

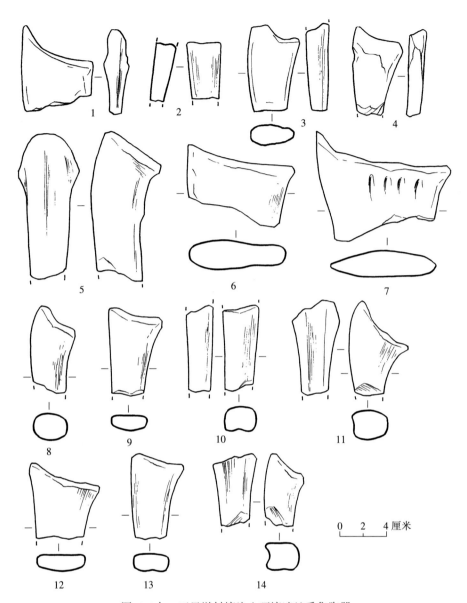

图二二九　五里墩村壕沟山环壕遗址采集陶器

1~14. 鼎足（2015LWL：23、2015LWL：24、2015LWL：25、2015LWL：26、2015LWL：41、2015LWL：43、
2015LWL：42、2015LWL：44、2015LWL：45、2015LWL：46、2015LWL：47、2015LWL：49、2015LWL：48、2015LWL：58）

陶刀　1件。

2015LWL：36，夹砂红褐陶，弧背，单面磨制成刃，近背部有二圆形穿孔。边缘有打磨痕迹。残长6.9、残高4、厚0.5厘米（图二二四，5；图版一八，5）。

3. 遗址性质与年代

五里墩村壕沟山环壕遗址位于抚河支流沿岸，地势较为平坦，自然环境优越。遗址中部台地、壕沟、壕沟外台地等结构完备，是一处典型的环壕类遗址。遗址地表采集到十分丰富的遗物。从采集遗物的特征来看，可将该遗址年代分为以下两组：

第1组：以扁状鼎足和施菱格纹、方格纹、雷纹的印纹硬陶为代表。该组遗存中的印纹硬陶为区域内商周时期多见，带按压凹窝扁状足等具有较长延续性，在抚河流域多见于商周时期。另外，

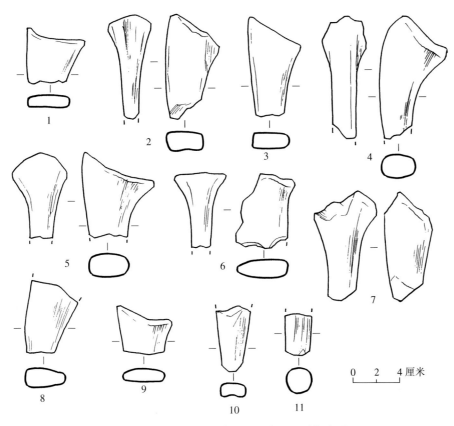

图二三〇　五里墩村壕沟山环壕遗址采集陶器

1～11. 鼎足（2015LWL：50、2015LWL：51、2015LWL：52、2015LWL：53、2015LWL：54、
2015LWL：55、2015LWL：56、2015LWL：57、2015LWL：59、2015LWL：60、2015LWL：61）

遗址中所见的宽折沿硬陶罐在赣江流域的吴城遗址①、平顶垴遗址②较为多见，其年代大致为商代或西周。因此，可初步推测该组遗存的年代大致为商周时期。

第 2 组：以器表施釉的陶片和施小方格纹的印纹硬陶为代表。这类遗存烧制火候较高，纹饰较为细密，在江西地区多见于东周时期。因此，可推断该组遗存年代为东周时期。

五里墩村壕沟山环壕遗址的发现与研究，丰富了抚河流域先秦时期的遗址数量，对区域聚落形态研究和文化序列的建立等方面都具有十分重要的意义。同时，遗址所见的遗存与赣江流域有较多相似性，其背后可能隐含着古代人群的活动和文化的交流，更深入的研究尚需要考古工作的进一步开展。

二九　营门里环壕遗址

1. 遗址概况

营门里环壕遗址位于河西乡方家村（图二三一），西北距上方村约 530 米，南距 208 省道 837 米，东距 979 乡道 207 米（图二三二）。地理坐标为：北纬 27°55′31.9″，东经 116°16′54.5″，海拔 54 米。

① 江西省文物考古研究所、樟树市博物馆：《吴城：1973～2002 年考古发掘报告》，科学出版社，2005 年，第 238～247 页。

② 江西省文物考古研究所、铜鼓县秋收起义纪念馆：《江西铜鼓平顶垴遗址发掘简报》，《文物》2012 年第 6 期。

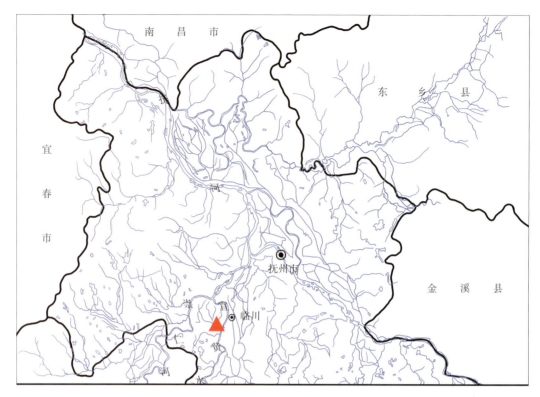

图二三一　营门里环壕遗址位置示意图

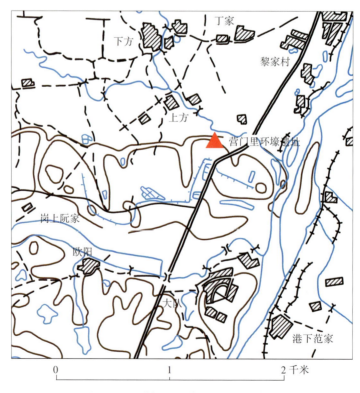

图二三二　营门里环壕遗址地形示意图

遗址位于宜黄水沿岸，为缓坡山岗地形。该遗址大致呈西北—东南向分布，为一台地，平面呈不规则形（图二三三），东西长径约 105 米，南北短径约 81 米。台地北部、东南部边缘地带稍高，其余区域稍低且平缓。台地整体高于周围地面约 1~5 米（图二三四）。台地北部边缘地带被树木、杂草、灌木丛覆盖，其余区域为杂草地，植被茂密。区域南邻一砖厂，遗址大部已被砖厂取土所破坏（图二三五）。该遗址未勘探到文化层堆积，采集遗物较少（图二三六）。

图二三三　营门里环壕遗址航拍图

图二三四　营门里环壕遗址远景图（由西南向东北）

图二三五　营门里环壕遗址中部台地近景图（由东南向西北）

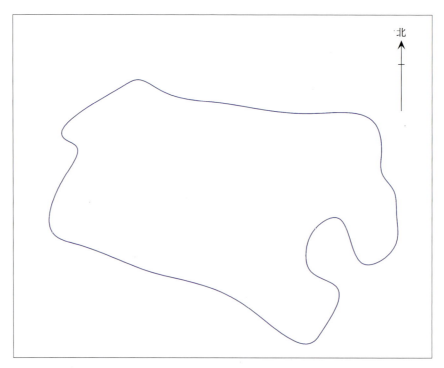

图二三六　营门里环壕遗址勘探平面示意图

2. 遗物介绍

营门里环壕遗址采集遗物很少，均为陶器残片。以夹砂陶为主，多为灰色、浅黄色，以素面为主，器形有罐、鼎（足）等。

鼎足 2件。

2015LYM：1，夹砂黄陶，扁状足，截面呈方形。素面。残高4.6厘米（图二三七，1）。

2015LYM：2，夹砂浅灰陶，扁锥状足，截面呈扁圆形。素面。残高7厘米（图二三七，2）。

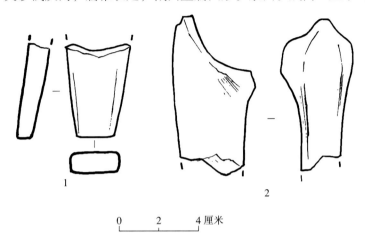

0   2   4厘米

图二三七　营门里环壕遗址采集陶器
1、2. 鼎足（2015LYM：1、2015LYM：2）

3. 遗址性质与年代

营门里环壕遗址破坏严重，采集遗物较少，其年代判断较为困难，根据采集到的零星夹砂陶片及陶鼎足来分析，遗址的年代大致为新石器时代晚期或略晚。

该遗址的初步调查与分析为区域内环壕聚落的时空分布和文化序列演进提供了重要材料。对营门里环壕遗址的深入研究，仍需要进一步的考古工作。

三〇　扁桃山环壕遗址

1. 遗址概况

扁桃山环壕遗址位于桐源乡岭西村委会万家村（图二三八），东南距下岭西613米，西距傅源村944米，西北距罗马下575米（图二三九）。地理坐标为：北纬28°05′37.0″，东经116°08′56.0″，海拔56米。

遗址处于临川区西部抚河支流沿岸的山岗地带。该遗址平面呈不规则形，主要由中部台地、四周壕沟和台地组成（图二四〇）。中部台地平面呈西北—东南向不规则形，长径约106米，短径约67米，北部边沿地带地势稍高，其余区域稍低且平缓，北部边沿地带种植树木、毛竹、杂草等，植被较为茂密，中部区域为杂草地，植被较稀疏，台地四周边沿被毛竹、杂草、灌木丛等覆盖，植被较为茂密，台地整体高于周围稻田约2~5米（图二四一）。四周现存南、东、北壕沟，壕沟宽约14~25米，现为稻田。壕沟外台地现存南侧、东侧台地，宽约2~36米，壕沟外台地地表被树木、毛竹覆盖，植被较为茂密（图二四二）。

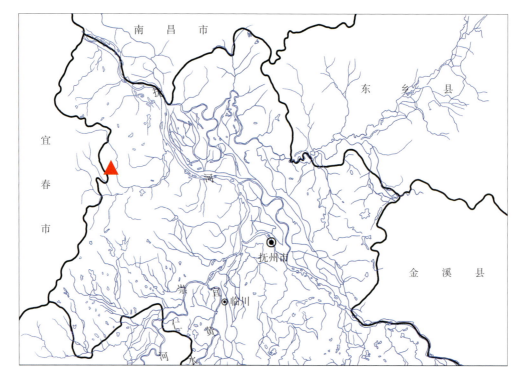

图二三八　扁桃山环壕遗址位置示意图

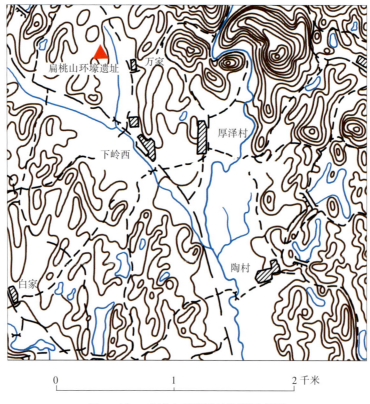

图二三九　扁桃山环壕遗址地形示意图

图二四〇　扁桃山环壕遗址航拍图

图二四一　扁桃山环壕遗址远景图（由东北向西南）

图二四二　扁桃山环壕遗址北壕沟近景图（由西向东）

经钻探，遗址中部台地西南地带发现1处文化层堆积区域（文化层堆积Ⅰ区），平面呈东西向不规则形，长径约35米，短径约8米，面积约345.8平方米，堆积开口于地下0.4米处，厚约0.4米，文化层内包含少量烧土块和灰渣。中部台地北部边沿较高地带发现1处文化层堆积区域（文化层堆积Ⅱ区），平面呈东西向不规则形，长径约64米，短径约23米，面积约978.9平方米，堆积开口于地下1.7米处，厚约0.4米，文化层内包含少量烧土块和灰渣。南、东壕沟外台地现高约0.2～1.2米（图二四三）。

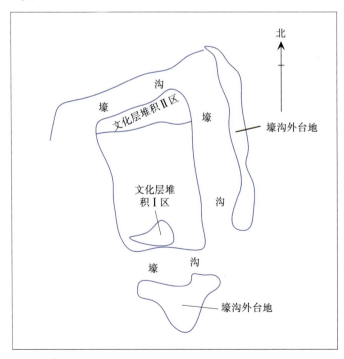

图二四三　扁桃山环壕遗址勘探平面示意图

2. 遗物介绍

扁桃山环壕遗址采集遗物较少，均为陶器残片。主要为夹砂陶，多为灰色、灰褐色陶，纹饰少见有绳纹，多为素面，器形有罐、鼎足等。

鼎足 1件。

2015LBT：1，夹砂灰陶。扁锥状足，截面呈椭圆形。素面。残高4.2厘米（图二四四）。

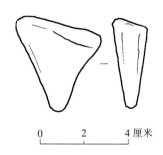

0   2   4 厘米

图二四四　扁桃山环壕遗址采集陶器
鼎足（2015LBT：1）

3. 遗址性质与年代

扁桃山遗址是一处典型的环壕遗址，遗址的中部台地、壕沟及外围台地构成了环壕遗址的完整结构。结合环壕聚落形态和零星采集的遗物可初步判断该遗址的年代大致为先秦时期。扁桃山环壕遗址的发现与初步分析，对区域聚落形态的划分、区域社会演进研究提供了十分重要的考古学资料。

第三节　岗地类遗址

2015年，共调查发现临川区先秦时期岗地类遗址12处，以下从遗址位置、文化特征、遗址年代等方面进行介绍。

一　乐家寨Ⅱ号遗址

1. 遗址概况

乐家寨Ⅱ号遗址位于河西乡乐家寨乐家山北侧山岗（图二四五），现为一片橘树林，南距063乡道约410米，西距062乡道约2千米，南侧与乐家寨Ⅰ号环壕遗址相邻（图二四六）。地理坐标为：北纬27°55′32.3″，东经116°16′05.4″，海拔52米。

遗址处于宜黄水沿岸，整体呈南北向不规则形，南北长径约113米，东西短径约65米。调查面积约为0.3万平方米，地势东、南侧较高，其余地带稍低，区域内种有橘树，植被较为茂密。区域西侧紧邻村道小路（图二四七）。

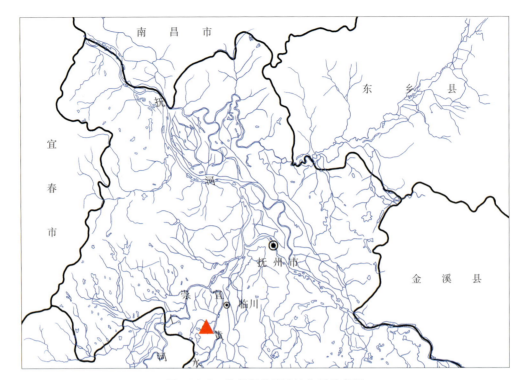

图二四五　乐家寨Ⅱ号遗址位置示意图

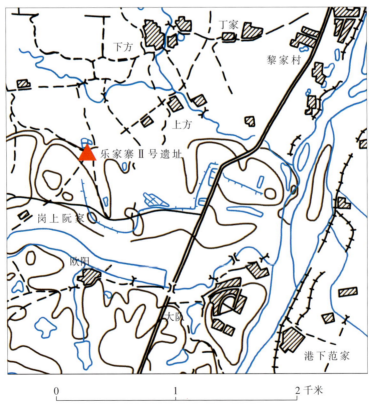

图二四六　乐家寨Ⅱ号遗址地形示意图

图二四七 乐家寨Ⅱ号遗址远景图（由西南向东北）

2. 遗物介绍

乐家寨Ⅱ号遗址采集遗物较为丰富，石器有石刀、磨石等，另有陶器残片若干。

（1）石器

石器

磨石 1件。

2015LLJZⅡ：1，红褐色砂岩磨制而成，一面内凹，器表规整。残高7.3厘米（图二四八，1）。

石刀 2件。

2015LLJZⅡ：2，青石磨制而成，直背，两面磨制成刃。残高7厘米（图二四八，2；图版一九，1）。

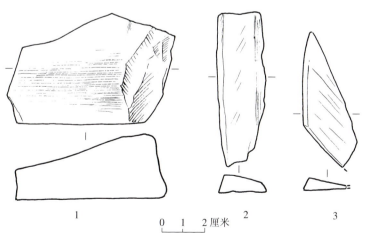

图二四八 乐家寨Ⅱ号遗址采集石器

1. 磨石（2015LLJZⅡ：1） 2、3. 石刀（2015LLJZⅡ：2、2015LLJZⅡ：3）

2015LLJZⅡ：3，青石磨制而成，直背，刃部残。残高2.7、残长6.2厘米（图二四八，3；图版一九，2）。

（2）陶器

陶器以硬陶和夹砂陶为主，硬陶多为褐色、灰色，纹饰有菱格纹、短线纹（图二四九），器形有罐等；夹砂陶多为灰色，以素面为主，器形有罐、鼎足等。

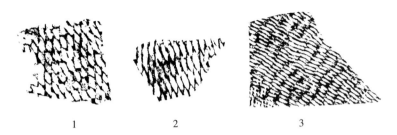

图二四九　乐家寨Ⅱ号遗址采集陶片纹饰拓片
1、2. 菱格纹　3. 短线纹

陶器

罐　6件。

根据口沿形态可分为两型。

A 型：卷沿。共3件。

2015LLJZⅡ：4，泥质灰陶，侈口，圆唇。素面。残高2.8厘米（图二五〇，2）。

2015LLJZⅡ：8，灰色硬陶，侈口，方唇，沿面可见一道凸棱。素面。残高2.4厘米（图二五〇，3）。

2015LLJZⅡ：9，灰色硬陶，侈口，圆唇，口沿内可见一道凸棱。素面。残高2厘米（图二五〇，1）。

B 型：折沿。共3件。

2015LLJZⅡ：5，灰色硬陶，侈口，窄沿，方唇。素面。残高3厘米（图二五〇，6；图版一九，3）。

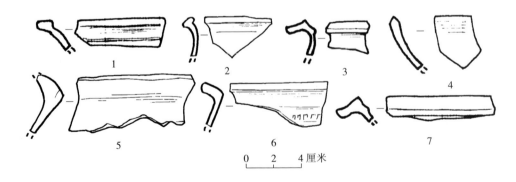

图二五〇　乐家寨Ⅱ号遗址采集陶器
1～7. 罐（2015LLJZⅡ：9、2015LLJZⅡ：4、2015LLJZⅡ：8、2015LLJZⅡ：10、2015LLJZⅡ：6、2015LLJZⅡ：5、2015LLJZⅡ：7）

2015LLJZⅡ：6，灰褐色硬陶，敛口。素面。残高4厘米（图二五〇，5；图版一九，4）。

2015LLJZⅡ：7，灰色硬陶，侈口，尖圆唇，沿面可见一道凸棱。素面。残高1.8厘米（图二五〇，7）。

陶钵　1件。

2015LLJZⅡ：10，夹砂灰陶，侈口，尖圆唇。素面。残高3.8厘米（图二五〇，4）。

鼎足　5件。

2015LLJZⅡ：11，夹砂浅灰陶，扁状足，截面呈长条形。素面。残高5.8厘米（图二五一，3）。

2015LLJZⅡ：12，夹砂红陶，扁状足，截面呈扁圆形。素面。残高4厘米（图二五一，1）。

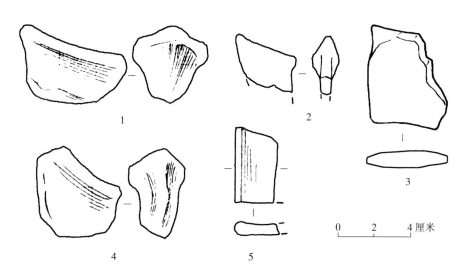

图二五一　乐家寨Ⅱ号遗址采集陶器

1～5. 鼎足（2015LLJZⅡ：12、2015LLJZⅡ：15、2015LLJZⅡ：11、2015LLJZⅡ：13、2015LLJZⅡ：14）

2015LLJZⅡ：13，夹砂浅红陶，扁状足，截面呈椭圆形。素面。残高4.8厘米（图二五一，4）。

2015LLJZⅡ：14，夹砂灰白陶，扁状足，截面呈长条形。素面。残高4厘米（图二五一，5）。

2015LLJZⅡ：15，夹砂黄陶，扁状足，截面呈扁椭圆形。素面。残高2.8厘米（图二五一，2）。

3. 遗址性质与年代

乐家寨Ⅱ号遗址是一处典型的岗地类遗址，该遗址与乐家寨Ⅰ号环壕遗址位置较为接近，两者可能存在着密切的联系。由于遗址采集遗物较少，仅以发现的陶器对遗址的年代进行初步判断。所见卷沿与折沿罐为区域内商周时期常见，印纹硬陶纹饰以菱格纹或短线纹为代表，该纹饰多见于商代或略晚，因此可初步判断乐家寨Ⅱ号遗址的年代为商周时期或略晚。

乐家寨Ⅱ号遗址的发现与初步研究，为区域内文化序列和社会聚落形态的演进提供了重要的考古资料。

1. 石刀（2015LLJZⅡ∶2）

2. 石刀（2015LLJZⅡ∶3）

3. 陶罐（2015LLJZⅡ∶5）

4. 陶罐（2015LLJZⅡ∶6）

图版一九　乐家寨Ⅱ号遗址采集遗物

二　罗家寨Ⅰ号遗址

罗家寨Ⅰ号遗址位于河西乡龙泉古寺东南约340米处（图二五二），东距宜黄水约150米，西距河西街约530米，距329省道约420米，罗家寨Ⅱ号环壕遗址东侧（图二五三）。地理坐标为：北纬27°55′20.4″，东经116°17′11.4″，海拔55米。

该遗址为一稍高台地，平面呈南北向不规则形，南北向长径约77米，东西向短径约22米，地势较为平缓，地表为杂草覆盖，植被较茂密。遗址整体高于外侧地表约1~2米（图二五四）。

罗家寨Ⅰ号遗址因人为取土等原因，遭受到严重破坏，遗址范围内未见明显的地层堆积，仅在地表散见少量陶器碎片。罗家寨Ⅰ号遗址紧邻宜黄水，地理位置优越，是一处典型的岗地类遗址，该遗址与罗家寨Ⅱ号环壕遗址相邻，两者可能存在着比较密切的联系。由于遗址采集遗物很少，因此，根据零星发现的陶片初步推断该遗址年代大致为先秦时期。

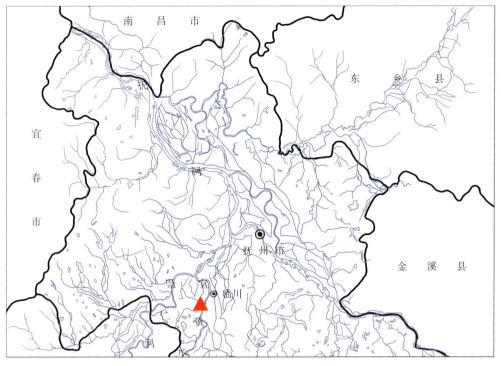

图二五二 罗家寨Ⅰ号遗址位置示意图

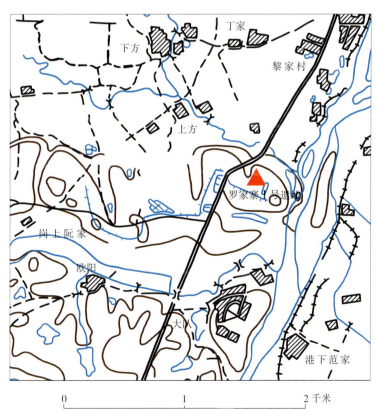

图二五三 罗家寨Ⅰ号遗址地形示意图

图二五四　罗家寨Ⅰ号遗址远景图（由东南向西北）

三　五里墩村壕沟山外遗址

1. 遗址概况

五里墩村壕沟山外遗址位于云山镇甘陂村委会五里墩外壕沟山村壕沟山北侧山坡上（图二五五），西南距 361 国道约 970 米，南距王头都（村）约 740 米，东南距五里墩村约 720 米（图二五六）。地理坐标为：北纬 28°12′04.4″，东经 116°18′25.7″，海拔 41 米。

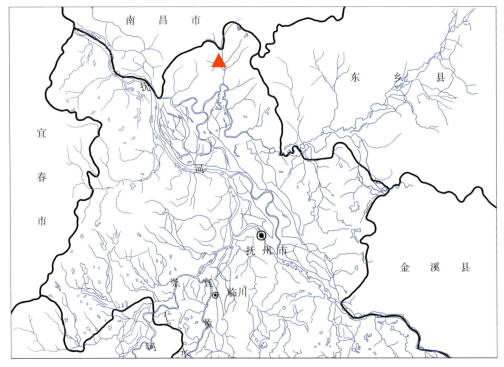

图二五五　五里墩村壕沟山外遗址位置示意图

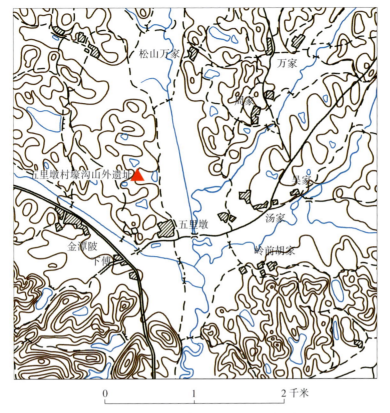

图二五六　五里墩村壕沟山外遗址地形示意图

图二五七　五里墩村壕沟山外遗址近景图（由西北向东南）

遗址处于抚河支流沿岸，属缓坡山岗地形，平面呈南北向不规则形，长径约 111 米，短径约 69 米，地势东高西低，地表已被人为平整种植橘树，植被较为稀疏（图二五七）。遗址未发现文化堆积层，采集到零星陶器碎片。

2. 遗址性质与年代

五里墩村壕沟山外遗址紧邻河流，地理位置优越，是一处典型的岗地类遗址，该遗址与五里墩村壕沟山环壕遗址相邻，两者可能存在着密切的联系。由于遗址采集遗物很少，依据发现的零星陶片初步推断该遗址年代大致为先秦时期。

四 雷劈石遗址

1. 遗址概况

雷劈石遗址位于抚北镇雷劈石村西约 80 米处（图二五八），东北距 033 乡道 180 米，东南距 034 乡道 822 米，东距抚河 1.1 千米（图二五九）。地理坐标为：北纬 27°59′03.7″，东经 116°17′23.6″，海拔 45 米。

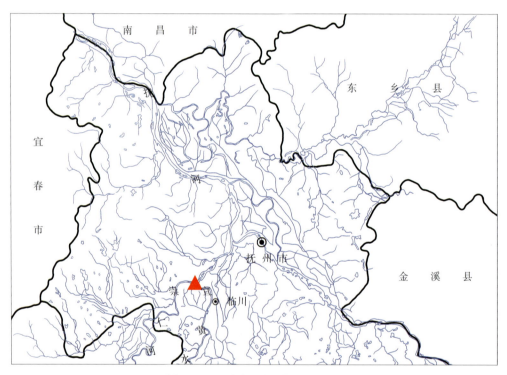

图二五八　雷劈石遗址位置示意图

该遗址东临雷劈石村民房，南邻树林，平面呈东西不规则形，东西长径约 82 米，南北短径约 51 米。地势整体较平缓，地表见有竹子、松树，其余为杂草，植被较为茂密（图二六〇）。

2. 遗物介绍

雷劈石遗址采集遗物较少，均为陶器残片。主要为印纹硬陶，多为灰色、灰褐色，纹饰有短线纹、交错绳纹（图二六一），器形有钵、罐等。

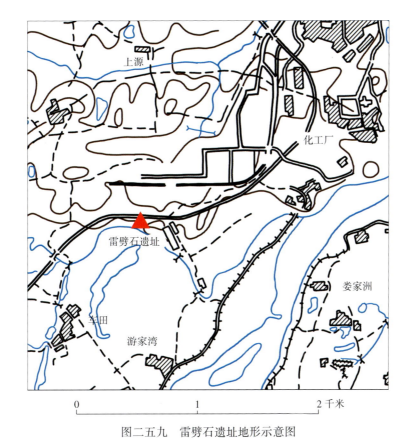

图二五九　雷劈石遗址地形示意图

图二六〇　雷劈石遗址远景图（由西北向东南）

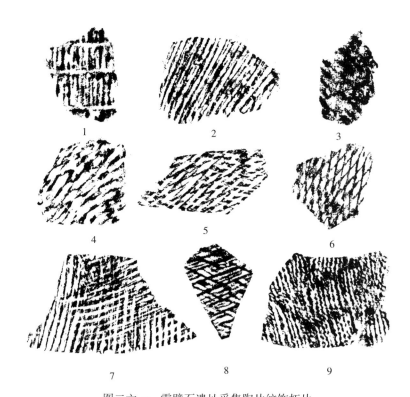

图二六一　雷劈石遗址采集陶片纹饰拓片

1. 弦断绳纹　2. 绳纹　3~6. 菱格纹　7. 交错绳纹　8. 变体雷纹　9. 交错线纹

罐　4件。

2015LLP：1，灰色硬陶，直口，平折沿，圆唇。器表饰绳纹。残高4.6厘米（图二六二，1；图版二〇，1）。

2015LLP：4，颈部残片。灰褐色硬陶，颈部可见一道凸棱。素面。残高3.8厘米（图二六二，3；图版二〇，2）。

2015LLP：5，夹砂灰陶，侈口，折沿。素面。残高1.6厘米（图二六二，5）。

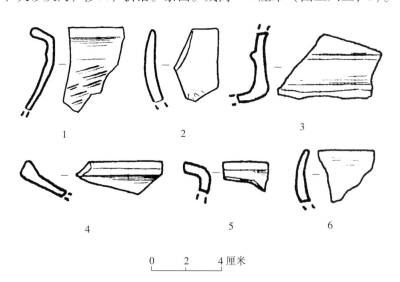

0　　2　　4厘米

图二六二　雷劈石遗址采集陶器

1、3~5. 罐（2015LLP：1、2015LLP：4、2015LLP：6、2015LLP：5）　2、6. 钵（2015LLP：2、2015LLP：3）

2015LLP：6，黄褐色硬陶，敞口，浅腹，方唇。素面，器表可见轮修痕迹。残高1.9厘米（图二六二，4）。

钵　2件

2015LLP：2，灰色硬陶，近直口，圆唇。素面。残高4厘米（图二六二，2）。

2015LLP：3，灰色硬陶，敛口，圆唇，素面。残高3厘米（图二六二，6）。

3. 遗址性质与年代

雷劈石遗址是一处较为典型的岗地类遗址，遗址被破坏较为严重，采集遗物较少，遗址范围亦不甚清晰。从采集所得的陶器残片来看，主要为印纹硬陶，纹饰见有绳纹、菱格纹、变体雷纹等，此特征与区域内商周时期遗存较为相近，可初步推测该遗址年代为商周时期。

雷劈石遗址的复查与初步研究，对抚河流域先秦时期文化序列的建立及区域聚落形态演变等方面的探索提供了十分重要的考古资料。

1. 陶罐（2015LLP：1）

2. 陶罐（2015LLP：4）

图版二〇　雷劈石遗址采集遗物

五　陆家山遗址

1. 遗址概况

陆家山遗址位于上顿渡镇安泽村委会岗下村东部（图二六三），南距临川大道约600米，东距70国道约380米，东北距许家村约300米（图二六四）。地理坐标为：北纬27°57′22.7″，东经116°19′14.7″，海拔42米。

该遗址现为一人工平整梯田地形，平面呈东西向不规则形，长径约160米，短径约94米。遗址地表现为菜地、稻田，植被较为稀疏。区域西南邻一村道（土路），东南、北侧紧邻现代围墙（图二六五）。

2. 遗物介绍

陆家山遗址采集遗物很少，均为陶器残片。所见均为印纹硬陶，多为灰色、灰褐色，纹饰见有方格纹，器形有罐等。

器耳　1件。

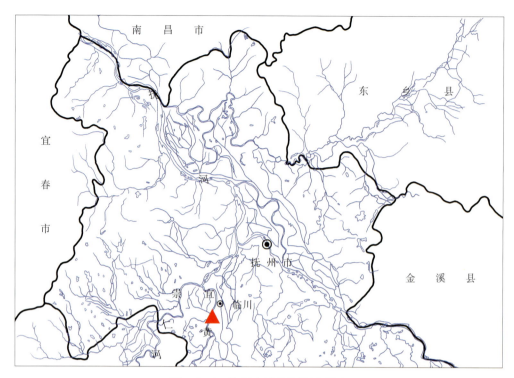

图二六三　陆家山遗址位置示意图

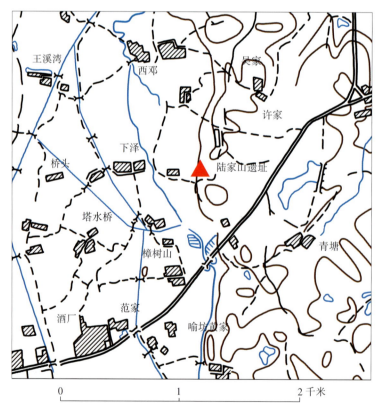

图二六四　陆家山遗址地形示意图

图二六五　陆家山遗址远景图（由西南向东北）

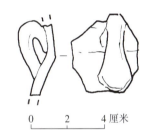

0　2　4 厘米

图二六六　陆家山遗址采集陶器
器耳（2015LLJ：1）

2015LLJ：1，灰色硬陶，器表可见一桥状附耳。素面。残高 4 厘米（图二六六）。

3. 遗址性质与年代

陆家山遗址位于宜黄水支流沿岸，地势平坦，属于比较典型的岗地类遗址。遗址地表被近现代活动破坏较为严重，仅采集到的零星陶片，因此年代判断较为困难。从采集到的陶片均为印纹硬陶，以及所施方格纹来看，其特征与区域内商周时期遗存较为相似，因此推断该遗址年代大致为商周时期。

陆家山遗址的发现与初步研究，进一步丰富了抚河流域先秦时期的考古资料。

六　羊坡石遗址

1. 遗址概况

羊坡石遗址位于抚北镇羊坡石村南约 50 米处（图二六七），东临抚河，西北距 034 乡道 146米，东北距 G70 福银高速 1.14 千米（图二六八）。地理坐标为：北纬 27°59′10.8″，东经 116°18′11.3″，海拔 41 米。

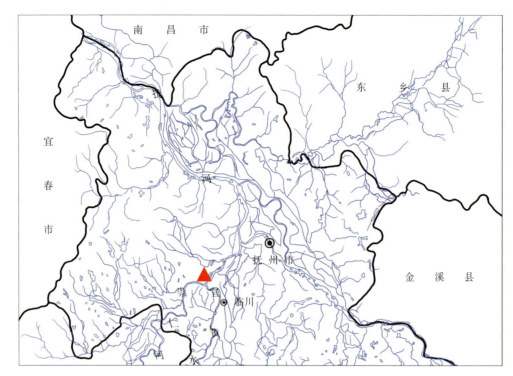

图二六七　羊坡石遗址位置示意图

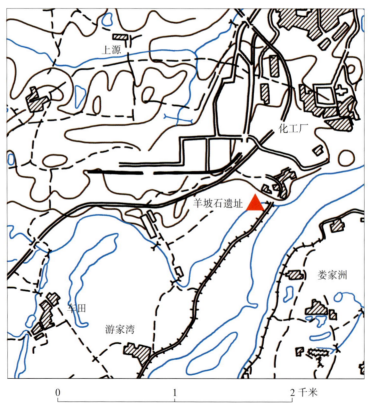

图二六八　羊坡石遗址地形示意图

图二六九　羊坡石遗址远景图（由西北向东南）

　　该遗址平面呈东西向不规则形，长径约 124 米，短径约 60 米。地势较为平缓，遗址建有民屋、农田以及水塘，植被较稀疏。遗址主体遭严重破坏（图二六九）。

　　2. 遗物介绍

　　羊坡石遗址采集遗物很少，均为陶器残片。以印纹硬陶和夹砂陶为主，硬陶多为灰色、灰褐色，纹饰有方格纹、菱格纹（图二七○），器形见有罐；夹砂陶多为褐色、浅灰色，少见交错绳纹，多为素面，器形有罐、鼎（足）等。

　　罐　1 件。

　　2015LYP：1，灰色硬陶，沿外侧可见一泥条状附耳。器表饰方格纹。残高 4.4 厘米（图二七一，1；图版二一，1）。

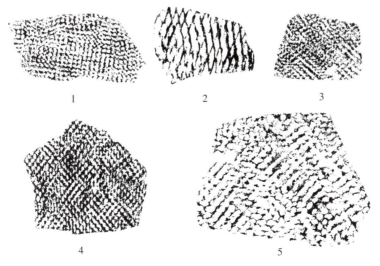

图二七○　羊坡石遗址采集陶片拓片
1、3、4. 小方格纹　2. 菱格纹　5. 交错绳纹

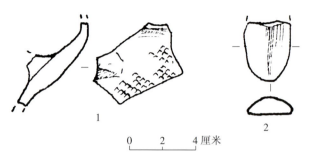

0   2   4 厘米

图二七一　羊坡石遗址采集陶器
1. 罐（2015LYP：1）　2. 鼎足（2015LYP：2）

鼎足　1件。

2015LYP：2，夹砂黄褐陶，扁状足，截面呈三角形。素面。残高3.8厘米（图二七一，2；图版二一，2）。

3. 遗址性质与年代

羊坡石遗址是一处岗地类遗址，遭后期破坏较为严重。所见印纹硬陶片较多，纹饰多为小方格纹、菱格纹、交错绳纹等。此类纹饰多流行于商周时期。因此，可大致推断该遗址的年代为商周时期。

羊坡石遗址的调查与初步分析，为区域内聚落形态及文化序列的演进等方面的研究提供了十分重要的考古学资料。

1. 陶罐（2015LYP：1）　　　　　　　　　2. 陶鼎足（2015LYP：2）

图版二一　羊坡石遗址采集遗物

七　白石岗外遗址

1. 遗址概况

白石岗外遗址位于云山镇圳上村委会饶家村（图二七二），北距周家村900米，东南距023乡道约140米，南距圳上村约700米，东南距圳上汤家（村）约300米（图二七三）。地理坐标为：北纬28°12′16.8″，东经116°19′29.6″，海拔49米。

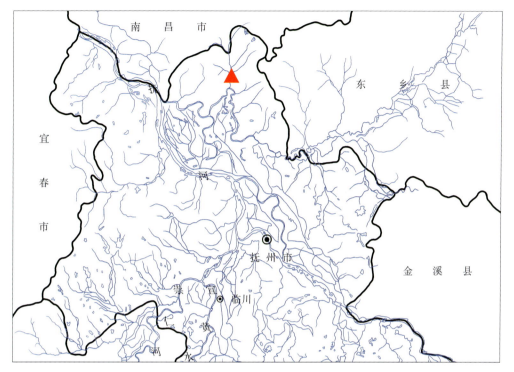

图二七二 白石岗外遗址位置示意图

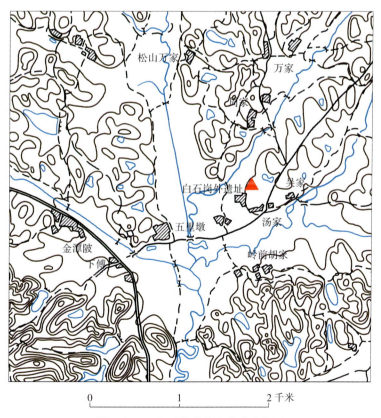

图二七三 白石岗外遗址地形示意图

该遗址为一山地缓坡地形，平面呈西北—东南向不规则形，长径约100米，短径约38米。遗址地势南高北低，中北部为一松树林，植被较为茂密，其余区域已被人为修整，植被较稀疏，区域南侧有废弃房屋（图二七四）。

图二七四　白石岗外遗址远景图（由西北向东南）

2. 遗物介绍

白石岗外遗址采集遗物较少，发现石锛2件，陶器残片若干。

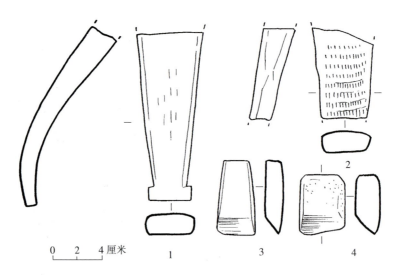

0　2　4厘米

图二七五　白石岗外遗址采集遗物
1、2. 陶拍（2015LBS：4、2015LBS：3）　3、4. 石锛（2015LBS：1、2015LBS：2）

（1）石器

石锛　2件。

2015LBS：1，黄色砂岩磨制而成，底端单面磨制成刃，两侧斜直。宽2.4、高5.6、厚1.4厘米（图二七五，3；图版二二，1）。

2015LBS：2，青色砂岩磨制而成，顶端平直，底端单面磨制成刃，两侧竖直。表面磨制规整。宽3.9、高4.6、厚2厘米（图二七五，4；图版二二，2）。

（2）陶器

主要为印纹硬陶和夹砂陶。硬陶较多，有灰色、灰褐色、浅黄色，纹饰多样，主要有绳纹、方格纹、交错绳纹、细线纹、席纹（图二七六；图二七七），器形以罐为主；夹砂陶较少，主要有褐色、灰褐色，纹饰少见绳纹，以素面居多，器形有鼎（足）、罐等。

图二七六　白石岗外遗址采集陶片纹饰拓片

1、3. 菱格纹　2. 小方格纹　4~6. 交错绳纹　7. 细线纹　8. 席纹

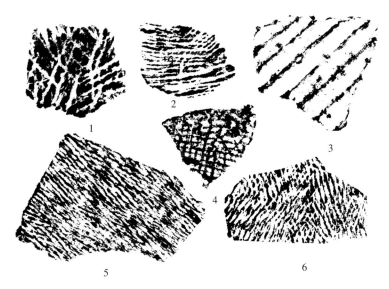

图二七七　白石岗外遗址采集陶片纹饰拓片

1. 刻划纹　2、5、6. 交错绳纹　4. 小方格纹　3. 粗绳纹

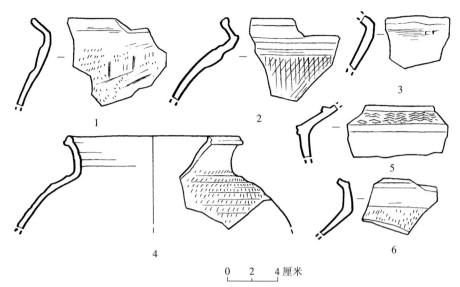

0 2 4厘米

图二七八　白石岗外遗址采集陶器

1～6. 罐（2015LBS：5、2015LBS：6、2015LBS：11、2015LBS：7、2015LBS：8、2015LBS：9）

罐　6件。

2015LBS：5，灰褐色硬陶，侈口，折沿，圆唇。器表施交错绳纹和刻划纹。残高6.7厘米（图二七八，1；图版二二，5）。

2015LBS：6，夹砂灰陶，侈口，折沿，方唇。器表施菱格纹，口沿下有轮修痕迹。残高6.4厘米（图二七八，2）。

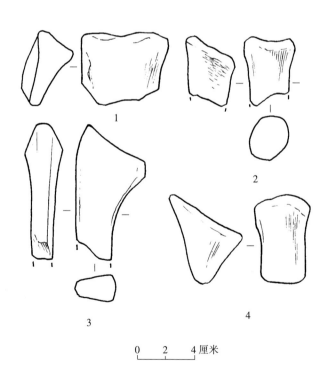

0 2 4厘米

图二七九　白石岗外遗址采集陶器

1～4. 鼎足（2015LBS：14、2015LBS：13、2015LBS：10、2015LBS：12）

2015LBS：7，灰色硬陶，侈口，束颈，方唇，唇面内凹。器表施方格纹。口径14.4、残高7.2厘米（图二七八，4；图版二二，6）。

2015LBS：8，灰褐色硬陶，肩部残片，折肩，肩部及颈部有凸棱。凸棱之间施波浪纹。残高4.1厘米（图二七八，5）。

2015LBS：9，灰褐色硬陶，侈口，窄折沿，方唇。器表施绳纹。残高4.4厘米（图二七八，6）。

2015LBS：11，夹砂红陶，侈口，折沿，唇部残。器表施方格纹被抹光。残高4.2厘米（图二七八，3）。

鼎足　4件。

2015LBS：12，夹砂红陶，扁锥状足，剖面呈三角形。顶端有烟炱痕迹，素面。残高6厘米（图二七九，4）。

2015LBS：13，夹砂红褐陶，柱状足，截面呈圆形。足表面一侧施一列戳印纹。残高4.8厘米（图二七九，2）。

2015LBS：14，夹砂红陶，扁状足，截面略呈半圆形。素面。残高5厘米（图二七九，1）。

2015LBS：10，夹砂黄陶，扁状足，截面呈梯形。素面。残高10.2厘米（图二七九，3）。

陶拍　2件。

2015LBS：3，浅黄色砂岩磨制而成，两端残，截面呈矩形，两侧竖直。器表正面施绳纹。残高7厘米（图二七五，2；图版二二，3）。

2015LBS：4，黄色硬陶，截面为矩形，顶端残，底端两侧突出，器身弯曲。器表饰菱格纹，大部分被抹平。残高13厘米（图二七五，1；图版二二，4）。

3. 遗址性质与年代

白石岗外遗址为山岗缓坡地形，是典型的岗地类遗址。根据采集遗物分析，该遗址所见遗物初步可分为以下两组：

第一组：以扁状鼎足、矮领罐及方格纹、交错绳纹为主的印纹硬陶为代表。所见印纹硬陶及纹饰有商周时期特征，扁状鼎足流行时间较长，商代至西周时期亦见有此类鼎足。因此，可初步推测该组年代为商周时期。

第二组：以小方格纹以及器表施釉的陶片为代表。通过比较可判断该组遗存年代大致为东周时期。

通过对该遗址的调查与初步分析，揭示出了该遗址具有较长时间的延续性，也为区域文化演进及聚落形态发展等方面的研究提供了重要实物资料。另外，白石岗外遗址与白石岗环壕遗址在空间上相距不远，年代上有共时的阶段，这种环壕类聚落与岗地类聚落的紧密关联，在金溪、东乡等地也常有发现。两类遗址在小区域内共存，其背后的含义值得关注和进一步探究。

1. 石锛（2015LBS：1）

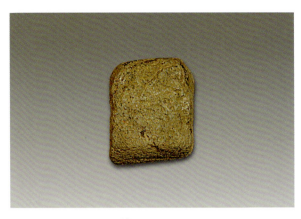

2. 石锛（2015LBS：2）

3. 陶拍（2015LBS：3）

4. 陶拍（2015LBS：4）

5. 陶罐（2015LBS：5）

6. 陶罐（2015LBS：7）

图版二二　白石岗外遗址采集遗物

八　大山遗址

1. 遗址概况

大山遗址位于青泥镇荣阳村委会郑家村（图二八〇），南距合头村约 1.2 千米，北距围周家约 510 米（图二八一）。地理坐标为：北纬 27°47′18.6″，东经 116°36′57.3″，海拔 68 米。

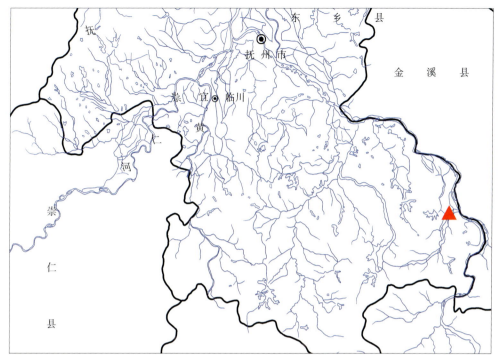

图二八〇　大山遗址位置示意图

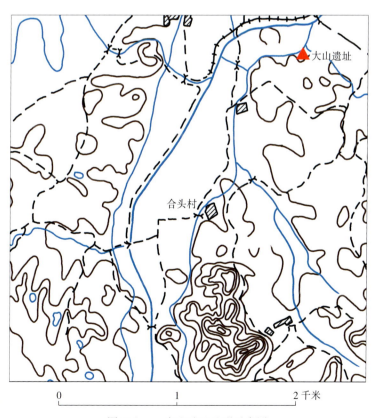

图二八一　大山遗址地形示意图

图二八二　大山遗址远景图（由西北向东南）

该遗址地处抚河支流沿岸，为一斜坡状山岗，整体地势北、中部较高，四周低，遗址平面呈西北—东南向不规则形，长径约 328 米，短径约 109 米。地表已被人为平整种植橘树，遗址西侧外建有养鸡场。在调查区域东南部发现多座近现代墓葬（图二八二）。

2. 遗物介绍

大山遗址采集遗物较多，石器有石锛、砺石等；陶器有罐、鼎（足）、钵等，另发现铜钵 1 件。

（1）石器

砺石　1 件。

2015LDS：1，浅红色砂岩，平面呈方形，剖面呈不规则状。器表可见磨制内凹痕。残长 23、宽 12 厘米（图二八三，1；图版二三，1）。

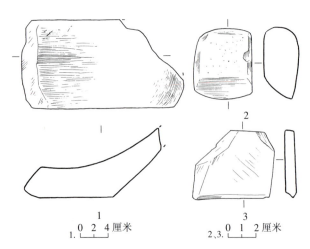

1. 0　2　4 厘米

2、3. 0　1　2 厘米

图二八三　大山遗址采集石器

1. 砺石（2015LDS：1）　2. 石锛（2015LDS：2）　3. 石刀（2015LDS：3）

石锛　1件。

2015LDS：2，黄褐色砂岩磨制而成，顶部略残，一侧较斜，一侧竖直，底端单面磨制成斜刃。高4.8、宽4.2、厚2.5厘米（图二八三，2；图版二三，2）。

石刀　1件。

2015LDS：3，青石磨制而成，半成品，顶端平直，底端双面磨制成刃，刃部残，一侧斜直，一侧残。表面磨制较光滑。残长5.8、残高4.8厘米（图二八三，3；图版二三，3、4）。

（2）陶器

以印纹硬陶为主，夹砂陶较少。印纹硬陶多为灰色、灰褐色、浅黄色，纹饰种类较多，主要有雷纹、菱格纹、方格纹、变体雷纹、绳纹、小方格纹以及"绳纹"与"菱格纹"的组合纹饰（图二八四；图二八五；图二八六），器形有尊、罐等；夹砂陶较少多为灰色、浅黄色，均为素面，器形以鼎（足）和罐为主。

罐　31件。

根据口沿形态，可分为四种类型。

A型：折沿，斜弧腹。共18件。

2015LDS：8，黄色硬陶，方圆唇。唇部及沿内有凸棱，器表施方格纹。残高8.8厘米（图二八七，1；图版二三，8）。

2015LDS：5，灰色硬陶，方唇。器表施菱格纹。口径20、残高3.8厘米（图二八七，2）。

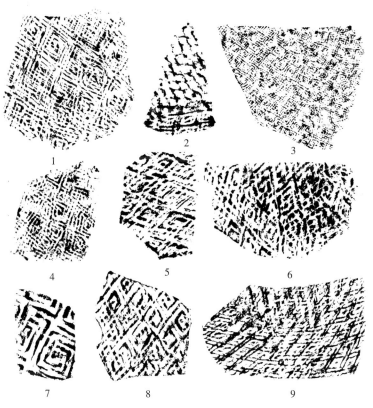

图二八四　大山遗址采集陶片纹饰拓片

1、3~5、7~8. 雷纹　2. 菱格纹+雷纹　6. 变体雷纹　9. 重菱纹

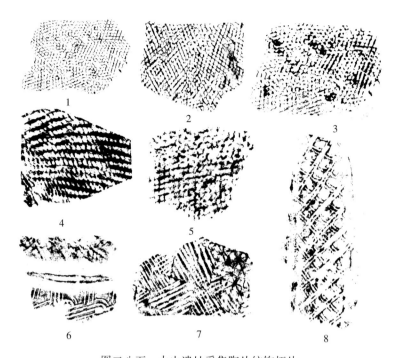

图二八五　大山遗址采集陶片纹饰拓片

1、3. 小方格纹　2、4~5. 菱格纹　6. 刻划纹＋菱格纹　7. 叶脉纹　8. 变体雷纹

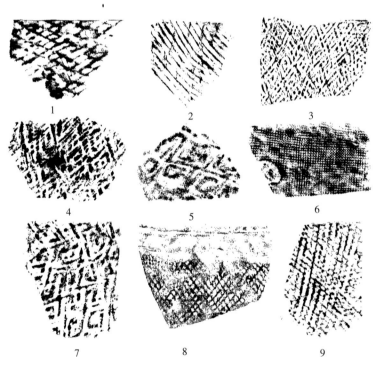

图二八六　大山遗址采集陶片纹饰拓片

1、8~9. 菱格纹　2. 交错绳纹　3~5、7. 雷纹　6. 小方格纹

2015LDS：9，灰色硬陶，方唇外勾，唇部见有凹槽。颈部有轮修痕迹，器表施菱格纹，部分被抹平。残高5.8厘米（图二八七，4；图版二四，1）。

2015LDS：24，灰褐色硬陶，方唇。器表施方格纹，口沿有轮修痕迹，烧制变形。残高3.6厘米（图二八七，5）。

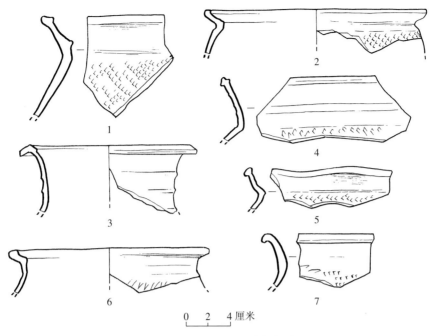

图二八七 大山遗址采集陶器

1~2、4~7. A 型罐（2015LDS：8、2015LDS：5、2015LDS：9、2015LDS：24、2015LDS：26、2015LDS：11） 3. D 型罐（2015LDS：25）

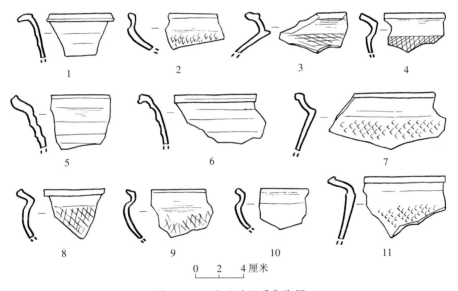

图二八八 大山遗址采集陶器

1、5~6. D 型罐（2015LDS：12、2015LDS：16、2015LDS：17） 4、8~10. B 型罐（2015LDS：15、2015LDS：19、2015LDS：20、2015LDS：21） 3、7、11. A 型罐（2015LDS：14、2015LDS：18、2015LDS：22） 2. 钵（2015LDS：13）

2015LDS：26，灰褐色硬陶，方圆唇，器表施交错线纹，口沿有轮修痕迹。口径 18、残高 4 厘米（图二八七，6）。

2015LDS：11，夹砂黄褐陶，圆唇。器表施按压纹和戳印纹。残高 4.6 厘米（图二八七，7）。

2015LDS：14，灰色硬陶，圆唇，沿内有凸棱。器表施菱格纹。残高 3.2 厘米（图二八八，3）。

2015LDS：18，灰褐色硬陶，圆唇。器表施菱格纹。残高 4.8 厘米（图二八八，7）。

2015LDS：22，褐色硬陶，方唇。器表施方格纹。残高 5.2 厘米（图二八八，11）。

2015LDS：34，灰色硬陶，方唇。器表施方格纹。残高2.6厘米（图二八九，3）。

2015LDS：41，灰褐色硬陶，方唇，沿面内凹。器表施竖绳纹。残高3.9厘米（图二八九，5）。

2015LDS：43，灰褐色硬陶，唇部残缺。器表施菱格纹。残高5.2厘米（图二八九，6）。

2015LDS：28，灰色硬陶，方唇，唇面内凹。器表施方格纹。残高4厘米（图二八九，7）。

2015LDS：33，浅红色硬陶，圆唇，沿面有凸棱。器表施方格纹。残高3.8厘米（图二八九，8）。

2015LDS：40，灰色硬陶。器表施方格纹。残高4.9厘米（图二八九，9）。

2015LDS：39，浅灰色硬陶，方唇，沿面有凸棱。器表施菱格纹。残高3.6厘米（图二八九，10）。

2015LDS：30，灰褐色硬陶，方唇。器表施竖绳纹。残高4.6厘米（图二八九，11）。

2015LDS：42，灰色硬陶。器表施菱格纹，沿面有刻划符号"√∫"。残高4.6厘米（图二九一，2）。

B型：折沿，鼓肩。共5件。

2015LDS：15，灰褐色硬陶，方唇。器表施菱格纹。残高3.2厘米（图二八八，4）。

2015LDS：19，灰褐色硬陶，方唇。器表施菱格纹。残高4.1厘米（图二八八，8）。

2015LDS：20，灰色硬陶，窄折沿，尖圆唇。器表施菱格纹。残高4厘米（图二八八，9）。

2015LDS：21，灰色硬陶，圆唇。素面。残高3.4厘米（图二八八，10）。

2015LDS：44，夹砂红陶，鼓腹。腹部施席纹，残高7厘米（图二九一，5）。

C型：直口，鼓肩。共1件。

2015LDS：23，灰色硬陶，斜方唇。器表施方格纹。残高8厘米（图二八九，1）。

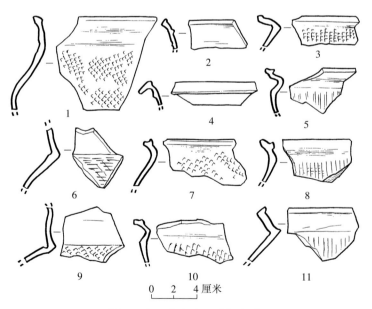

图二八九　大山遗址采集陶器

1. C型罐（2015LDS：23）　　2、4. D型罐（2015LDS：35、2015LDS：31）　　3、5～11. A型罐（2015LDS：34、2015LDS：41、2015LDS：43、2015LDS：28、2015LDS：33、2015LDS：40、2015LDS：39、2015LDS：30）

D 型：大侈口，折沿。共 7 件。

2015LDS：12，灰褐色硬陶，圆唇。器表有轮修痕迹。残高 3.6 厘米（图二八八，1）。

2015LDS：16，褐色硬陶，方唇。器表有轮修痕迹。残高 4.4 厘米（图二八八，5）。

2015LDS：17，灰褐色硬陶，方唇，唇面内凹。颈部有轮修痕迹。残高 4 厘米（图二八八，6）。

2015LDS：25，灰色硬陶，方唇。素面，颈部有轮修痕迹。口径 16、残高 6 厘米（图二八七，3；图版二四，3）。

2015LDS：35，灰褐色硬陶，方唇。沿面可见一圈凸棱，有轮修痕迹。残高 2.6 厘米（图二八九，2）。

2015LDS：31，灰褐色硬陶，圆唇。口沿处有轮修痕迹。残高 2 厘米（图二八九，4）。

2015LDS：38，灰色硬陶，方唇。唇面施戳印纹，沿面施斜"S"纹和戳印纹，颈部有轮修痕迹。残高 5.2 厘米（图二九一，1）。

圈足　3 件。

2015LDS：45，灰色硬陶，矮圈足。底部施菱格纹。残高 1.8 厘米（图二九一，3）。

2015LDS：47，夹砂灰褐陶，斜弧腹，矮圈足外撇。器底施交错绳纹，圈足上残存两孔。残高 2.3 厘米（图二九一，4）。

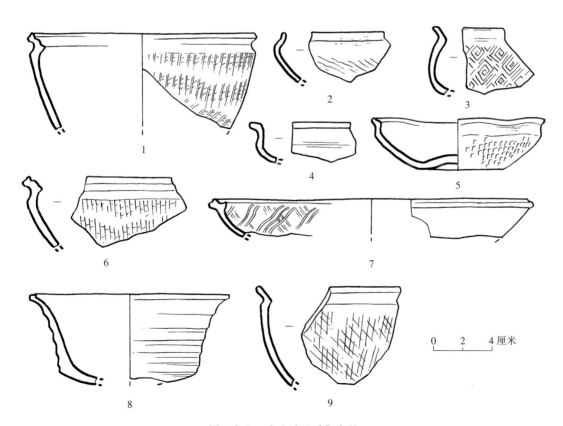

图二九〇　大山遗址采集陶器

1、6~9. 盆（2015LDS：4、2015LDS：27、2015LDS：29、2015LDS：6、2015LDS：10）　　2~5. 钵（2015LDS：32、2015LDS：37、2015LDS：36、2015LDS：7）

2015LDS：48，褐色硬陶，斜腹，矮圈足外撇。素面。残高2.4厘米（图二九一，6）。

钵　5件。

2015LDS：13，灰色硬陶，敞口，折沿，方唇。器表施菱格纹。残高3.2厘米（图二八八，2）。

2015LDS：32，灰色硬陶，敛口，圆唇。器表施绳纹，口部有轮修痕迹。残高3.4厘米（图二九○，2）。

2015LDS：37，褐色硬陶，折沿，尖圆唇。器表施雷纹。残高4.6厘米（图二九○，3）。

2015LDS：36，灰色硬陶，敞口，折沿，尖圆唇。素面，口沿处有轮修痕迹。残高2.8厘米（图二九○，4）。

2015LDS：7，灰色硬陶，敞口，折沿，方唇，斜弧腹，凹底。器表施方格纹。残高3.4厘米（图二九○，5；图版二三，7）。

器底　1件。

2015LDS：46，灰色硬陶，斜腹，平底。腹部施方格纹。残高6.9厘米（图二九一，7）。

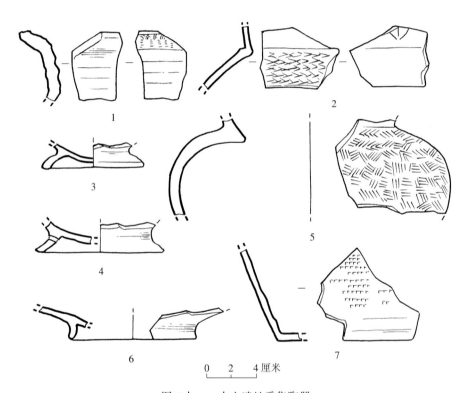

图二九一　大山遗址采集陶器

1. D型罐（2015LDS：38）　2. A型罐（2015LDS：42）　5. B型罐（2015LDS：44）　3～4、6. 圈足（2015LDS：45、2015LDS：47、2015LDS：48）　7. 器底（2015LDS：46）

盆　5件。

2015LDS：4，灰色硬陶，侈口，折沿，方唇，折肩，弧腹。器表施菱格纹，器壁内侧有捏制痕迹。口径15.6、残高6.4厘米（图二九○，1；图版二三，5）。

2015LDS：27，灰色硬陶，侈口，折沿，方唇，弧腹。器表施菱格纹，部分抹光。残高4.8厘米（图二九○，6；图版二四，4）。

2015LDS：29，灰褐色硬陶，折沿，方唇内凹，斜弧腹。外腹部素面，内侧施交错线纹。口径22.8、残高2.6厘米（图二九○，7）。

2015LDS：6，灰褐色硬陶，敞口，方唇内勾，斜弧腹。器表有轮修痕迹。残高6厘米（图二九○，8；图版二三，6）。

2015LDS：10，灰褐色硬陶，侈口，折沿，圆唇。器表施菱格纹。残高6.5厘米（图二九○，9，图版二四，2）。

鼎足　11件。

根据截面形态可分为三型。

A型：柱状足。共3件。

2015LDS：49，夹砂灰陶，截面呈椭圆形。素面。残高5.4厘米（图二九二，1）。

2015LDS：53，夹砂灰褐陶，截面呈椭圆形。足上部残留少量绳纹。残高6.8厘米（图二九二，2）。

2015LDS：56，夹砂灰陶，截面呈椭圆形。素面。残高6.2厘米（图二九二，3）。

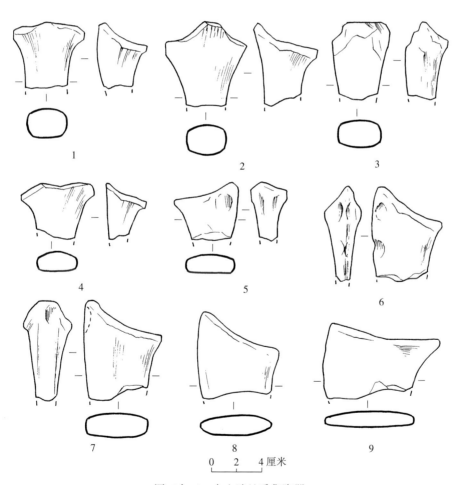

0　2　4厘米

图二九二　大山遗址采集陶器

1～9. 鼎足（2015LDS：49、2015LDS：53、2015LDS：56、2015LDS：55、2015LDS：59、2015LDS：52、2015LDS：51、2015LDS：54、2015LDS：58）

B 型：扁状足。共 7 件。

2015LDS：51，夹砂红陶，截面呈扁圆形。素面。残高 7.8 厘米（图二九二，7；图版二四，6）。

2015LDS：52，夹砂灰褐陶，截面呈椭圆形。足外侧施按窝纹。残高 7.6 厘米（图二九二，6；图版二四，7）。

2015LDS：54，夹砂黄陶，截面呈椭圆形。素面。残高 7 厘米（图二九二，8）。

2015LDS：55，夹砂灰陶，截面呈椭圆形。素面。残高 4.5 厘米（图二九二，4）。

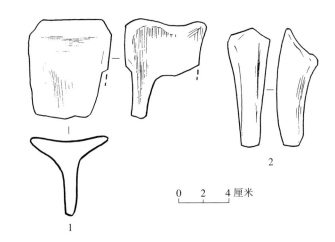

图二九三　大山遗址采集陶器
1～2. 鼎足（2015LDS：50、2015LDS：57）

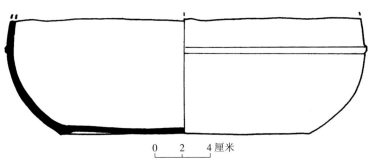

图二九四　大山遗址采集铜器
铜钵（2015LDS：60）

2015LDS：57，夹砂灰褐陶，截面呈椭圆形。素面。残高 9 厘米（图二九三，2；图版二四，8）。

2015LDS：58，夹砂浅红陶，截面呈长椭圆形。素面。残高 6.1 厘米（图二九二，9）。

2015LDS：59，夹砂红陶，截面呈椭圆形。足外侧施按窝纹。残高 4.7 厘米（图二九二，5）。

C 型：三棱状足。共 1 件。

2015LDS：50，夹砂灰陶，截面呈三棱状。素面。残高 7.7 厘米（图二九三，1；图版二四，5）。

（3）铜器

铜钵　1 件。

1. 砺石（2015LDS：1）

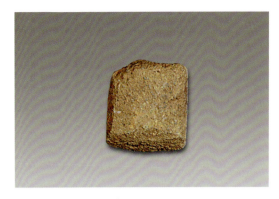

2. 石锛（2015LDS：2）

3. 石刀（2015LDS：3）

4. 石刀（2015LDS：3）

5. 陶盆（2015LDS：4）

6. 陶盆（2015LDS：6）

7. 陶钵（2015LDS：7）

8. 陶罐（2015LDS：8）

图版二三　大山遗址采集遗物

1. 陶罐（2015LDS：9）

2. 陶盆（2015LDS：10）

3. 陶罐（2015LDS：25）

4. 陶盆（2015LDS：27）

5. 陶鼎足（2015LDS：50）

6. 陶鼎足（2015LDS：51）

7. 陶鼎足（2015LDS：52）

8. 陶鼎足（2015LDS：57）

图版二四　大山遗址采集遗物

2015LDS：60，口沿残，鼓腹。腹部有一圈凸棱，平底微凹。最大腹径26.3、底径18.2、残高8.1厘米（图二九四）。

3. 遗址性质与年代

大山遗址位于抚河支流沿岸，且地处河流交汇处，自然条件较为优越，地形为缓坡状山岗，是一处典型的岗地类遗址。该遗址被后期农田和建设破坏，地表散落较多陶片。此次调查所采集的遗物比较丰富，根据器物特征，可初步将其分为两个年代组：

第一组：以三棱状鼎足和施雷纹、方格纹、绳纹的印纹硬陶等为代表。该组中鼎足为新石器时代晚期常见，印纹硬陶所见的雷纹、方格纹及侈口卷沿罐、盆等器形为区域内商时期所常见。因此，可推断该组遗存年代为新石器时代晚期至商周时期。

第二组：以扁状鼎足、铜钵及部分器表有施釉痕迹的陶片为代表。该组所见扁状鼎足为区域内两周时期多见，铜钵、小方格纹印纹硬陶的年代为东周时期。因此可推断该组遗存的年代为东周时期。

通过以上初步分析，可以看出大山遗址的年代为新石器时代末至周代，该遗址的发现与初步研究，为区域内文化序列的建立及聚落形态研究提供了十分重要的考古学资料。

九　恩山遗址

1. 遗址概况

恩山遗址位于桐源乡青坑村西北492米（图二九五），东紧邻抚河，东南距322省道492米，西北距上赤山937米，西北距何家岭1千米（图二九六）。地理坐标为：北纬28°04′36.7″，东经116°14′59.0″，海拔40米。

该遗址处于抚河沿岸，平面呈西北—东南向不规则形，长径约150米，短径约67米。遗址地势北部稍高，南部低，呈缓坡状，地表植被稀疏。遗址西部地带遭人工挖掘破坏。该调查区域北部

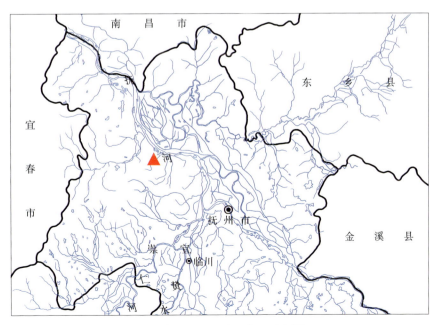

图二九五　恩山遗址位置示意图

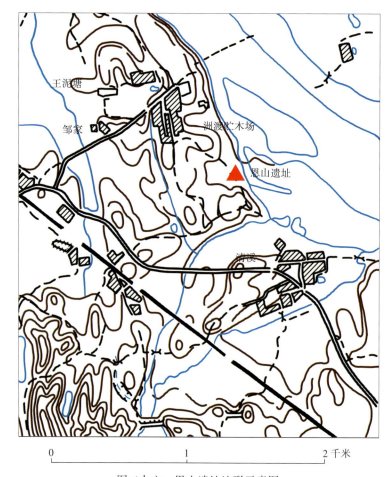

王泥塘

邹家

洲渡贮木场

恩山遗址

清溪

0   1   2 千米

图二九六　恩山遗址地形示意图

图二九七　恩山遗址远景图（由南向北）

发现17座近代墓葬，均被盗掘，周边散落有墓砖，遗址地表采集到部分陶片（图二九七）。

2. 遗物介绍

恩山遗址采集遗物较为丰富，石器有石锛、石杵；陶器残片若干。

（1）石器

石锛 1件。

2015LES：1，黄色砾石磨制而成，顶部近直，两侧平直，单面斜刃。器表有打制痕迹。残高4.5厘米，残宽5.1厘米（图二九八，1；图版二五，1）。

石杵 1件。

2015LES：2，青石磨制而成，两端残甚，略呈半圆形，一面磨制光滑。残高7.2、残宽3.4厘米（图二九八，2；图版二五，2）。

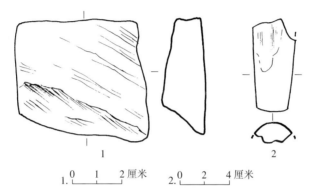

图二九八 恩山遗址采集石器
1. 石锛（2015LES：1） 2. 石杵（2015LES：2）

（2）陶器

以印纹硬陶和夹砂陶为主，硬陶多为灰色、灰褐色，纹饰见有菱格纹、小方格纹、弦纹、叶脉纹、刻划纹（图二九九），器形有尊、罐等；夹砂陶多为褐色、灰褐色，基本为素面，器形有鼎（足）、豆、罐等。

罐 13件。

根据器物整体形态，可分为以下两型。

A型：宽折沿，圆腹。共6件。

2015LES：5，灰褐色硬陶，侈口，高领，方圆唇。沿面有一周凸棱，器表施菱格纹。口径18.4、残高4.8厘米（图三〇〇，1；图版二五，5）。

2015LES：6，灰褐色硬陶，侈口，高领，尖唇。器表施方格纹，大部分被抹平。口径19、残高6.2厘米（图三〇〇，4）。

2015LES：13，灰色硬陶，侈口，圆唇。内外壁可见轮修痕迹。残高5.5厘米（图三〇一，8）。

2015LES：14，夹砂黄陶，侈口，圆唇。沿面有一周凸棱。残高3.8厘米（图三〇一，7）。

2015LES：16，夹砂黄陶，侈口，斜方唇。素面。口径20、残高2.4厘米（图三〇〇，5）。

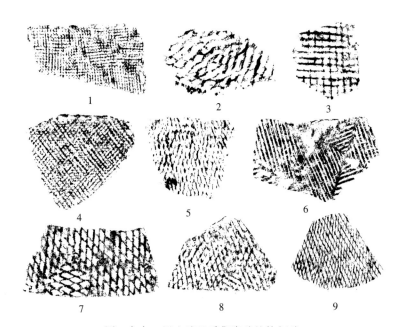

图二九九　恩山遗址采集陶片纹饰拓片

1、4. 小方格纹　2. 交错绳纹　3. 方格纹　5. 交错绳纹　6. 交错线纹　7～9. 菱格纹

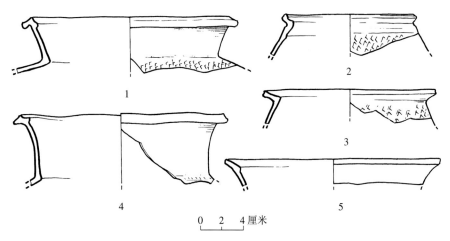

0　2　4厘米

图三〇〇　恩山遗址采集陶器

1、4～5. A 型罐（2015LES：5、2015LES：6、2015LES：16）　2～3. B 型罐（2015LES：7、2015LES：9）

2015LES：17，夹砂黄陶，侈口，圆唇。器表施绳纹。残高4.2厘米（图三〇一，1）。

B 型：窄折沿，斜弧腹。共4件。

2015LES：7，灰色硬陶，方唇。器表施菱格纹。口径12、残高3.8厘米（图三〇〇，2；图版二五，6）。

2015LES：9，灰色硬陶，方唇，唇面内凹。器表施菱格纹。口径16、残高3厘米（图三〇〇，3）。

2015LES：10，褐色硬陶，方唇。素面。残高3.6厘米（图三〇一，2）。

2015LES：8，褐色硬陶，方唇。器表施菱格纹，口沿沿部烧制变形。残高4.6厘米（图三〇一，6；图版二五，7）。

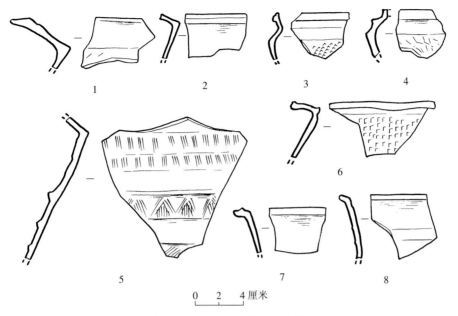

图三〇一　恩山遗址采集陶器

1、7、8. A 型罐（2015LES：17、2015LES：14、2015LES：13）　　2、6. B 型罐（2015LES：10、2015LES：8）　　3、4. C 型罐（2015LES：11、2015LES：12）　　5. D 型罐（2015LES：15）

C 型：敛口，折沿，鼓肩。共 2 件。

2015LES：11，浅灰色硬陶，方唇，唇面微凹。器表施方格纹。残高 3.8 厘米（图三〇一，3）。

2015LES：12，灰褐色硬陶，敛口，唇部残。沿面有一周凸棱，腹部施菱格纹，大部分被抹平。残高 4.0 厘米（图三〇一，4）。

D 型：侈口，折沿，斜腹。共 1 件。

2015LES：15，夹砂黄陶，唇部残。肩部施三道凸棱，口沿下饰数条竖向短刻槽组成的纹饰带，凸棱之间施三角形刻划纹和竖向短刻槽组成的纹饰带。残高 11.6 厘米（图三〇一，5；图版二五，8）。

豆　1 件。

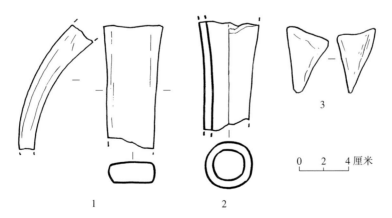

图三〇二　恩山遗址采集陶器

1. 陶拍（2015LES：3）　　2. 豆柄（2015LES：4）　　3. 鼎足（2015LES：18）

1. 石锛（2015LES：1）

2. 石杵（2015LES：2）

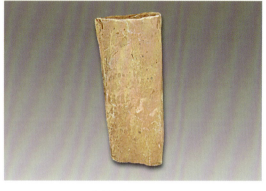

3. 陶拍（2015LES：3）

4. 陶豆（2015LES：4）

5. 陶罐（2015LES：5）

6. 陶罐（2015LES：7）

7. 陶罐（2015LES：8）

8. 陶罐（2015LES：15）

图版二五　恩山遗址采集遗物

2015LES：4，泥质灰褐陶，柄中空，略呈喇叭状。素面。残高 8.2 厘米（图三〇二，2；图版二五，4）。

鼎足 1 件。

2015LES：18，夹砂浅黄陶，锥状足，剖面近三角形，足尖略扁。残高 5.2 厘米（图三〇二，3）。

陶拍 1 件。

2015LES：3，黄褐色硬陶，截面呈矩形，器身呈弧形。器表施粗绳纹，大部分被抹平。残高 9.4 厘米（图三〇二，1；图版二五，3）。

3. 遗址性质与年代

恩山遗址地处抚河西岸低缓岗地上，为典型的山岗类聚落。遗址被破坏严重，地表发现遗物较少。从采集陶器来看，可将遗址年代初步分为以下两组：

第一组：以折沿罐、细柄豆及施菱格纹、方格纹的印纹硬陶为代表。该组陶器与区域内和周邻地区西周时期所见陶器十分相似，因此，判断该组遗存年代大致为西周时期。

第二组：该组遗存数量较少，以施小方格纹的印纹硬陶为代表，其特征与区域内东周时期遗存较相似。因此，判断该组遗存年代为东周时期。

由上可知，恩山遗址的年代主要集中在两周时期，该遗址的发现与初步分析为区域内文化序列及聚落形态研究提供了十分重要的考古学资料。

一〇 合头遗址

1. 遗址概况

合头遗址位于青泥镇荣阳村委会郑家村（图三〇三），南距合头村约 350 米，西北距许坊村约 800 米，东距大山遗址约 600 米（图三〇四）。地理坐标为：北纬 27°47′20.1″，东经 116°36′36.4″，海拔 60 米。

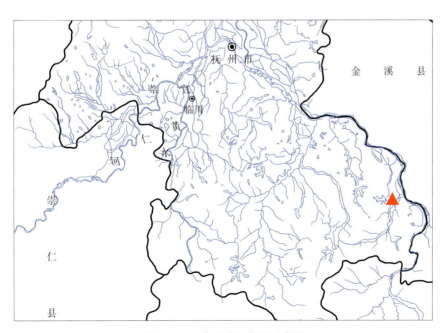

图三〇三　合头遗址位置示意图

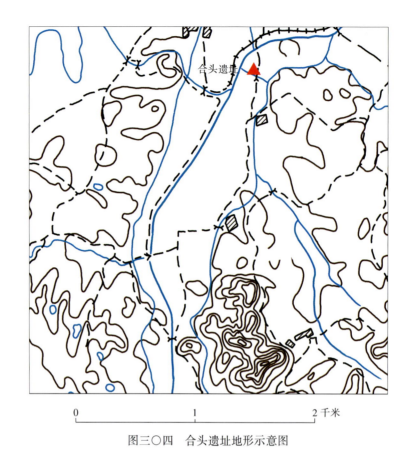

图三〇四　合头遗址地形示意图

图三〇五　合头遗址远景图（由东向西）

遗址位于抚河支流沿岸，现为一斜坡状山岗，地势中部高，四周低，平面近南北向不规则形，长径约 150 米，短径约 100 米。遗址遭破坏严重，地表植被茂密（图三〇五）。

2. 遗物介绍

合头遗址采集遗物较少，均为陶器残片。

图三〇六　合头遗址采集陶片纹饰拓片

1. 叶脉纹　2~5. 菱格纹　6~8. 交错绳纹　9. 绳纹

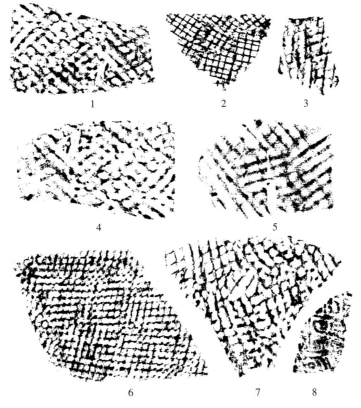

图三〇七　合头遗址采集陶片纹饰拓片

1、5、7. 方格纹　2、6. 小方格纹　3、4. 交错线纹　8. 雷纹

陶器以印纹硬陶为主，夹砂陶较少。硬陶主要有灰色、灰褐色、浅黄色，纹饰有方格纹、菱格纹、折线纹、交错绳纹、网纹、绳纹、雷纹（图三〇六，图三〇七），器形见有罐、尊等；夹砂陶主要为黄色、灰褐色，均为素面，器形见有罐、鼎（足）等。

罐　6件。

根据口沿及腹部特征，可分为以下三型。

A型：折沿，弧腹。共3件。

2015LHT∶1，灰色硬陶，方唇，沿面施一圈凸棱。器表施菱格纹。残高3.3厘米（图三〇八，1）。

2015LHT∶2，浅红色硬陶，方唇，沿部有一圈凸棱。素面。残高2.4厘米（图三〇八，2）。

2015LHT∶5，夹砂褐色硬陶，圆唇，折肩，沿面有一圈凸棱。器表施菱格纹。残高12.0厘米（图三〇八，5；图版二六，1）。

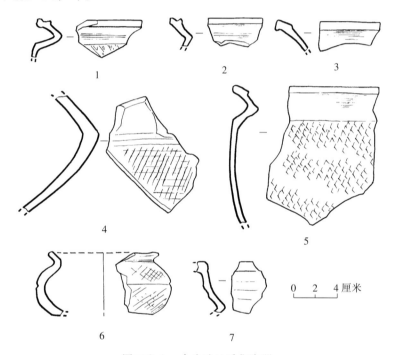

图三〇八　合头遗址采集陶器

1、2、5. A型罐（2015LHT∶1、2015LHT∶2、2015LHT∶5）　3、7. B型罐（2015LHT∶3、2015LHT∶7）　4. 尊（2015LHT∶4）　6. C型罐（2015LHT∶6）

B型：大侈口，斜肩。共2件。

2015LHT∶3，灰色硬陶，方唇，沿面施一圈凸棱。素面。残高2.6厘米（图三〇八，3）。

2015LHT∶7，灰褐色硬陶。器表有轮修痕迹，素面。残高4.6厘米（图三〇八，7）。

C型：窄折沿，圆鼓腹。共1件。

2015LHT∶6，夹细砂红陶，圆唇，鼓腹。器表施凹弦纹和方格纹。残高5.6厘米（图三〇八，6；图版二六，2）。

尊　1件

2015LHT∶4，灰褐色硬陶，宽折沿，唇部残。器表施菱格纹。残高10厘米（图三〇八，4）。

鼎足　2件。

2015LHT：8，夹砂灰陶，柱状足，截面呈圆形。素面。残高7厘米（图三〇九，1；图版二六，3）。

2015LHT：9，夹砂浅灰陶，柱状足，截面呈圆形，足尖被抹平。素面。残高7.6厘米（图三〇九，2；图版二六，4）。

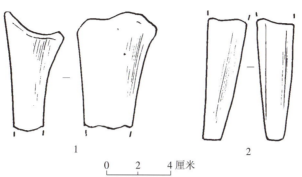

0　2　4厘米

图三〇九　合头遗址采集陶器
1～2. 鼎足（2015LHT：8、2015LHT：9）

3. 遗址性质与年代

合头遗址地处河流交汇处，自然条件较为优越，临水而居，体现出古代先民的自然选择，这也是早期聚落的特点之一。该遗址地势较为平坦，位于缓斜坡岗地，属典型的岗地类聚落。从采集陶片等遗物来看，印纹硬陶占绝大多数，所见宽折沿罐、尊等器形，以及陶器表面常见施有的菱格纹、方格纹等均为区域内和周邻地区商周时期遗存典型特点。所见的扁柱状足也在周邻地区商周时期遗址中常见。因此推断该遗址的年代大致为商周时期。

1. 陶罐（2015LHT：5）

2. 陶罐（2015LHT：6）

3. 陶鼎足（2015LHT：8）

4. 陶鼎足（2015LHT：9）

图版二六　合头遗址采集遗物

合头遗址的发现与初步分析，为区域文化序列建立及文化演进等方面的研究提供了十分重要的考古学材料。

一一 太阳水库遗址

1. 遗址概况

太阳水库遗址位于太阳镇太阳村南部的坡地上（图三一〇），遗址北面为太阳水库，东南距小杜余家 700 米，西南面 1.7 千米处为新殿村（图三一一）。地理位置为：北纬 28°01′50.5″，东经 116°28′56.0″，海拔 50 米。

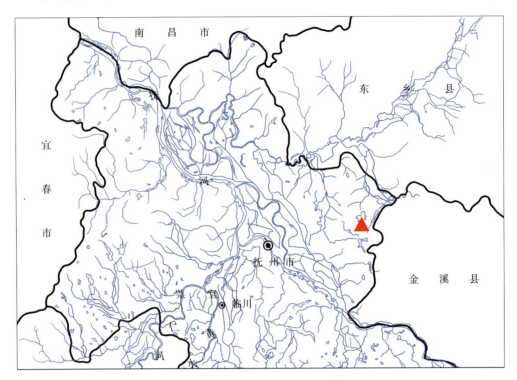

图三一〇 太阳水库遗址位置示意图

遗址位于抚河支流沿岸，太阳水库西南侧，三面环水，地形呈缓坡状，种植有罗汉松林（图三一二）。遗址地表采集到较为丰富的石器、陶器等遗物。

2. 遗物介绍

太阳水库遗址采集遗物较为丰富，石器有石刀、石锛、石凿和砺石等，陶器多为罐、鼎等器物残片。

（1）石器

石刀 2 件。

2015LTY：1，青石磨制而成，弧背，刃部残。器表磨制规整。残高 3.4 厘米（图三一三，1；图版二七，1）。

2015LTY：4，青石磨制而成，直背，刃部残。器表磨制光滑。残高 8 厘米（图三一三，4；图版二七，4）。

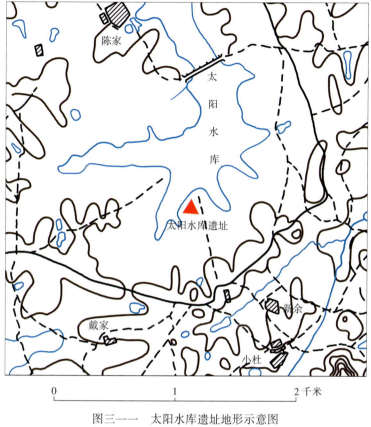

图三一一　太阳水库遗址地形示意图

图三一二　太阳水库遗址远景图（由东北向西南）

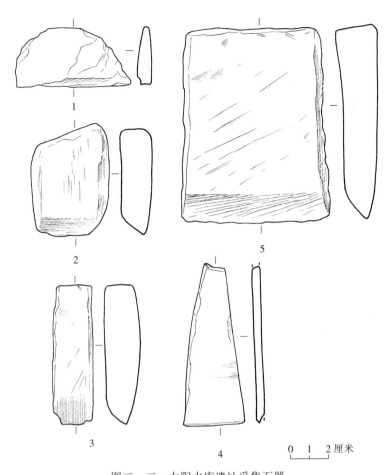

0　1　2厘米

图三一三　太阳水库遗址采集石器

1、4. 石刀（2015LTY：1、2015LTY：4）　2、5. 石锛（2015LTY：2、2015LTY：6）　3. 石凿（2015LTY：3）

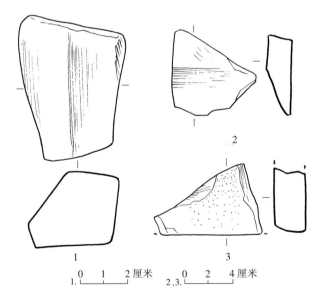

0　1　2厘米
1.

0　2　4厘米
2、3.

图三一四　太阳水库遗址采集石器

1～3. 砺石（2015LTY：5、2015LTY：37、2015LTY：38）

石锛 2件。

2015LTY：2，灰色砂岩磨制而成，顶端残，两侧竖直，底端单面磨制成刃。器表磨制规整。残高5.5厘米（图三一三，2；图版二七，2）。

2015LTY：6，黄色砾石磨制而成，顶端平直，两侧竖直，底端单面磨制成刃。残高10.0厘米（图三一三，5；图版二七，6）。

石凿 1件。

2015LTY：3，黄色砂岩磨制而成，青灰色砂岩磨制而成，方柱状，底端单面磨制成刃，器表较为平整。残高7.0厘米（图三一三，3；图版二七，3）。

砺石 3件。

2015LTY：5，灰褐色砂岩，截面呈五边形。器表磨制规整。残高6厘米（图三一四，1；图版二七，5）。

2015LTY：37，黄褐色砂岩，平面略呈三角形。表面有磨制痕迹。残高6.8厘米（图三一四，2）。

2015LTY：38，红褐色砂岩，平面略呈三角形。器表有磨制痕迹。残长9、残宽5.6、厚2.6厘米（图三一四，3）。

（2）陶器

均为夹砂陶，多为灰色、灰褐色，以素面为主，器形有罐、鼎（足）等。

罐 3件。

2015LTY：7，黄色硬陶，敛口，沿略折，尖圆唇，沿面可见两道凹槽。素面。残高7厘米（图三一五，1；图版二七，8）。

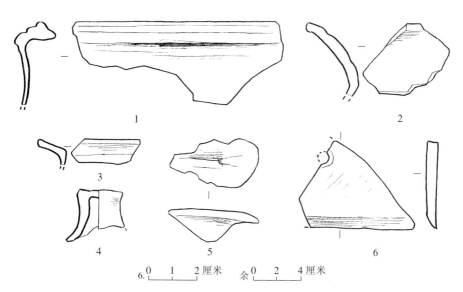

图三一五 太阳水库遗址采集陶器

1～3. 罐（2015LTY：7、2015LTY：40、2015LTY：39） 4. 豆（2015LTY：35） 5. 器錾（2015LTY：23） 6. 刀（2015LTY：36）

2015LTY：39，夹砂红陶，侈口，宽折沿，圆唇。素面。残高2.1厘米（图三一五，3）。

2015LTY：40，泥质灰陶，侈口，方圆唇。素面。残高6厘米（图三一五，2）。

鼎足　39件。

根据器物形态，可分为以下四型。

A型：宽扁足，根据有无纹饰又可分为两亚型。

Aa型：素面。共23件。

2015LTY：8，夹砂黄陶，截面呈长条形。素面。残高4.6厘米（图三一六，1）。

2015LTY：10，夹砂黄褐陶，截面呈扁圆形。素面。残高9厘米（图三一六，3）。

2015LTY：13，夹砂黄陶。素面。残高7.2厘米（图三一六，6）。

2015LTY：14，夹砂黄陶，截面呈扁圆形。素面。残高7厘米（图三一六，7）。

2015LTY：15，夹砂黄陶，截面呈扁圆形。素面。残高5.4厘米（图三一六，8）。

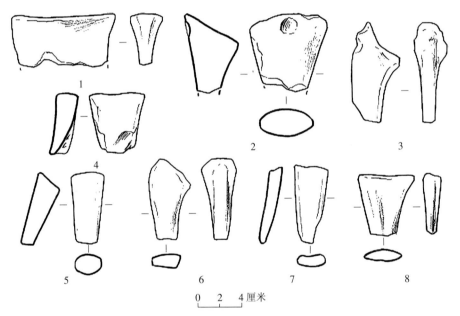

图三一六　太阳水库遗址采集陶器

1~8. 鼎足（2015LTY：8、2015LTY：9、2015LTY：10、2015LTY：11、2015LTY：12、2015LTY：13、2015LTY：14、2015LTY：15）

2015LTY：16，夹砂红陶。素面。残高6.8厘米（图三一七，1）。

2015LTY：17，夹砂黄陶。素面。残高7厘米（图三一七，2）。

2015LTY：18，夹砂黄陶。素面。残高8.4厘米（图三一七，3；图版二八，4）。

2015LTY：20，夹砂黄陶，截面呈扁圆形。素面。残高7.6厘米（图三一七，5；图版二八，6）。

2015LTY：22，夹砂红陶，截面呈扁圆形。素面。残高7厘米（图三一七，7）。

2015LTY：27，夹砂黄陶。素面。残高7厘米（图三一八，1）。

2015LTY：29，夹砂灰陶，截面呈矩形。素面。残高5厘米（图三一八，3）。

2015LTY：42，夹砂褐陶，截面呈长条形。素面。残高4.2厘米（图三一八，7）。

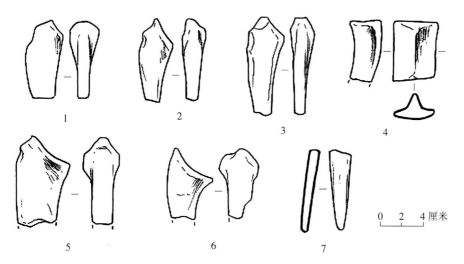

图三一七　太阳水库遗址采集陶器

1～7. 鼎足（2015LTY：16、2015LTY：17、2015LTY：18、2015LTY：19、2015LTY：20、2015LTY：21、2015LTY：22）

2015LTY：43，夹砂浅黄陶，截面呈扁圆形。素面。残高6厘米（图三一八，8）。

2015LTY：25，夹砂灰陶，截面呈扁圆形。素面。残高6厘米（图三一九，2）。

2015LTY：31，夹砂灰陶，截面呈扁圆形。素面。残高8厘米（图三一九，4；图版二八，8）。

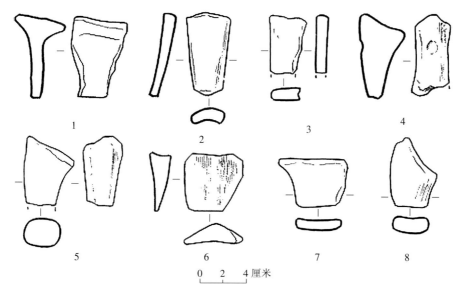

图三一八　太阳水库遗址采集陶器

1～8. 鼎足（2015LTY：27、2015LTY：28、2015LTY：29、2015LTY：30、2015LTY：34、2015LTY：41、2015LTY：42、2015LTY：43）

2015LTY：32，夹砂黄陶，截面呈扁圆形。素面。残高5.6厘米（图三一九，5）。

2015LTY：33，夹砂灰陶，截面呈扁圆形。素面。残高8厘米（图三一九，6）。

2015LTY：44，夹砂黄褐陶，截面呈长条形。素面。残高6.8厘米（图三二〇，1）。

2015LTY：47，夹砂浅黄陶，截面呈扁圆形。素面。残高6厘米（图三二〇，4）。

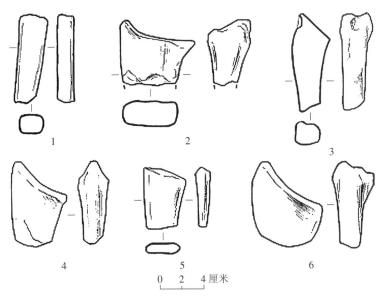

图三一九　太阳水库遗址采集陶器

1~6. 鼎足（2015LTY：24、2015LTY：25、2015LTY：26、2015LTY：31、2015LTY：32、2015LTY：33）

2015LTY：50，夹砂黄陶，截面呈扁圆形。素面。残高9.2厘米（图三二〇，7）。

2015LTY：51，夹砂灰褐陶，截面呈椭圆形。素面。残高7.2厘米（图三二〇，8）。

2015LTY：53，夹砂灰白陶，截面呈长条形。素面。残高5厘米（图三二〇，9）。

Ab型：足根部有按压凹窝。共4件。

2015LTY：9，夹砂红陶，截面呈椭圆形。足根部有捏痕。残高7厘米（图三一六，2；图版二八，3）。

2015LTY：30，夹砂黄褐陶，截面呈扁圆形。足根部有一按压凹窝。残高7厘米（图三一八，4）。

2015LTY：48，夹砂黄陶，截面呈扁圆形。足上部有一按压凹窝。残高9.2厘米（图三二〇，5）。

2015LTY：49，夹砂红陶，截面呈圆角方形，足外侧上端可见按压凹窝。残高10.6厘米（图三二〇，6；图版二八，2）。

B型：瓦状扁足。共4件。

2015LTY：11，夹砂黄陶。足部内侧可见数排戳印凹窝。残高5.4厘米（图三一六，4）。

2015LTY：28，夹砂灰陶。足底部有捏痕。残高7厘米（图三一八，2）。

2015LTY：46，夹砂红陶，两侧内折。素面。残高4.6厘米（图三二〇，3）。

2015LTY：52，夹砂黄褐陶。足底印有捏痕。残高5.5厘米（图三二〇，10）。

C型：三棱状足。共2件。

2015LTY：19，夹砂红陶，截面呈"T"形。素面。残高5厘米（图三一七，4；图版二八，5）。

2015LTY：41，夹砂黄陶，截面呈三角形。素面。残高4.8厘米（图三一八，6）。

D型：柱状足。共6件。

2015LTY：12，夹砂红陶，截面近圆形。素面。残高6.6厘米（图三一六，5）。

2015LTY：21，夹砂黄陶，截面呈扁圆形。素面。残高6厘米（图三一七，6）。

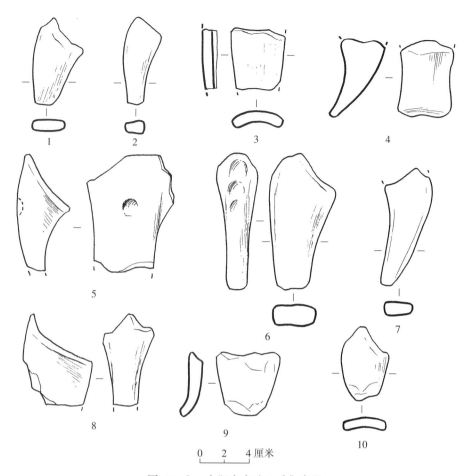

图三二○　太阳水库遗址采集陶器

1~10. 鼎足（2015LTY：44、2015LTY：45、2015LTY：46、2015LTY：47、2015LTY：48、2015LTY：49、2015LTY：50、2015LTY：51、2015LTY：53、2015LTY：52）

2015LTY：24，夹砂黄陶，截面呈方形。素面。残高8.0厘米（图三一九，1）。

2015LTY：26，夹砂黄陶，截面呈扁圆形。足上部有一按压凹窝。残高9.0厘米（图三一九，3；图版二八，7）。

2015LTY：34，夹砂红陶，截面呈椭圆形。素面。残高6厘米（图三一八，5）。

2015LTY：45，夹砂黄陶，截面呈方形。素面。残高6.8厘米（图三二○，2）。

器鋬　1件。

2015LTY：23，夹砂黄陶，附耳略呈三角形。素面。残长7.2厘米（图三一五，5；图版二八，1）。

豆　1件。

2015LTY：35，豆柄残片，夹砂红陶，空心柄，喇叭口状底座。素面。残高4厘米（图三一五，4）。

陶刀　1件。

2015LTY：36，灰色硬陶，弧背，单面直刃，近背处可见一圆形穿孔。残高4.4、残长5.6厘米（图三一五，6；图版二七，7）。

1. 石刀（2015LTY：1）

2. 石锛（2015LTY：2）

3. 石凿（2015LTY：3）

4. 石刀（2015LTY：4）

5. 砺石（2015LTY：5）

6. 石锛（2015LTY：6）

7. 石刀（2015LTY：36）

8. 陶罐（2015LTY：7）

图版二七　太阳水库遗址采集遗物

1. 陶器鋬（2015LTY：23）

2. 陶鼎足（2015LTY：49）

3. 陶鼎足（2015LTY：9）

4. 陶鼎足（2015LTY：18）

5. 陶鼎足（2015LTY：19）

6. 陶鼎足（2015LTY：20）

7. 陶鼎足（2015LTY：26）

8. 陶鼎足（2015LTY：31）

图版二八　太阳水库遗址采集遗物

3. 遗址性质与年代

太阳水库遗址为山岗地形，原紧邻河流，古代地形宜于人类生活于此。遗址采集遗物较多，根据采集物分析，该遗址年代可分为以下两组：

第一组：以三棱状鼎足、有按压凹窝鼎足为代表。该组遗物与抚河流域和信江流域[①]、赣江流域[②]新石器时代晚期遗存特征较为相近，推断其年代为新石器时代晚期或稍晚。

第二组：以素面扁状鼎足为代表，该组遗存年代大致为商周时期。

太阳水库遗址延续时间较长，反映出较长时段内遗址的持续使用，该遗址的发现与初步研究，对于了解遗址内古代人群的生产生活方式，以及建立和完善抚河流域先秦时期的文化序列都有积极意义。

一二 脊山遗址

1. 遗址概况

该遗址位于青泥镇荣阳村委会郑家村（图三二一），北面 150 米与界上鼓环壕遗址相望，东面为一砖厂，南侧 400 米为合头遗址，东北距围周家 400 米（图三二二）。地理位置为：北纬 27°47′34.9″，东经 116°36′28.8″，海拔 66 米。

遗址为缓坡地形，长 200 米、宽 150 米，东南部被砖厂破坏。地表植被较为茂盛（图三二三）。

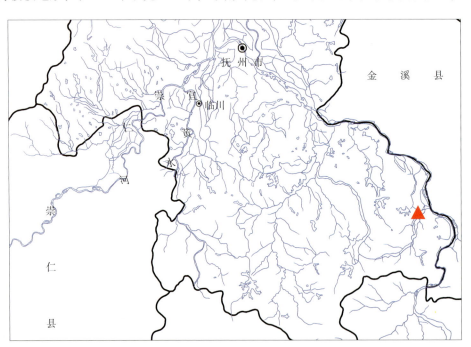

图三二一　脊山遗址位置示意图

---

①　江西省文物工作队、鹰潭市博物馆：《鹰潭角山商代窑址试掘简报》，《江西历史文物》1987 年第 2 期；江西省文物工作队、进贤县文化馆：《江西省进贤县古文化遗址调查简报》，《东南文化》1988 年 Z1 期；江西省文物工作队、鹰潭市博物馆：《鹰潭角山窑址试掘简报》，《华夏考古》1990 年第 1 期。

②　饶惠元：《江西清江的新石器时代遗址》，《考古学报》1956 年第 2 期；江西省博物馆、北京大学历史系考古专业、清江县博物馆：《清江筑卫城遗址发掘简报》，《考古》1976 年第 6 期；江西省文物工作队、清江县博物馆、中山大学人类学系考古专业：《清江樊城堆遗址发掘简报》，《江西历史文物》1985 年第 2 期。

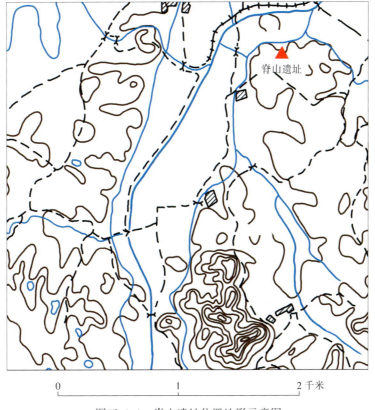

脊山遗址

0　　　　　　　1　　　　　　2 千米

图三二二　脊山遗址位置地形示意图

图三二三　脊山遗址远景图（由西南向东北）

勘探发现遗址分布范围内有文化层堆积2处，Ⅰ区位于遗址东北部厚约0.4米，堆积内含少量烧土块和灰渣，Ⅱ区位于Ⅰ区南部，堆积厚约0.5米，堆积内含少量烧土块和灰渣等。调查时在地表采集到大量陶片及少量石器。

2. 遗物介绍

脊山遗址采集遗物较多，石器、陶器均较为丰富。石器主要有石锛、石镞、石刀等；陶器主要有罐、鼎足等器物残片。

（1）石器

石斧　1件。

2015LJS：1，青灰色砾石磨制而成，双面刃，顶部残，仅残余刃部，有疑似穿孔痕迹。器表磨制较为规整。残高4厘米（图三二四，1；图版二九，1）。

石刀　2件。

2015LJS：2，青白色页岩磨制而成，单面斜刃，直背，有一对穿圆孔。器表磨制规整，较光滑。孔径0.2、残高3.3厘米（图三二四，2；图版二九，2）。

2015LJS：4，青石磨制而成，弧刃，直背。器表光滑。残高5厘米（图三二四，3）。

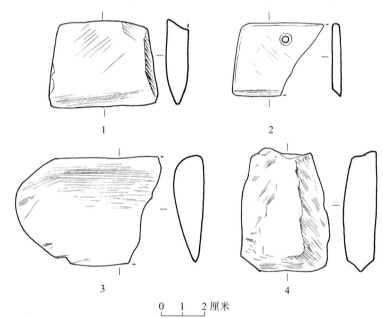

图三二四　脊山遗址采集石器

1. 石斧（2015LJS：1）　2、3. 石刀（2015LJS：2、2015LJS：4）　4. 石矛坯（2015LJS：6）

石锛　4件。

2015LJS：3，青灰色砾石磨制而成，双面斜刃，两侧斜直。器表一面较为规整，一面较为粗糙。残高7厘米（图三二五，1；图版二九，3）。

2015LJS：5，青灰色砾石磨制而成，单面斜刃，两侧竖直。器形规整，器表光滑，顶端及刃部残缺。残高6.5厘米（图三二五，2；图版三〇，1）。

2015LJS：86，褐色砂岩磨制而成，顶端残，底端单面磨制成刃，两侧竖直。器表磨制规整。残高5.6、厚2.2厘米（图三二五，3；图版三〇，3）。

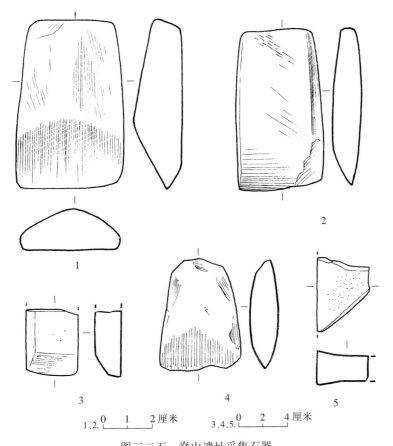

图三二五　脊山遗址采集石器

1~4. 石锛（2015LJS：3、2015LJS：5、2015LJS：86、2015LJS：87）　　5. 砺石（2015LJS：88）

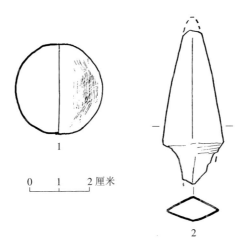

图三二六　脊山遗址采集石器

1. 石球（2015LJS：84）　　2. 石镞（2015LJS：85）

　　2015LJS：87，红褐色砂岩磨制而成。顶端略残，底端双面磨制成刃，两侧斜直。器表有磨制痕迹。残高9厘米（图三二五，4；图版三〇，4）。

　　石矛坯　1件。

　　2015LJS：6，黄褐色砂岩磨制而成，中部起脊，两刃锐利。尖锋及尾部残。器表磨制不规整。残高5.5厘米（图三二四，4；图版三〇，2）。

石球 1件。

2015LJS：84，青石磨制而成，圆球状，器表光滑。直径3厘米（图三二六，1；图版三一，8）。

石镞 1件。

2015LJS：85，青石磨制而成，尖锋，残。两侧刃锐利，铤部残。中部起脊，截面呈菱形。器表磨制光滑。残高5厘米（图三二六，2；图版二九，4）。

砺石 1件。

2015LJS：88，黄褐色砂岩磨制而成，一侧竖直，截面呈长方形。器表有磨痕。残高6、残宽4.4、厚2.6厘米（图三二五，5）。

（2）陶器

陶器主要以印纹硬陶为主，有灰色、灰褐色，纹饰有方格纹、雷纹、席纹、交错线纹、菱格纹、绳纹、变体雷纹、折线纹（图三二七；图三二八；图三二九）等，器形有罐、尊、钵等；夹砂陶略少，见有浅黄色、灰色，多为素面，器形主要有罐、鼎（足）等。

罐 55件。

采集数量较多，根据器物形态可分为以下五种类型。

A型：侈口，折沿，斜弧腹。共15件。

2015LJS：17，灰色硬陶，方唇，口沿可见一道凹槽。器表施方格纹。残高2.8厘米（图三三〇，1）。

2015LJS：10，灰色硬陶，沿面可见轮修痕迹。器表施绳纹。残高2.6厘米（图三三〇，2）。

2015LJS：15，灰色硬陶，方唇。口沿烧制变形，素面。残高2.6厘米（图三三〇，3）。

2015LJS：12，灰色硬陶，圆唇内勾，沿面可见一道凸棱。器表施菱格纹。残高4厘米（图三三〇，4）。

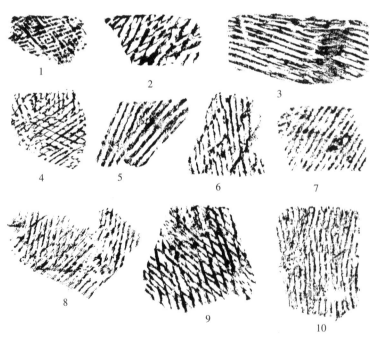

图三二七 脊山遗址采集陶片纹饰拓片

1. 雷纹 2、4、9. 菱格纹 3、5～8、10. 交错线纹

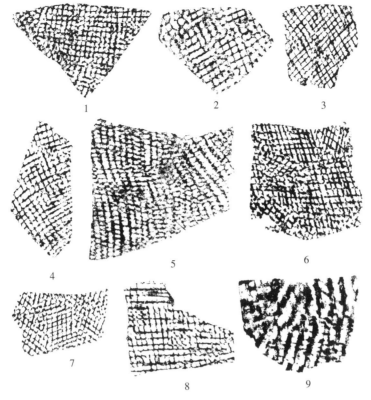

图三二八 脊山遗址采集陶片纹饰拓片
1~4、7~8. 方格纹 5~6. 交错线纹 9. 绳纹

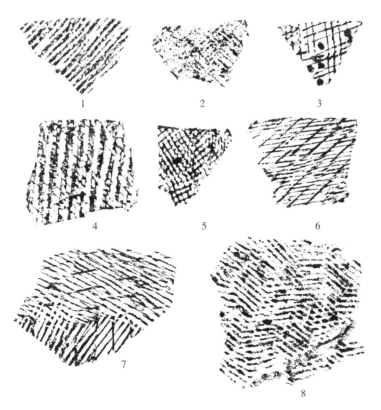

图三二九 脊山遗址采集陶片纹饰拓片
1. 绳纹 2. 变体雷纹 3. 菱格纹＋圆点纹 4. 篦点纹 5. 方格纹 6、7. 交错线纹 8. 折线纹

2015LJS：7，泥质灰陶，尖唇。器表施方格纹。残高3.6厘米（图三三〇，7）。

2015LJS：30，灰色硬陶，圆唇，沿面可见两道凸棱。器表施菱格纹。残高4.0厘米（图三三一，3）。

2015LJS：28，灰色硬陶，圆唇。器表施方格纹。残高2.6厘米（图三三一，4）。

2015LJS：27，夹砂红陶，方唇。器表施方格纹。残高5厘米（图三三一，6；图版三〇，6）。

2015LJS：22，灰褐色硬陶，圆唇。器表施方格纹。残高4.8厘米（图三三二，3）。

2015LJS：32，灰色硬陶，尖圆唇，沿内有一道凸棱。器表施菱格纹。残高4厘米（图三三三，1）。

2015LJS：37，灰色硬陶，尖圆唇，口沿内可见一道凸棱。器表纹饰不清。残高3.4厘米（图三三三，2）。

2015LJS：33，夹炭灰陶，方唇。器表施方格纹，部分被抹平。残高3.8厘米（图三三三，6）。

2015LJS：42，夹砂灰陶，方唇。素面。残高3.4厘米（图三三四，5）。

2015LJS：48，夹砂红陶，方唇。器表施横向绳纹。残高4.4厘米（图三三四，11）。

2015LJS：95，褐色硬陶，圆唇。素面。残高3.2厘米（图三三五，8）。

B型：窄折沿，鼓肩。共13件。

2015LJS：13，灰色硬陶，圆唇。器表施菱格纹。残高3.6厘米（图三三〇，5）。

2015LJS：14，灰色硬陶，圆唇。器表施菱格纹。残高4.6厘米（图三三〇，6；图版三〇，5）。

2015LJS：9，泥质黄陶，敞口，方唇，唇内侧有一道窄凸棱。器表施菱格纹。残高4厘米（图三三〇，9）。

2015LJS：25，黄褐色硬陶，方唇。器表施菱格纹。残高3.2厘米（图三三一，2）。

2015LJS：31，灰色硬陶，尖圆唇。器表施菱格纹。残高4厘米（图三三一，5）。

2015LJS：26，灰褐色硬陶，侈口，圆唇。器表纹饰不清。残高3.6厘米（图三三一，8）。

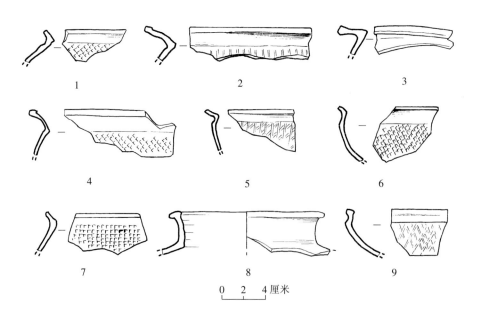

1　　2　　3
4　　5　　6
7　　8　　9

0　2　4厘米

图三三〇　脊山遗址采集陶器

1~4、7. A型罐（2015LJS：17、2015LJS：10、2015LJS：15、2015LJS：12、2015LJS：7）　5~6、9. B型罐（2015LJS：13、2015LJS：14、2015LJS：9）　8. C型罐（2015LJS：16）

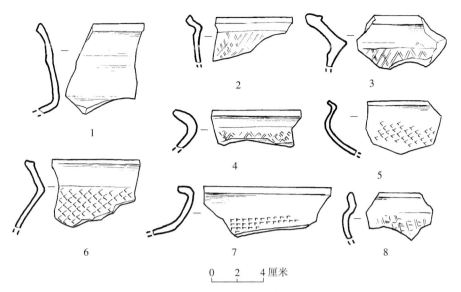

图三三一　脊山遗址采集陶器

1. D 型罐（2015LJS：24）　　2、5、8. B 型罐（2015LJS：25、2015LJS：31、2015LJS：26）　　3、4、6. A 型罐（2015LJS：30、2015LJS：28、2015LJS：27）　7. E 型罐（2015LJS：29）

2015LJS：19，灰色硬陶，方唇，器表施方格纹。残高 4 厘米（图三三二，2）。

2015LJS：21，灰色硬陶，尖圆唇。器表施方格纹。残高 4 厘米（图三三二，6）。

2015LJS：38，灰色硬陶，侈口，圆唇。器表施方格纹。残高 4.6 厘米（图三三四，1）。

2015LJS：39，灰褐色硬陶，侈口，方唇。器表施菱格纹。残高 4 厘米（图三三四，2）。

2015LJS：46，灰色硬陶，侈口，圆唇。器表施菱格纹。残高 3.6 厘米（图三三四，9）。

2015LJS：89，灰褐色硬陶，敛口，圆唇。器表施方格纹。残高 4.4 厘米（图三三五，2）。

2015LJS：96，夹砂浅黄陶，侈口，圆唇。素面。残高 4.6 厘米（图三三五，9）。

C 型：直口，斜肩，鼓腹。共 3 件。

2015LJS：16，灰色硬陶，尖圆唇。器表施方格纹。残高 4 厘米（图三三〇，8）。

2015LJS：49，灰色硬陶，折沿，唇部残。口沿下有一道凸棱，器表施方格纹。残高 4.8 厘米（图三三四，12）。

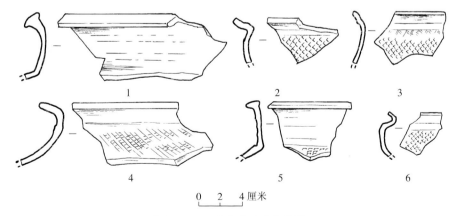

图三三二　脊山遗址采集陶器

1、4. E 型罐（2015LJS：8、2015LJS：18）　　2、6. B 型罐（2015LJS：19、2015LJS：21）　　3. A 型罐（2015LJS：22）　　5. D 型罐（2015LJS：20）

2015LJS：97，夹砂黄陶，圆唇，口沿外侧有一圈凸棱。素面。残高4.6厘米（图三三五，10）。

D型：大侈口，斜肩。共16件。

2015LJS：24，灰色硬陶，方唇。器表纹饰不清。残高6.6厘米（图三三一，1）。

2015LJS：20，黄褐色硬陶，斜方唇。器表施菱格纹。残高4.9厘米（图三三二，5）。

2015LJS：35，灰色硬陶，折沿，方唇，沿面可见一道凸棱。器表施菱格纹，大部分被抹平。残高4.4厘米（图三三三，3）。

2015LJS：36，夹砂红陶，圆唇。口沿下有一道凸棱，素面。残高3.2厘米（图三三三，4）。

2015LJS：34，灰褐色硬陶，方唇，沿面可见一道凸棱。素面。残高1.8厘米（图三三三，5）。

2015LJS：111，夹砂灰褐陶，圆唇，沿面有一圈凸棱。素面。残高3.4厘米（图三三三，7）。

2015LJS：23，夹砂灰褐陶，宽折沿，方唇。沿面可见两道凹弦纹，间饰斜"S"纹，口沿内可见一周三个一组的短刻槽纹，器表施方格纹。残高5厘米（图三三三，8；图版三〇，7、8）。

2015LJS：40，灰色硬陶，方圆唇。素面，器表可见轮修痕迹。残高4.2厘米（图三三四，3）。

2015LJS：41，灰色硬陶，侈口，圆唇，颈部外侧有两道凸棱。素面。残高4厘米（图三三四，4）。

2015LJS：43，灰色硬陶，折沿，方唇，口沿内可见一道凸棱。器表纹饰不清。残高4.3厘米（图三三四，6）。

2015LJS：50，灰色硬陶，折沿，方唇，沿面可见一道凸棱。器表纹饰不清。残高4.6厘米（图三三五，1）。

2015LJS：90，灰褐色硬陶，方唇，宽折沿，沿面有一圈凸棱。器表施菱格纹，沿外侧有轮修痕迹。残高5厘米（图三三五，3）。

2015LJS：91，灰褐色硬陶，侈口，唇部残，折沿外侧有一圈凸棱。器表施方格纹大部分被抹光。残高5.2厘米（图三三五，4）。

2015LJS：92，肩部残片，泥质红陶。器表施三圈凸棱。残高5.2厘米（图三三五，5）。

2015LJS：94，夹炭红陶，折沿，唇部残。颈部有一圈凸棱，素面。残高5厘米（图三三五，7）。

2015LJS：11，灰色硬陶，圆唇，口部内侧有一道窄凸棱。器表可见轮修痕迹。残高5厘米（图三三五，12）。

E型：敛口，卷沿。共8件。

2015LJS：29，灰白色硬陶，窄平沿，圆唇。器表施方格纹。残高4厘米（图三三一，7）。

2015LJS：8，灰色硬陶，折沿，斜方唇。沿上有一道凸棱，可见轮制痕迹。残高6厘米（图三三二，1）。

2015LJS：18，黄褐色硬陶，圆唇。器表施方格纹。残高5.6厘米（图三三二，4）。

2015LJS：44，灰色硬陶，沿微卷，唇部残。颈部可见轮修痕迹，器表纹饰不清。残高4厘米（图三三四，7）。

2015LJS：45，夹细砂灰色硬陶，微卷沿，唇部残。器表施席纹。残高4厘米（图三三四，8）。

2015LJS：47，夹砂黄褐陶，微卷沿，圆唇。素面。残高5厘米（图三三四，10）。

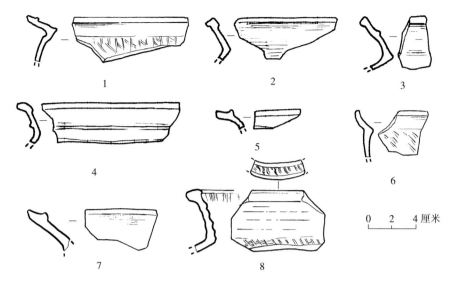

图三三三　脊山遗址采集陶器

1、2、6. A 型罐（2015LJS：32、2015LJS：37、2015LJS：33）　3～5、7～8. D 型罐（2015LJS：35、2015LJS：36、2015LJS：34、2015LJS：111、2015LJS：23）

2015LJS：93，褐色硬陶，唇部残。器表施菱格纹，残高 4.6 厘米（图三三五，6）。

2015LJS：98，夹砂黄陶，沿微卷，圆唇。器表施刻划纹。残高 6 厘米（图三三五，11）。

器底　3 件。

2015LJS：51，黄色硬陶，斜腹，平底微凸。底部饰菱格纹。残高 1.8 厘米（图三三六，1）。

2015LJS：52，灰色硬陶，弧腹，平底内凹。器表饰短折线纹。残高 3 厘米（图三三六，2）。

2015LJS：101，褐色硬陶，斜腹，平底。器表施小方格纹。残高 2.2 厘米（图三三六，3）。

圈足　4 件。

2015LJS：53，灰色硬陶，矮圈足，外撇，器表饰小方格纹。残高 3 厘米（图三三六，4）。

2015LJS：54，夹细砂红陶，矮圈足，外撇。素面。残高 3 厘米（图三三六，5）。

2015LJS：99，褐色硬陶，矮圈足。器底施菱格纹大部分被抹光。残高 2.2 厘米（图三三六，6）。

2015LJS：100，夹砂红陶，矮圈足，外撇。素面。残高 2.9 厘米（图三三六，7）。

鼎足　33 件。

根据具体形态可分为以下三型。

A 型：顶端呈扁状，底端呈铲状。共 5 件。

2015LJS：55，泥质红陶，截面呈圆形。素面。残高 6.3 厘米（图三三七，1）。

2015LJS：56，夹砂黄陶，截面呈长条形。素面。残高 9 厘米（图三三七，2；图版三一，1）。

2015LJS：65，夹砂灰陶。足根部可见两道戳印纹。残高 8 厘米（图三三七，11；图版三一，3）。

2015LJS：105，夹砂红陶，截面呈长条形。足两面施按窝纹。残高 8.4 厘米（图三三九，4；图版三一，6）。

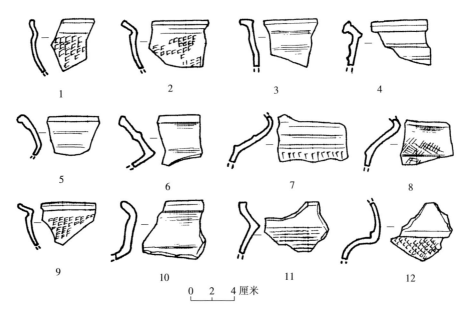

0　2　4厘米

图三三四　脊山遗址采集陶器

1~2、9. B 型罐（2015LJS：38、2015LJS：39、2015LJS：46）　　3~4、6. D 型罐（2015LJS：40、2015LJS：41、2015LJS：43）　　5、11. A 型罐（2015LJS：42、2015LJS：48）　　7~8、10. E 型罐（2015LJS：44、2015LJS：45、2015LJS：47）　　12. C 型罐（2015LJS：49）

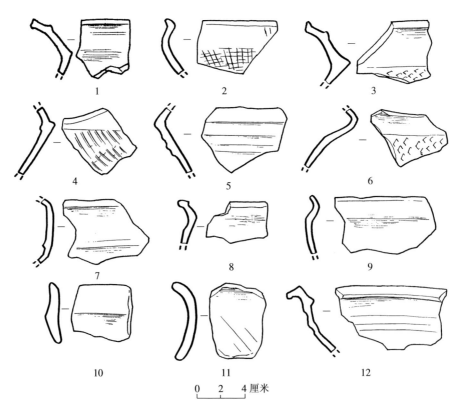

0　2　4厘米

图三三五　脊山遗址采集陶器

1、3~5、7、12. D 型罐（2015LJS：50、2015LJS：90、2015LJS：91、2015LJS：92、2015LJS：94、2015LJS：11）　　2、9. B 型罐（2015LJS：89、2015LJS：96）　　6、11. E 型罐（2015LJS：93、2015LJS：98）　　8. A 型罐（2015LJS：95）　　10. C 型罐（2015LJS：97）

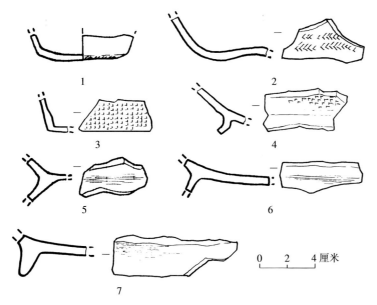

图三三六　脊山遗址采集陶器

1~3. 器底（2015LJS：51、2015LJS：52、2015LJS：101）　4~7. 圈足（2015LJS：53、2015LJS：54、2015LJS：99、2015LJS：100）

2015LJS：106，夹砂黄褐陶，截面呈弧形。素面。残高5.9厘米（图三三九，5）。

B型：柱状足。共12件。

2015LJS：57，夹砂灰陶，截面近圆形。素面。残高6厘米（图三三七，3）。

2015LJS：62，灰色硬陶。素面。残高6.6厘米（图三三七，8）。

2015LJS：63，灰色硬陶。足内侧可见一道竖向凹槽。残高7.6厘米（图三三七，12）。

2015LJS：64，夹砂灰陶，截面呈椭圆形。素面。残高6厘米（图三三七，10）。

2015LJS：66，夹砂灰白陶，截面呈扁圆形。素面。残高7厘米（图三三七，9）。

2015LJS：69，夹砂灰陶，截面呈圆形。素面。残高6厘米（图三三八，5）。

2015LJS：71，夹砂黄陶，截面呈圆形。素面。残高6.6厘米（图三三八，1）。

2015LJS：103，夹砂灰陶。素面。残高5.2厘米（图三三九，7）。

2015LJS：104，夹砂灰陶，截面近圆形。素面。残高4.9厘米（图三三九，6）。

2015LJS：108，夹砂浅黄陶，截面呈椭圆形。素面。残高6厘米（图三三九，2）。

2015LJS：110，夹砂灰白陶，截面呈椭圆形。素面。残高6厘米（图三三九，9）。

2015LJS：75，夹砂灰白陶，截面呈椭圆形。素面。残高2.2厘米（图三四○，2）。

C型：扁状足。共12件。

2015LJS：59，灰色硬陶，截面呈半圆形。素面。残高8厘米（图三三七，5）。

2015LJS：60，灰色硬陶，截面呈半圆形。素面。残高4.8厘米（图三三七，6）。

2015LJS：67，夹砂黄陶，截面呈扁圆形。素面。残高7厘米（图三三八，3）。

2015LJS：70，夹砂黄陶，截面呈长条形。素面。残高5厘米（图三三八，4）。

2015LJS：72，夹砂黄陶，截面呈弧形。素面。残高3.2厘米（图三三八，6）。

2015LJS：73，夹砂灰陶，截面呈长条形。素面。残高5.6厘米（图三三八，7）。

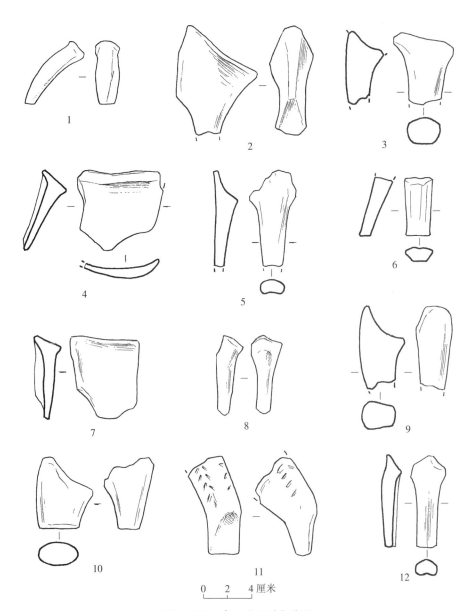

0　　2　　4厘米

图三三七　脊山遗址采集陶器

1～12. 鼎足（2015LJS：55、2015LJS：56、2015LJS：57、2015LJS：58、2015LJS：59、2015LJS：60、2015LJS：61、2015LJS：62、2015LJS：66、2015LJS：64、2015LJS：65、2015LJS：63）

2015LJS：74，夹砂黄褐陶，截面呈椭圆形。素面。残高2.6厘米（图三四〇，1）。

2015LJS：76，夹砂黄陶，截面呈长条形。素面。残高3.2厘米（图三四〇，3）。

2015LJS：77，夹砂红陶，截面呈椭圆形。素面。残高4.2厘米（图三四〇，4）。

2015LJS：78，夹砂红陶，截面呈长条形。两侧均可见数道戳印短刻槽纹。残高11.2厘米（图三四〇，5）。

2015LJS：107，夹砂灰胎黄陶，截面呈长条形。器表有烟炱痕迹，素面。残高4.6厘米（图三三九，3）。

2015LJS：109，夹砂浅红陶，截面呈菱形。器表有按压凹窝。残高6.2厘米（图三三九，8；图版三一，5）。

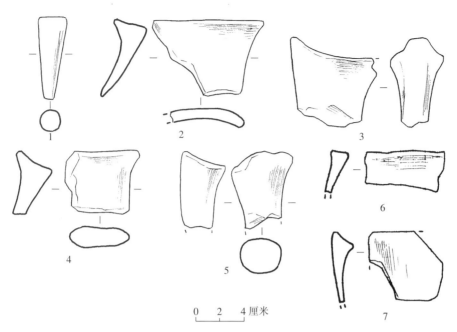

图三三八 脊山遗址采集陶器

1～7. 鼎足（2015LJS：71、2015LJS：68、2015LJS：67、2015LJS：70、2015LJS：69、2015LJS：72、2015LJS：73）

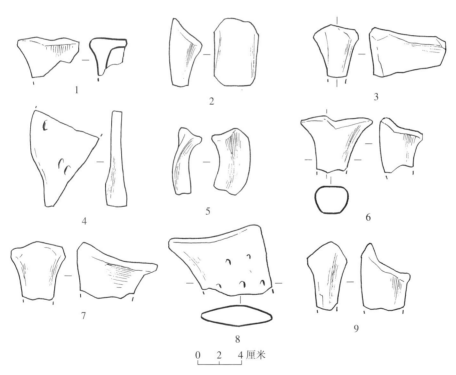

图三三九 脊山遗址采集陶器

1～9. 鼎足（2015LJS：102、2015LJS：108、2015LJS：107、2015LJS：105、2015LJS：106、2015LJS：104、2015LJS：103、2015LJS：109、2015LJS：110）

D 型：瓦状扁足。共 4 件。

2015LJS：58，夹砂灰白陶，截面呈弧形。素面。残高 6.6 厘米（图三三七，4）。

2015LJS：61，夹砂黄陶，截面呈弧形。素面。残高 7 厘米（图三三七，7；图版三一，2）。

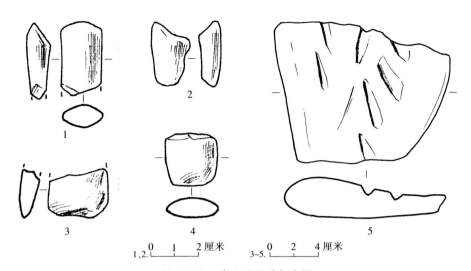

图三四〇　脊山遗址采集陶器

1～5. 鼎足（2015LJS：74、2015LJS：75、2015LJS：76、2015LJS：77、2015LJS：78）

2015LJS：68，夹砂红陶，截面呈弧形。素面。残高6厘米（图三三八，2）。

2015LJS：102，夹砂浅红陶，截面呈弧形。素面。残高3.6厘米（图三三九，1）。

豆柄　1件。

2015LJS：79，夹砂灰陶，空心喇叭状柄。素面。残高4.6厘米（图三四一，5）。

陶纺轮　1件。

2015LJS：80，夹砂黄陶，略残，中部有一圆形穿孔。直径4.2、孔径0.5厘米（图三四一，1；图版三一，4）。

陶杯　1件。

2015LJS：81，灰色硬陶，圆形，敞口，浅腹，柄部残，圜底。素面。直径4.1、残高1.5厘米（图三四一，2；图版三一，7）。

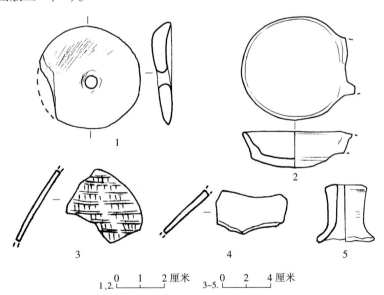

图三四一　脊山遗址采集陶器

1. 纺轮（2015LJS：80）　　2. 杯（2015LJS：81）　　3、4. 刀（2015LJS：83、2015LJS：82）　　5. 豆柄（2015LJS：79）

陶刀　2件。

2015LJS：82，泥质灰陶，器形不规则，单面弧刃内凹。素面。残高3.4厘米（图三四一，4）。

2015LJS：83，泥质灰陶，器形不规整，单面弧刃，近背部有穿孔。器表饰方格纹。残高5.8厘米（图三四一，3）。

3. 遗址性质与年代

脊山遗址为一处典型的岗地类遗址，遗址采集遗物十分丰富，通过与周边地区的比较，可将脊山遗址年代分为以下两组：

第一组：以夹粗砂陶鼎、夹砂素面罐等为代表，所见A型鼎足为区域内新石器时代晚期常见，D型瓦状鼎足在区域内流行时间较长，商代已有较多发现。因此，可推断该组遗存年代为新石器时代晚期至商代。

第二组：以大量印纹硬陶罐为代表，纹饰主要流行方格纹、绳纹等，所见宽折沿罐，部分口沿见有凸棱，与本地区西周时期器物有较多相似性。因此可推断该组遗存年代主要集中在西周时期。

脊山遗址的发现与初步研究，对区域文化序列的建立及聚落形态等方面的分析提供了十分重要且丰富的考古学资料。

1. 石斧（2015LJS：1）

2. 石刀（2015LJS：2）

3. 石锛（2015LJS：3）

4. 石镞（2015LJS：85）

图版二九　脊山遗址采集遗物

1. 石锛（2015LJS：5）

2. 石矛坯（2015LJS：6）

3. 石锛（2015LJS：86）

4. 石锛（2015LJS：87）

5. 陶罐（2015LJS：14）

6. 陶罐（2015LJS：27）

7. 陶罐（2015LJS：23）

8. 陶罐（2015LJS：23）

图版三〇　脊山遗址采集遗物

1. 陶鼎足（2015LJS：56）

2. 陶鼎足（2015LJS：61）

3. 陶鼎足（2015LJS：65）

4. 陶纺轮（2015LJS：80）

5. 陶鼎足（2015LJS：109）

6. 陶鼎足（2015LJS：105）

7. 陶杯（2015LJS：81）

8. 石球（2015LJS：84）

图版三一　脊山遗址采集遗物

第三章 崇仁县先秦时期遗址

第一节 自然环境与历史沿革

崇仁县位于东经 115°49′~116°17′30″，北纬 27°25′18″~27°56′20″之间，地处江西省中部偏东，抚州市西南部。东北界临川区，东南接宜黄县，西南邻乐安县、丰城市。全境北宽南窄，地势由西而东，由南而北渐次低落，形成三面环山，一处开口的丘陵性盆地。县境南北长 57 千米，东西宽 42 千米，总面积 1520 平方千米。

一 地形与地貌

崇仁县境北宽南窄，地层由系列隆起带、凹陷带、断裂带及部分褶皱带组成，除东北部多为河谷、平原外，其余周边山峦重叠，中部丘陵起伏。其余周边山峦重叠中部丘陵起伏，地势由西而东，由南而北渐次低落，形成三面环山，一处开口的丘陵性盆地①（图三四二）。

二 山脉

崇仁县境内地貌多为山地丘陵，平原面积较小。境内山岗较多，分属相山和罗山两大山脉，山地海拔在 300~1219 米。

1. 相山山脉

相山山脉属零山山脉的支脉，位于县域西南部，西南接乐安县华盖山，东南连宜黄县大王山，沿县界由西南折走东北，止于县内中部丘陵地区。主要山岭有：

相山位于相山镇凤岗圩西 10 千米处。古称巴山，绵延 35 平方千米，双峰耸立，相山山脉主峰，海拔 1219.2 米，为全县第一高度。

青芝山又名青溪山。位于相山镇南部，为崇仁、宜黄与乐安 3 县界山。主峰海拔 970 米，为全县第二高峰。

大坑岭位于相山镇凤岗圩东 4.5 千米处，范围 4 平方千米，高 563.5 米。

---

① 崇仁县志编纂委员会：《崇仁县志（1985~2000）》，清华同方光盘电子出版社，2009 年。下文有关崇仁县地貌、地形、历史沿革等信息均引自该书，不再一一作注。

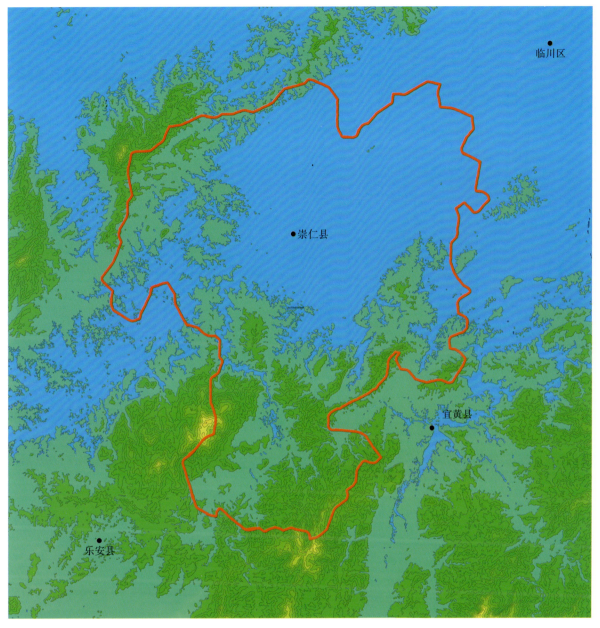

图三四二 崇仁县地形示意图

2. 罗山山脉

罗山山脉系隆起于县境西北与丰城市交界处的小型山脉,在县内有两支支脉。一支南走,止于中部偏西的丘陵地区,涵盖白陂及马鞍乡中、北部山丘;另一支走向东北,经东来乡入临川区境,三山、河上、孙坊及巴山镇北部的山峦均属之。主要山岭有:

罗山位于三山乡流坊村西北 5 千米处,为崇仁与丰城市之界山。在历史上,罗山与相山齐名,是崇仁乃至抚州市的名山之一。

大马口山位于三山乡塘坪村西北 2 千米与丰城市交界处,南起塘坪,西、北紧连罗山,东迄小马口山,范围约 3 平方千米,主峰海拔 715 米。

三 水系

　　崇仁县境内溪流发达，均属抚河水系，大小河流纵横，河网密度平均每平方千米600米，流域面积10~50平方千米的河流有42条，50平方千米以上的11条，主要为崇仁河与宜黄水（图三四三）。

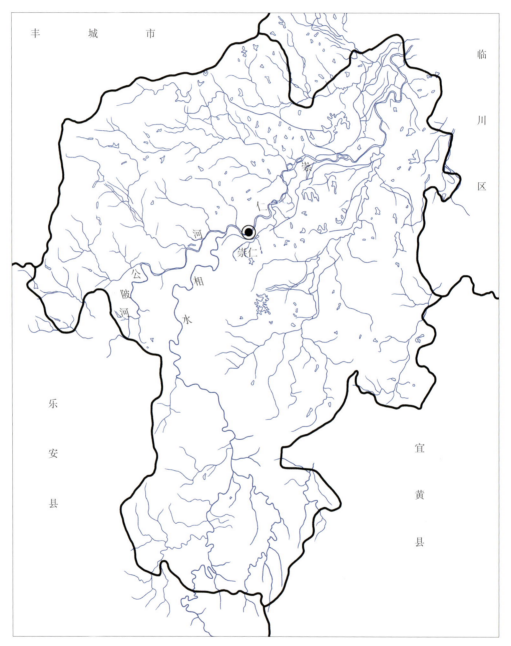

图三四三　崇仁县水系示意图

　　1. 崇仁河

　　崇仁河由宝唐水和西宁水两条支流汇合而成，经巴山、六家桥、孙坊、白露等乡镇，入临川区，于抚州市西北郊注入抚河。县内流程27千米。主要支流有：

宝唐水发源于乐安县大盆山，在马鞍乡谢坊村进入崇仁县境，经过巴山、石庄乡境，在桥头村附近汇合西宁水组成崇仁河。县内长度 23 千米，流域面积 1071 平方千米。

西宁水又称相水、凤岗河。源自乐安县小金竹，由谷岗乡进入崇仁，流经相山、桃源、石庄等乡镇，在桥头村汇合宝唐水而成崇仁河。县内流程 65 千米，流域面积 600 平方千米。

左港水发源于三山乡王秋峰，经河上镇，在元家桥附近注入崇仁河。全长 29.3 千米。

2. 宜黄水

宜黄水发源于宜黄县新丰，经临川区龙骨渡后，进入崇仁县境，从航埠镇东部掠过，在临川境内与崇仁河合流，注入抚河。流域面积 2256 平方千米。主要支流为许坊水。许坊水源自许坊乡贯坑飞虎嵊，流经桥头、许坊、三川桥、奖石等村，进入临川邓家村，注入宜黄河。全长 26.8 千米，流域面积 110 平方千米。

四 气候

崇仁位于江西省中部，抚州市西北部，属亚热带季风湿润气候，四季分明，气候特点为春寒夏热、秋干冬冷，降水时空分布不均，气候资源丰富且分布复杂多样。

崇仁县年平均气温 17.6℃，7 月份平均气温最高，为 29.2℃，1 月份平均气温最低，为 5.1℃。该县年平均雨量 1805.3 毫米，6 月份平均雨量最多，为 313.7 毫米，12 月份最少，为 59.8 毫米。本地年平均日照时数 1575.3 小时，历史上年最多日照时数 1873.4 小时（2004 年），年最少日照时数 1233.2 小时（2000 年）。

五 历史沿革

三国以后，崇仁原辖地曾建立过新建县、西宁县，历经三国、西晋、东晋、南北朝和隋朝，共计 332 年。南北朝时期建立过巴山县，历时 53 年。隋朝建巴陵县，历时 5 年。隋开皇九年（公元 589 年）开始，置崇仁县。自此开始，一直隶属抚州。元属抚州路，明、清隶属抚州府，1949 年隶属抚州专区。1970 年隶属抚州地区，2001 年撤地设市，隶属地级抚州市。

六 行政区划

崇仁县辖 7 镇 8 乡（巴山镇、礼陂镇、航埠镇、相山镇、马鞍镇、河上镇、孙坊镇、六家桥乡、郭圩乡、许坊乡、石庄乡、桃源乡、白陂乡、三山乡、白露乡）3 个垦殖场，146 个村委会，总人口 33 万（图三四四）。

巴山镇是崇仁县城关镇，始建于唐朝大历五年（公元 770 年），境东与郭圩乡相连，南接石庄乡，西与马鞍镇连接，北面与河上镇毗邻，占地 170 余平方千米。相山镇位于崇仁县县境南部。东、西、南三面分别与宜黄、乐安接壤，北部与桃源交界，东北一隅毗邻礼陂镇。占地 193 平方千米。航埠镇，位于崇仁县东部，北部与西部均与六家桥乡连接，南面毗邻许坊乡，东部隔宜黄水与临川区相望。占地 54 平方千米。孙坊镇位于崇仁县北部，东面紧靠崇仁河，

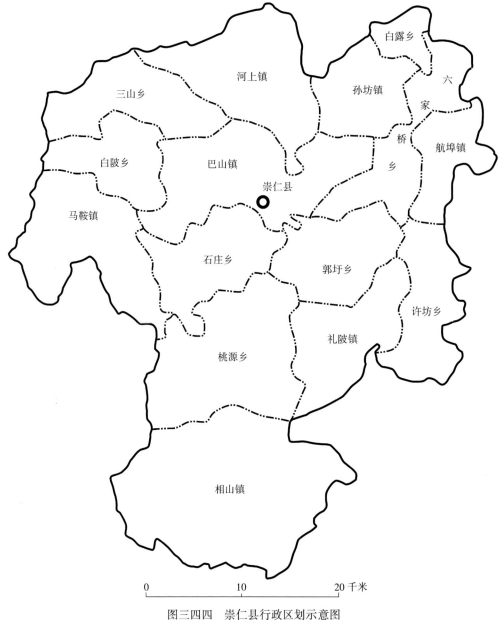

图三四四　崇仁县行政区划示意图

与六家桥乡隔河相望，西、南面与河上、巴山镇相邻，北接白露乡和临川区，占地60.5平方千米。河上镇地处崇仁县西北方向，镇所在地榨贝岭街距县城14千米，东靠孙坊镇、临川区高坪镇，西与三山乡交界，南与巴山镇相连，北与丰城市秀市镇比邻，占地134平方千米。白露乡位于崇仁县最北部，地处崇临边界沙洲地段，距县城28千米。乡域面积21.6平方千米，三山乡位于崇仁县西北部，处于崇丰交界处的罗山脚下，距县城11千米，东南与巴山镇相连，南与白陂乡相连，西与丰城市洛市镇相邻，占地82.5平方千米。

第二节 环壕类遗址

2014～2015 年度调查发现环壕类遗址 4 处，采集遗物极少，以下将从地理位置、保存现状、采集遗物等方面对遗址进行介绍：

一 小山环壕遗址

该遗址位于崇仁县孙坊镇新水村委会小山村小山上（图三四五），东侧约 300 米为下朱村，西边约 400 米为小山朱家村，北侧约 500 米为铁路线，南边约 750 米为麻田村（图三四六）。地理坐标为：北纬 27°53′27.20″，东经 116°8′43.15″，海拔 16 米。

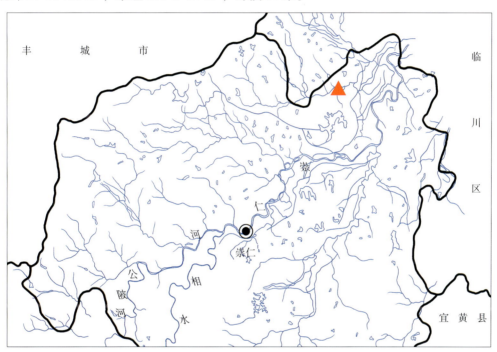

图三四五 小山环壕遗址位置示意图

遗址平面呈东西向不规则形，主要由中部长方形台地、四周壕沟和残存壕沟外台地组成（图三四七）。中部长方形台地长约 99 米，宽约 71 米，四周边沿地带高中部稍低，地表植被非常茂密。四周壕沟现存宽度约 24～37 米，壕沟内现为稻田（图三四八）。

在中部台地南部发现一处文化层堆积区域，平面略呈长条形，长约 65.5 米，宽约 8.3 米，面积约 361 平方米，堆积开口距地表约 2～3 米，深约 0.2～0.3 米，文化层堆积有部分灰渣和烧土块。中部高台地外围发现夯土堆积，整体近环形，东北部有部分区域缺失（可能为之前出口），夯土堆积开口距地表约 0.7 米，深约 1.3 米，宽约 2～7 米（图三四九）。

该遗址与区域内其他遗址较为类似，环壕特征较为完备，均为人工筑成高台，四周有壕沟。地表调查中未发现遗物，仅在勘探时，地层堆积中发现有少量陶器碎片。初步推定其年代为先秦时期。小山环壕遗址的发现为区域内聚落结构及文化序列演进提供了重要的考古资料。

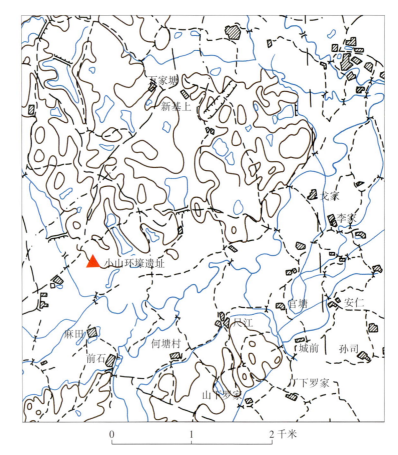

0　　　　　1　　　　　2 千米

图三四六　小山环壕遗址地形示意图

图三四七　小山环壕遗址航拍图

图三四八　小山环壕遗址远景图（由西南向东北）

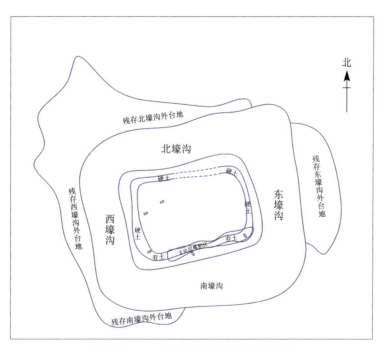

图三四九　小山环壕遗址勘探平面示意图

二　城下山环壕遗址

该遗址位于崇仁县三山乡熊家村委会沙埠村城下山上（图三五〇），东部即为村庄（图三五一）。地理坐标为：北纬 27°49′58.43″，东经 115°57′25.02″，海拔 78 米。

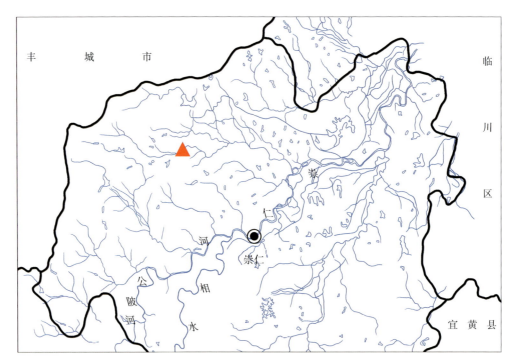

图三五〇　城下山环壕遗址位置示意图

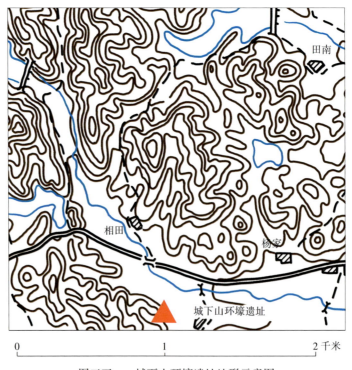

图三五一　城下山环壕遗址地形示意图

　　遗址处于崇仁河支流山岗前缘地带。遗址整体呈西北—东南向不规则形，主要由中部台地、壕沟和残存壕沟外台地组成（图三五二）。中部台地长径约88米，短径约79米，四周为稻田。台地四周边沿地带高中部稍低，地表植被较为茂密。壕沟现存宽度约5～16米。壕沟外台地仅西、南部残存，宽度约1～21米（图三五三）。

图三五二 城下山环壕遗址航拍图

图三五三 城下山环壕遗址远景图（由东南向西北）

在遗址区域中部台地东部发现1处文化层堆积区域（文化层堆积Ⅰ区），平面呈西北—东南向不规则形，长径约61.4米，短径约21.7米，面积约981平方米，堆积开口距地表约0.6~1.2米，厚约0.7~1.1米，堆积内包含部分灰渣和陶片碎渣。在台地西南部发现1处文化层堆积区域（文化层堆积Ⅱ区），平面呈西北—东南向不规则形，长径约27.2米，短径约14.8米，面积约314平方米，该堆积开口距地表约0.6米，深约1.5米，堆积内包含部分灰渣和烧土块。在遗址外围边缘地带发现有硬土堆积，呈环形，宽约2~8米，土质较坚硬，致密度较高，中部台地发现有数量较多的近现代墓葬（图三五四）。

城下山环壕遗址保存较为完整，人工堆筑的台地、四周环壕保存均较完好。考古调查中未在地表采集到遗物，仅在勘探时在台地中南部文化层中发现有少量陶器碎片，质地疏松，烧成温度较低。初步推断其年代为先秦时期。该遗址的发现为抚河流域先秦时期聚落形态的演变及相关研究提供了重要的实物资料。

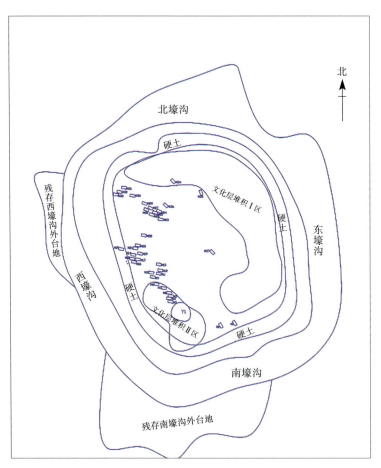

图三五四　城下山环壕遗址勘探平面示意图

三　曾家村环壕遗址

该遗址位于崇仁县河上镇元家村委会曾家村内（图三五五）。地理坐标为：北纬27°49′59.77″，东经116°04′33.16″，海拔54米。

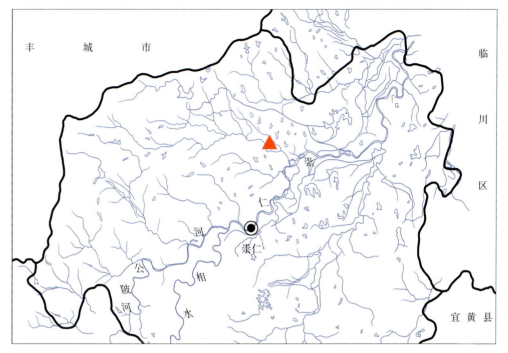

图三五五　曾家村环壕遗址位置示意图

图三五六　曾家村环壕遗址地形示意图

遗址处于崇仁河支流沿岸，地形较为平坦（图三五六）。平面呈东北—西南向不规则形，主要由残存高台地和壕沟组成（图三五七），台地长径约500米，短径320米，面积约14万平方米。台地整体高于周围地面约1～3米。台地外壕沟仅存北部和西部，宽约5～26米（图三五八）。

图三五七　曾家村环壕遗址航拍图

图三五八　曾家村环壕遗址远景图（由西南向东北）

据当地村民讲述，村里建房曾挖到大量带有"花纹"的陶器，现整个村庄建于遗址之上，台地几乎被破坏殆尽。经钻探，在台地上发现 30 座现代墓葬（图三五九）。遗址内未发现文化层堆积，地面零星见有陶器残片等。

曾家村环壕遗址被破坏较为严重，未发现文化层堆积，从采集到极少量的陶片来看，其年代可能在先秦时期。该遗址的发现为区域文化序列建立和聚落形态研究提供了十分重要的考古学资料。

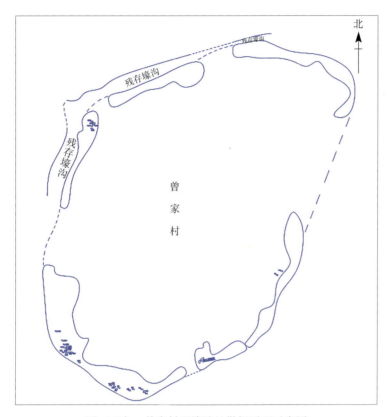

图三五九　曾家村环壕遗址勘探平面示意图

四　崇仁服务区环壕遗址

位于崇仁县航埠镇 S46 抚吉高速崇仁服务区北部（图三六〇），北距上张 400 米，东南距博溪村 600 米（图三六一）。地理坐标为：北纬 27°47′34.5″，东经 116°16′05.8″，海拔 65 米。

遗址平面整体近三角形，主要由中东部台地、壕沟和残存壕沟外台地组成（图三六二）。地势东高西低，地表植被较为稀疏。残存壕沟西部、北部和南部，宽度约 2～6 米，壕沟内多为杂草地。壕沟外台地仅存西北部，宽度约 9～23 米，中部台地发现有较多晚期墓葬（图三六三）。

该遗址位于缓坡山岗地带，东部和南部大部被抚吉高速所破坏，但仍具备环壕聚落特征，有中部台地和四周壕沟等。采集遗物较少，从勘探发现的印纹硬陶残片来看，该遗址年代应为先秦时期。崇仁服务区环壕遗址的发现为抚河流域先秦时期聚落形态研究提供了十分重要的考古学资料。

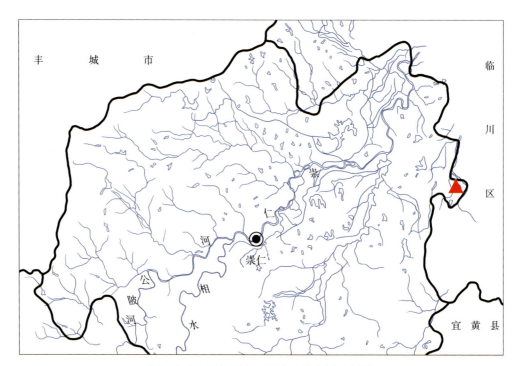

图三六〇　崇仁服务区环壕遗址位置示意图

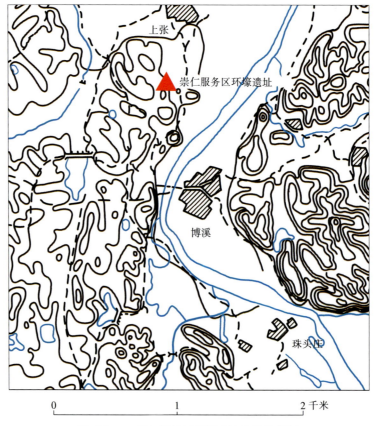

图三六一　崇仁服务区环壕遗址地形示意图

图三六二　崇仁服务区环壕遗址航拍图

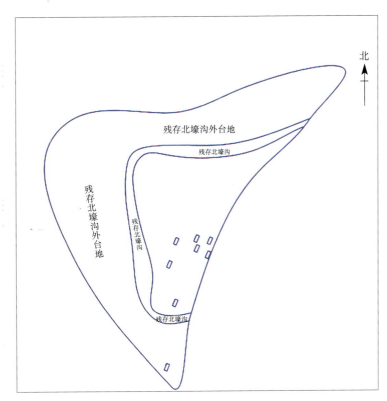

图三六三　崇仁服务区环壕遗址勘探平面示意图

第三节　岗地类遗址

本年度共调查发现岗地类遗址 11 处，以下从遗址的地理位置、出土遗物的性质与年代等方面对遗址进行介绍：

一　槽桥龙水库Ⅱ号遗址①

1. 遗址概况

槽桥龙水库Ⅱ号遗址位于崇仁县白露乡高路桥村西南水库东南侧（图三六四），遗址地表被低矮灌木植所覆盖，为一处小山包，周围是农田（图三六五）。地理坐标为：北纬 27°54′24.90″，东经 116°10′25.34″，海拔 57 米。

遗址区为不规则形岗地，最长处为 201 米，最宽处为 131 米。在遗址调查区域内未发现灰坑、墓葬等遗迹单位（图三六六）。地表仅采集到部分遗物。

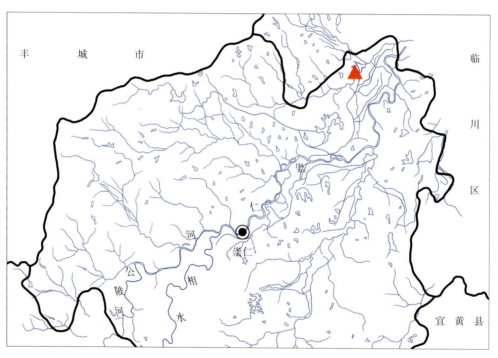

图三六四　槽桥龙水库Ⅱ号遗址位置示意图

2. 遗物介绍

槽桥龙水库Ⅱ号遗址采集遗物较为丰富，石器有石锛、石刀等；陶器有罐；另外瓷器也较多，主要为瓷碗等。

---

① 槽桥龙水库发现五处遗址，其中槽桥龙Ⅰ号遗址位于Ⅱ号遗址北侧水库沿岸，该地发现多处被盗墓葬，残留随葬器物碎片均为瓷片，其年代多集中在宋、明时期，故槽桥龙Ⅰ号遗址的调查所获不在本报告介绍。

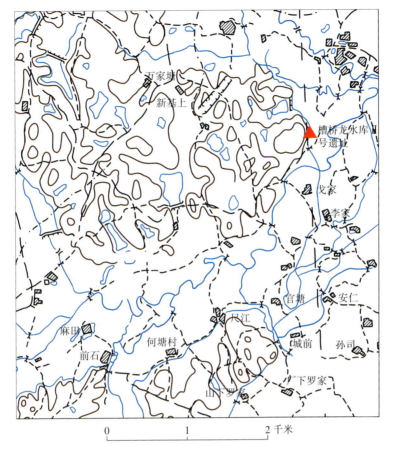

图三六五　槽桥龙水库Ⅱ号遗址地形示意图

图三六六　槽桥龙水库Ⅱ号遗址远景图（由北向南）

（1）石器

砺石　2件。

2015CCQⅡ：1，灰褐色砂岩，一侧修整平整，器表有磨痕。残高8.9厘米（图三六七，1；图版三二，1）。

2015CCQⅡ：3，灰褐色砂岩，一面规整，器表可见磨痕。残长7.5厘米（图三六七，3；图版三二，3）。

石锛　1件。

2015CCQⅡ：2，青灰色砂岩磨制，大致呈长方形，顶端略残，底端单面磨制成刃。残高7.2厘米（图三六七，2；图版三二，2）。

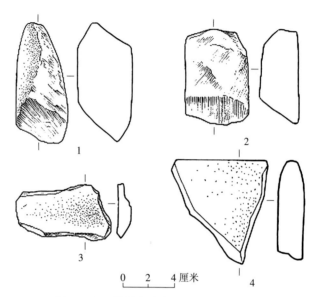

图三六七　槽桥龙水库Ⅱ号遗址采集石器

1、3. 砺石（2015CCQⅡ：1、2015CCQⅡ：3）　2. 石锛（2015CCQⅡ：2）　4. 石刀（2015CCQⅡ：5）

石刀　1件。

2015CCQⅡ：5，灰色砂岩磨制，直背，制作较为精细。残长6.1厘米（图三六七，4）。

（2）陶器

以夹砂陶为主，印纹硬陶较少。夹砂陶多为灰色、灰褐色、浅黄色等，纹饰有绳纹、刻划纹、线纹等（图三六八），器形多见有罐、盆等；印纹硬陶多为灰色、灰褐色，纹饰有网格纹、方格纹、菱格纹等（图三六八），器形有罐、盆等。

罐　9件。

2015CCQⅡ：8，夹砂灰褐陶，侈口，微卷沿，圆唇，弧腹。有明显轮制痕迹。残高5厘米（图三六九，1）。

2015CCQⅡ：10，夹砂灰褐陶，侈口，折沿。素面。残高3厘米（图三六九，5）。

2015CCQⅡ：7，夹砂灰陶，侈口，斜肩。肩部有两道凸弦纹，间有一周刻划细线组成的倒三角纹。残高4.3厘米（图三六九，6；图版三二，4）。

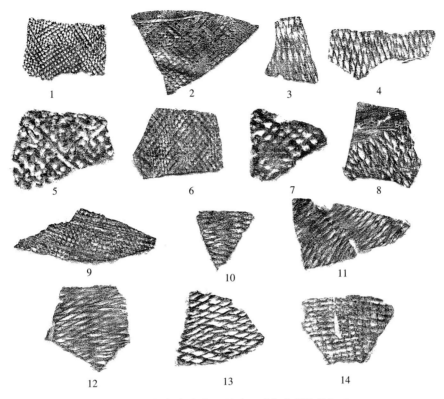

图三六八　槽桥龙水库Ⅱ号遗址采集陶器纹饰拓片

1~2、6、9、14. 小方格纹　3~4、8、10~13. 交错线纹　5、7 网格纹

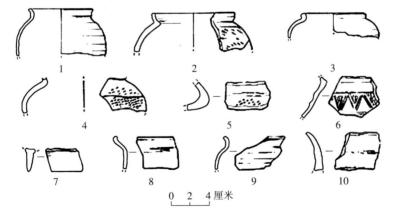

图三六九　槽桥龙水库Ⅱ号遗址采集陶器

1~6、8~10. 口沿（2015CCQⅡ：8、2015CCQⅡ：13、2015CCQⅡ：14、2015CCQⅡ：9、2015CCQⅡ：10、2015CCQⅡ：7、2015CCQ
Ⅱ：12、2015CCQⅡ：11、2015CCQⅡ：15）　7. 圈足（2015CCQⅡ：4）

　　2015CCQⅡ：12，夹砂灰褐陶，侈口，方唇，卷沿。素面。残高3.5厘米（图三六九，8）。

　　2015CCQⅡ：11，夹砂灰褐陶，侈口，圆唇，微卷沿。有明显轮制痕迹，素面。残高3.5厘米
（图三六九，9）。

　　2015CCQⅡ：15，夹砂灰褐陶，侈口，折沿。素面。残高4厘米（图三六九，10）。

　　2015CCQⅡ：13，灰褐色硬陶，敛口，折沿，方唇，弧腹。沿内壁可见轮制痕迹，器表有小方

格纹。残高4.2厘米（图三六九，2；图版三二，6）。

2015CCQⅡ：14，灰褐色硬陶，直口，圆唇，弧腹。有明显轮制痕迹，素面。残高2.7厘米（图三六九，3）。

2015CCQⅡ：9，红褐色硬陶，敛口，弧肩。有拍印网格纹，部分被抹平，肩腹结合处有一道窄凹弦纹。残高3.5厘米（图三六九，4；图版三二，5）。

圈足　1件。

2015CCQⅡ：4，夹砂灰陶，斜直。素面。残高2.4厘米（图三六九，7）。

罐底　3件。

2015CCQⅡ：16，夹细砂灰褐陶，斜直腹，平底。器表可见明显轮制痕迹。残高6.5厘米（图三七〇，1）。

2015CCQⅡ：17，夹砂灰陶，斜直腹，平底。器表可见数道凹弦纹。残高3厘米（图三七〇，2）。

2015CCQⅡ：18，夹砂灰褐陶，斜直腹，平底。器表有明显轮制痕迹。残高3.8厘米（图三七〇，3）。

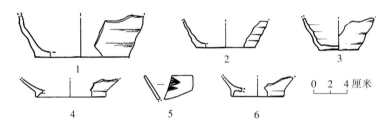

图三七〇　槽桥龙水库Ⅱ号遗址采集遗物

1~3. 陶罐底（2015CCQⅡ: 16、2015CCQⅡ: 17、2015CCQⅡ: 18）　4~6. 瓷碗（2015CCQⅡ: 6、2015CCQⅡ: 20、2015CCQⅡ: 19）

（3）瓷器

瓷碗　3件。

2015CCQⅡ：6，灰白色瓷胎，有白色陶衣，矮圈足。残高1.8厘米（图三七〇，4）。

2015CCQⅡ：20，灰白色瓷胎，施青釉，敞口，圆唇，器外壁饰有蓝色枝叶纹。残高2.7厘米（图三七〇，5）。

2015CCQⅡ：19，灰白色瓷胎，施青釉，矮圈足。残高2厘米（图三七〇，6）。

3. 遗址性质与年代

槽桥龙水库Ⅱ号遗址位于槽桥龙水库东南侧，为一缓斜坡岗地，遗址破坏较为严重，石器、陶器等遗物散落地表，根据调查所得遗物分析，遗址年代大致可分为以下两组：

第一组：以敛口罐和施方格纹及菱格纹的印纹硬陶为主。该组陶器特征与区域内西周时期的遗物较为相似。因此，推断其年代为西周时期。

第二组：以瓷器及少量釉陶罐为代表，年代大致为明清时期。

槽桥龙水库Ⅱ号遗址的调查与初步研究，为研究区域文化序列和聚落形态的演变提供了丰富的考古学资料。

1. 砺石（2015CCQⅡ：1）

2. 石锛（2015CCQⅡ：2）

3. 砺石（2015CCQⅡ：3）

4. 陶罐（2015CCQⅡ：7）

5. 陶罐（2015CCQⅡ：9）

6. 陶罐（2015CCQⅡ：13）

图版三二　槽桥龙水库Ⅱ号遗址采集遗物

二　槽桥龙水库Ⅲ号遗址

1. 遗址概况

槽桥龙水库Ⅲ号遗址位于崇仁县白露乡高路桥村西南（图三七一），北侧紧邻水库，地势较周边略高，为一处斜缓坡地带，遗址被低矮灌木覆盖（图三七二）。地理坐标为：北纬27°54′23.88″，东经 116°10′22.59″，海拔 65 米。

遗址呈不规则形，最长处为 407 米，最宽处为 259 米（图三七三）。调查过程中未发现灰坑、墓葬等遗迹，仅采集到少量遗物。

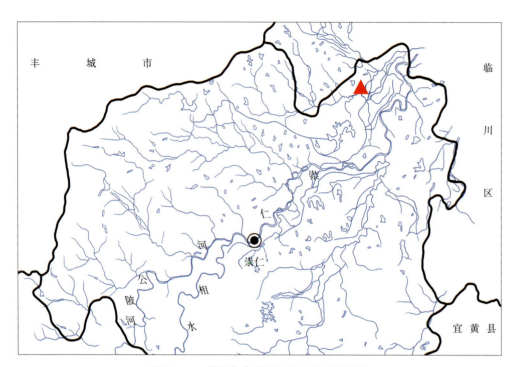

图三七一　槽桥龙水库Ⅲ号遗址位置示意图

2. 遗物介绍

槽桥龙水库Ⅲ号遗址采集遗物较少，石器有石锛、砺石等；陶器有罐、盆、鼎足等；并采集到一件瓷罐。

（1）石器

石斧　1 件。

2015CCQⅢ：1，青灰色砂岩磨制，大致呈三角形，一侧斜弧，一侧磨制内凹，单面斜刃。制作较为规整。残高 12 厘米（图三七四，1；图版三三，1）。

砺石　1 件。

2015CCQⅢ：2，青灰色砂岩，截面近长方形，一面可见打磨痕迹。残高 5.8 厘米（图三七四，2；图版三三，2）。

（2）陶器

以夹砂陶为主，印纹硬陶较少。夹砂陶主要为灰色、灰褐色、黄褐色，以素面为主，器形多见有罐、盆、鼎足等；印纹硬陶主要为灰褐色，纹饰有方格纹、细线纹等（图三七五），器形以罐为主。

罐　10 件。

2015CCQⅢ：4，灰色硬陶，敛口，弧腹。器表施拍印方格纹。残高 3.2 厘米（图三七六，2；图版三三，3）。

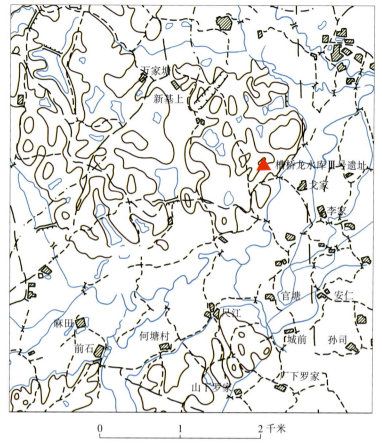

万家塘

新基上

槽桥龙水库Ⅲ号遗址

戈家

李家

官塘 安仁

麻田 巴江

前石 何塘村 城前 孙司

山下罗家 下罗家

0　　　　　1　　　　　2千米

图三七二　槽桥龙水库Ⅲ号遗址地形示意图

图三七三　槽桥龙水库Ⅲ号遗址远景图（由西北向东南）

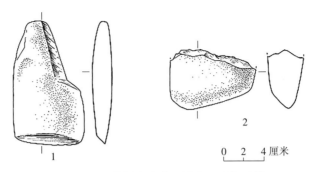

图三七四　槽桥龙水库Ⅲ号遗址采集石器
1. 石斧（2015CCQⅢ：1）　　2. 砺石（2015CCQⅢ：2）

2015CCQⅢ：5，夹砂黄褐陶，侈口，宽折沿，尖圆唇。素面。残高2.6厘米（图三七六，3）。

2015CCQⅢ：18，浅灰色硬陶，敛口，弧腹。口沿下有拍印网格纹。残高2.5厘米（图三七六，7）。

2015CCQⅢ：7，夹砂红褐陶，侈口，圆唇。素面。残高4厘米（图三七六，4）。

2015CCQⅢ：15，夹砂灰陶，侈口，尖圆唇。素面。残高2.8厘米（图三七六，5）。

2015CCQⅢ：17，夹砂黄褐陶，侈口，圆唇。素面。残高3厘米（图三七六，6）。

2015CCQⅢ：13，夹砂灰陶，侈口，尖圆唇，素面。残高3.8厘米（图三七七，1）。

2015CCQⅢ：14，夹砂灰褐陶，侈口，圆唇。素面。残高2.5厘米（图三七七，2）。

2015CCQⅢ：9，夹砂灰陶，圆唇。素面。残高2厘米（图三七七，3）。

2015CCQⅢ：16，夹砂灰褐陶，斜腹。器表施数道凹弦纹。残高6厘米（图三七七，8）。

盆　1件。

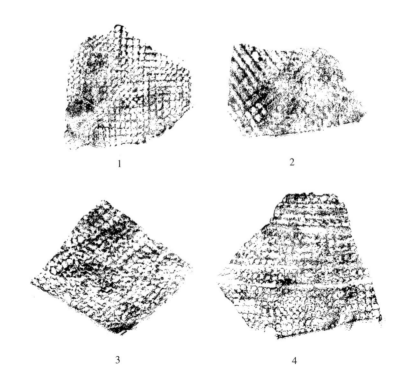

图三七五　槽桥龙水库Ⅲ号遗址采集陶片纹饰拓片
1~2、4. 方格纹　3. 菱格纹

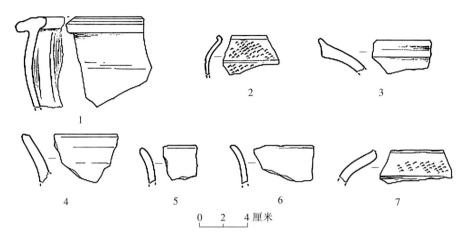

图三七六　槽桥龙水库Ⅲ号遗址采集遗物

1. 盆（2015CCQⅢ：3）　2～7. 罐（2015CCQⅢ：4、2015CCQⅢ：5、2015CCQⅢ：7、2015CCQⅢ：15、2015CCQⅢ：17、2015CCQⅢ：18）

2015CCQⅢ：3，灰黑色陶胎，微敛口，窄平沿，圆唇，弧腹。内壁有一周竖向刻槽，器表可见轮制痕迹。残高7.5厘米（图三七六，1）。

圈足　4件。

2015CCQⅢ：11，夹细砂红褐陶，圈足微外撇。素面。残高3.5厘米（图三七七，4）。

2015CCQⅢ：12，夹砂浅黄陶，圈足外撇。素面。残高3.5厘米（图三七七，5）。

2015CCQⅢ：6，夹细砂红褐陶，平底，圈足微外撇。素面。残高3.3厘米（图三七七，6）。

2015CCQⅢ：8，夹砂灰褐陶，圈足微外撇。素面。残高3厘米（图三七七，7）。

鼎足　1件。

2015CCQⅢ：10，夹粗砂浅黄陶，扁状实心。素面。残高5.2厘米（图三七八；图版三三，4）。

（3）瓷器

瓷罐　1件。

2015CCQⅢ：19，灰白色瓷胎，外壁施青釉，内壁未施釉，敞口，方唇，口沿外有系耳。残高2.6厘米（图三七九）。

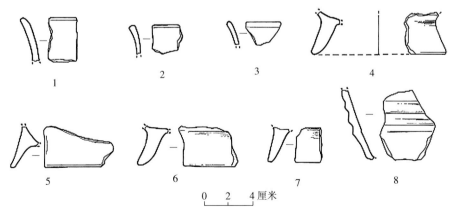

图三七七　槽桥龙水库Ⅲ号遗址采集陶器

1～3、8. 罐（2015CCQⅢ：13、2015CCⅢ：14、2015CCQⅢ：9、2015CCQⅢ：16）　4～7. 圈足（2015CCQⅢ：11、2015CCQⅢ：12、2015CCQⅢ：6、2015CCQⅢ：8）

0 2 4厘米

图三七八　槽桥龙水库Ⅲ号遗址采集陶器
鼎足（2015CCQⅢ：10）

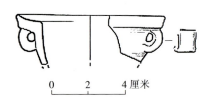

0 2 4厘米

图三七九　槽桥龙水库Ⅲ号遗址采集瓷器
瓷罐口沿（2015CCQⅢ：19）

3. 遗址性质与年代

槽桥龙水库Ⅲ号遗址位于槽桥龙水库南侧，为岗地类遗址。根据采集遗物分析，该遗址年代大致可分为以下两组：

第一组：以侈口罐、扁状足及施菱格纹和方格纹的印纹硬陶为代表。该组遗物大致与区域内商周时期的遗存特征相近。由此可推断其年代大致为商周时期。

第二组：以瓷器为代表。其年代大致为明清时期。

槽桥龙水库Ⅲ号遗址的调查与初步研究，增加了区域内遗址的数量，为区域聚落分布等方面的研究提供了十分难得的考古学资料。

1. 石斧（2015CCQⅢ：1）

2. 砺石（2015CCQⅢ：2）

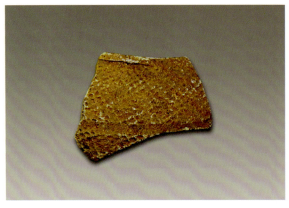

3. 陶罐（2015CCQⅢ：4）

5. 陶鼎足（2015CCQⅢ：10）

图版三三　槽桥龙水库Ⅲ号遗址采集遗物

三 槽桥龙水库Ⅳ号遗址

1. 遗址介绍

槽桥龙水库Ⅳ号遗址位于崇仁县白露乡高路桥村西南（图三八〇），槽桥龙水库Ⅲ号遗址南侧，周边较低，被低矮灌木植被覆盖（图三八一）。地理坐标为：北纬 27°53′57.19″，东经 116°10′09.77″，海拔 50 米。

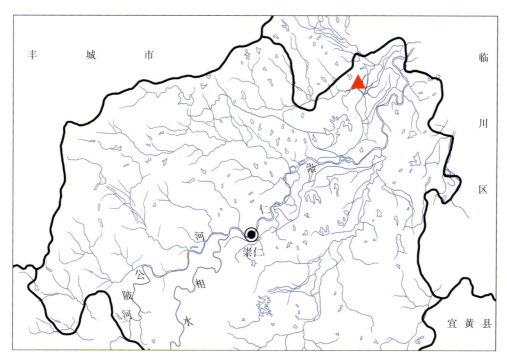

图三八〇 槽桥龙水库Ⅳ号遗址位置示意图

遗址呈不规则形，最长处为 353 米，最宽处 143 米。遗址区因修整土地，加之水土流失严重，未发现文化层，地表现为低矮荒草（图三八二）。调查过程中未发现灰坑、墓葬等遗迹，仅采集到部分遗物。

2. 遗物介绍

槽桥龙水库Ⅳ号遗址采集遗物较少，石器主要有砺石；陶器见有罐、钵、盆等；瓷器较多，主要有碗、盏等。

（1）石器

砺石 1 件。

2015CCQⅣ：1，黄褐色砂岩，一侧磨制内凹，一端有打制痕迹。残高 5.5 厘米（图三八三；图版三四，1）。

（2）陶器

主要为夹砂陶，印纹硬陶较少。夹砂陶多为灰色、黄褐色，纹饰以绳纹、刻划纹等为主，器形有罐、盆、钵、尖底器等；印纹硬陶主要为灰褐色，纹饰有方格纹、菱格纹等（图三八四），器形有罐、盆等。

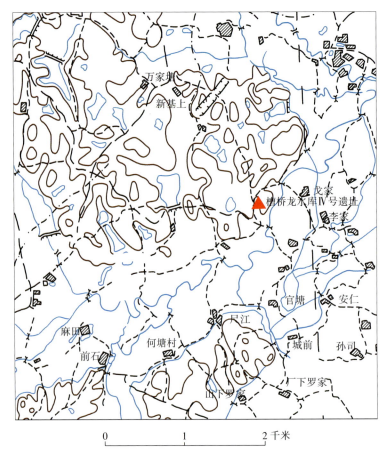

图三八一　槽桥龙水库Ⅳ号遗址地形示意图

图三八二　槽桥龙水库Ⅳ号遗址远景图（由西南向东北）

罐　2件。

2015CCQⅣ：7，夹砂灰褐陶，平底。素面。残高1.8厘米（图三八五，5）。

2015CCQⅣ：2，灰褐色硬陶，敛口，圆唇，鼓腹。器表有拍印方格纹，肩腹结合处可见一道凹弦纹。残高3.8厘米（图三八五，1；图版三四，2）。

尖底器　1件。

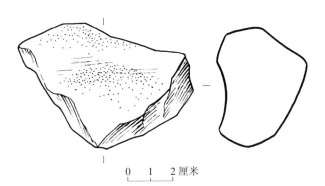

图三八三　槽桥龙水库Ⅳ号遗址采集石器
砺石（2015CCQⅣ：1）

2015CCQⅣ：5，夹砂灰褐陶，斜腹，尖底。素面。残高4.8厘米（图三八五，2）。

钵　1件。

2015CCQⅣ：20，夹砂灰陶，敛口，方唇。外壁有明显轮制痕迹。残高3.3厘米（图三八五，4）。

陶算　1件。

2015CCQⅣ：6，夹砂灰陶，可见数个圆形穿孔。孔径0.5、直径6厘米（图三八五，3）。

（3）瓷器

瓷碗　13件，均为敞口。

2015CCQⅣ：9，黄褐色瓷胎，未见施釉，矮圈足。残高2.7厘米（图三八六，1）。

2015CCQⅣ：18，灰白色瓷胎，施黄褐色釉，开片明显，平沿，直口。残高2.3厘米（图三八六，2）。

图三八四　槽桥龙水库Ⅳ号遗址采集陶器纹饰拓片
1. 绳纹　2、4. 交错线纹　3、5~7. 小方格纹

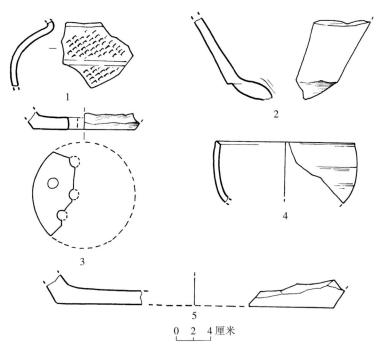

图三八五　槽桥龙水库Ⅳ号遗址采集遗物

1、5. 陶罐（2015CCQⅣ：2、2015CCQⅣ：7）　2. 陶尖底器（2015CCQⅣ：5）　3. 陶算（2015CCQⅣ：6）　4. 陶钵（2015CCQⅣ：20）

　　2015CCQⅣ：13，灰白色瓷胎，施青釉，釉层较薄，大部分已剥落，矮圈足。器壁可见轮制痕迹。残高2.6厘米（图三八六，3）。

　　2015CCQⅣ：4，褐色瓷胎，内外壁有白色陶衣，未见施釉。器表可见轮制痕迹。残高3.6厘米（图三八六，4）。

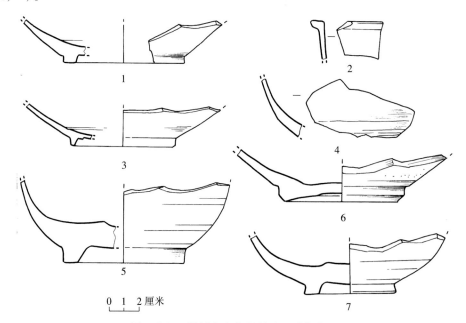

图三八六　槽桥龙水库Ⅳ号遗址采集瓷器

1~7. 瓷碗（2015CCQⅣ：9、2015CCQⅣ：18、2015CCQⅣ：13、2015CCQⅣ：4、2015CCQⅣ：10、2015CCQⅣ：11、2015CCQⅣ：16）

2015CCQⅣ：10，黑褐色瓷胎，未施釉，弧腹，圈足较高。内外壁可见轮制痕迹。残高5厘米（图三八六，5）。

2015CCQⅣ：11，灰褐色瓷胎，未施釉，斜直腹，平底微内凹。器外壁有明显轮制痕迹。残高3.3厘米（图三八六，6）。

2015CCQⅣ：16，灰褐色瓷胎，施青釉，未及底，釉层较薄，弧腹，矮圈足。残高4.8厘米（图三八六，7）。

2015CCQⅣ：3，灰褐色瓷胎，未施釉，弧腹，矮圈足。内壁有两戳印纹，器外壁有明显轮制痕迹。残高2.8厘米（图三八七，1）。

2015CCQⅣ：14，黄褐色瓷胎，施青灰釉，未及底。内底及外壁均饰有黑褐色植物纹饰，矮圈足。残高3.6厘米（图三八七，2）。

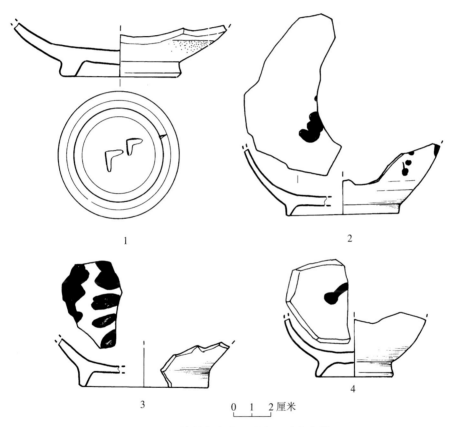

图三八七　槽桥龙水库Ⅳ号遗址采集瓷器

1~4. 瓷碗（2015CCQⅣ：3、2015CCQⅣ：14、2015CCQⅣ：19、2015CCQⅣ：22）

2015CCQⅣ：19，灰白色瓷胎，施青釉，内底饰有蓝色植物纹，矮圈足。残高2.5厘米（图三八七，3）。

2015CCQⅣ：22，白色瓷胎，施青釉，未及底，圈足较高，胎釉结合紧密，内底饰有蓝色条纹。残高3.3厘米（图三八七，4）。

2015CCQⅣ：12，黄褐色瓷胎，施青釉，未及底，釉层剥落严重，矮圈足。残高3.1厘米（图三八八，1）。

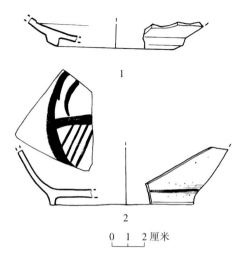

图三八八　槽桥龙水库Ⅳ号遗址采集瓷器
1~2. 瓷碗（2015CCQⅣ：12、2015CCQⅣ：15）

2015CCQⅣ：15，灰白色瓷胎，施青白釉，矮圈足。内底可见蓝色花纹。残高6.4厘米（图三八八，2）。

瓷盏　3件。

2015CCQⅣ：8，黑褐色瓷胎，未见施釉，敞口，方唇，斜弧腹，平底。残高2厘米（图三八九，1）。

2015CCQⅣ：21，黄褐色瓷胎，釉层已全部剥落，敞口，方唇，斜腹。残高1.2厘米（图三八九，2）。

2015CCQⅣ：17，灰色瓷胎，施青釉，浅腹盘。柄底端内凹未施釉。残高6.4、捉手径4.4厘米（图三八九，3）。

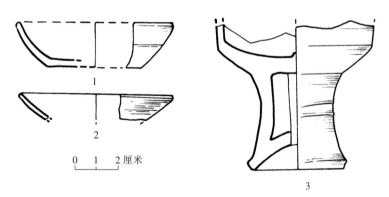

图三八九　槽桥龙水库Ⅳ号遗址采集瓷器
1~3. 瓷盏（2015CCQⅣ：8、2015CCQⅣ：21、2015CCQⅣ：17）

3. 遗址年代与性质

槽桥龙水库Ⅳ号遗址位于槽桥龙水库西南部，地处缓斜坡岗地，是一处典型岗地类遗址。采集遗物较少，据年代可分为以下两组：

1. 砺石（2015CCQⅣ：1）　　　　　　　2. 陶罐（2015CCQⅣ：2）

图版三四　槽桥龙水库Ⅳ号遗址采集遗物

第一组：以陶罐、陶甑箅及施绳纹和方格纹的印纹硬陶为代表。其特征与区域内商周时期遗址较为相似，可推断遗址年代为商周时期。

第二组：以瓷碗、瓷盏等瓷器为代表。其年代大致为明清时期。

槽桥龙Ⅳ号遗址的发现与初步研究，增加了区域内遗址的数量，为区域聚落类型的研究提供了十分重要的考古学资料。

四　槽桥龙水库Ⅴ号遗址

1. 遗址概况

槽桥龙水库Ⅴ号遗址位于崇仁县白露乡高路桥村西南（图三九○），槽桥龙水库北侧，为一处地势较高的坡地（图三九一）。地理坐标为：北纬 27°54′11.16″，东经 116°10′15.16″，海拔 59 米。遗址呈不规则形，最长处 215 米，最宽处为 194 米。地表见有低矮荒草及小型茶树（图三九二）。因后期平整土地未在遗址内发现灰坑、墓葬等遗迹，仅采集到少量遗物。

2. 遗物介绍

槽桥龙水库Ⅴ号遗址采集到遗物很少，均为陶器，包括罐、钵等器物残片。

陶器以夹砂陶为主，印纹硬陶极少。夹砂陶多为灰色、灰褐色，纹饰有绳纹、线纹等（图三九三），器形有罐、盆等；印纹硬陶多为灰褐色，纹饰有菱格纹等，器形见有带流罐等。

罐　2 件。

2015CCQⅤ：6，泥质灰褐陶，直口，斜方唇。素面。残高 4.3 厘米（图三九四，3）。

2015CCQⅤ：3，灰褐色陶胎，施褐色釉，釉层较薄，敞口，方唇，唇下有一道凹弦纹。残高 4.5 厘米（图三九四，1）。

钵　1 件。

2015CCQⅤ：5，泥质灰陶，敞口，圆唇。素面。残高 3 厘米（图三九四，2）。

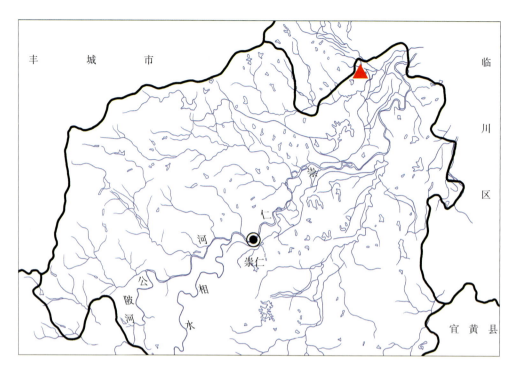

图三九〇　槽桥龙水库Ⅴ号遗址位置示意图

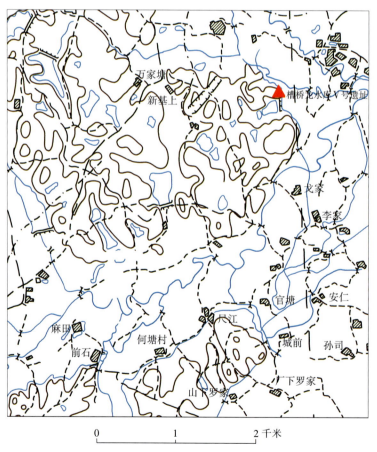

图三九一　槽桥龙水库Ⅴ号遗址地形示意图

图三九二　槽桥龙水库Ⅴ号遗址远景图（由西南向东北）

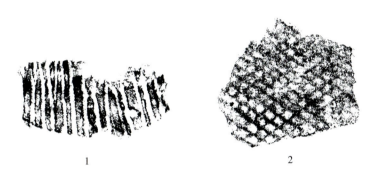

图三九三　槽桥龙水库Ⅴ号遗址采集陶器纹饰拓片
1. 绳纹　2. 菱格纹

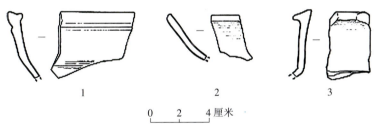

图三九四　槽桥龙水库Ⅴ号遗址采集陶器
1、3. 罐（2015CCQⅤ：3、2015CCQⅤ：6）2. 钵（2015CCQⅤ：5）

罐底　2件。

2015CCQⅤ：2，夹砂灰褐陶，弧腹，平底。素面。残高2.1厘米（图三九五，2）。

2015CCQⅤ：1，红褐色陶胎，器表未见施釉，斜弧腹，平底内凹。器表见有明显轮制痕迹。残高3.8厘米（图三九五，1）。

器流　1件。

2015CCQⅤ：4，夹砂灰褐陶，管状。残长3.8厘米（图三九六）。

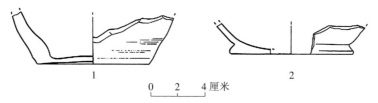

图三九五　槽桥龙水库Ⅴ号遗址采集遗物
1. 罐底（2015CCQⅤ：1、2015CCQⅤ：2）

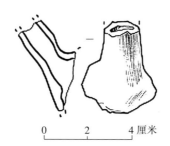

图三九六　槽桥龙水库Ⅴ号遗址采集遗物
器流（2015CCQⅤ：4）

3. 遗址年代与性质

槽桥龙水库Ⅴ号遗址位于槽桥龙水库的西部，地势较低，为岗地类遗址。该遗址采集遗物较少，据器物特征可分为以下两组：

第一组：以侈口罐、施方格纹的印纹硬陶为代表，其特征与区域内西周时期器物特征较为相似，年代也应为西周时期。

第二组：带流罐、少量的釉陶罐为代表，其年代大致为东周时期或略晚。

槽桥龙水库五处遗址点空间位置临近，遗址使用年代和文化面貌也都较为接近。这种区域内几处遗址点共存的现象在抚河流域并不鲜见，但一般是环壕类聚落与岗地类聚落共存，如前文提到的白石岗环壕遗址和白石岗外遗址、五里墩村壕沟山环壕遗址和五里墩村壕沟山外遗址等共存，构成小区域内的"遗址群"，至于单独一类遗址的遗址群，相对较少，典型的如金溪县白沿村Ⅰ～Ⅴ号环壕类聚落"遗址群"①，这些遗址内部之间应该有紧密联系，但是其形成的原因以及所代表的的社会含义尚不明确，更深入的研究还需要考古工作的进一步开展。

五　海螺山遗址

1. 遗址介绍

海螺山遗址位于崇仁县孙坊镇罗家村东北约 200 米处（图三九七），位于一小山包上，被农田和植被覆盖（图三九八）。地理坐标：北纬 27°52′57.90″，东经 116°10′08.13″，海拔 56 米。

遗址处于崇仁河沿岸，地形为岗地。呈不规则形，最长处 462 米，最短处 200 米。地表为低矮荒草，可见零星茶树（图三九九）。遗址东部发现有文化层堆积，开口于地表下 0.2 米，厚约 0.6 ～

①　江西省文物考古研究所、西北大学文化遗产学院、抚州市文物博物管理所、金溪县文物管理所：《江西抚河流域先秦时期遗址考古调查报告Ⅱ（金溪县）》，文物出版社，2017 年 5 月，第 73 ～ 85 页。

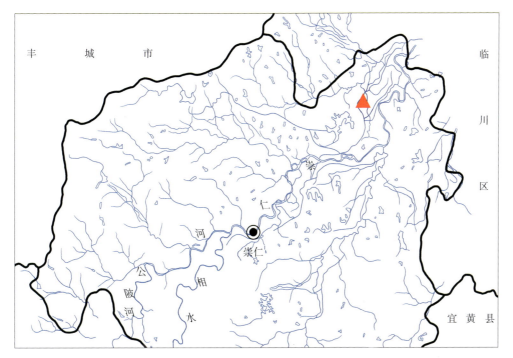

图三九七 海螺山遗址位置示意图

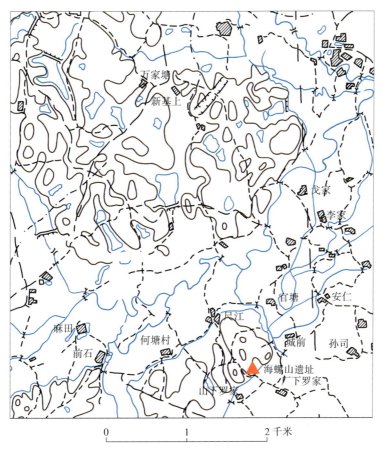

图三九八 海螺山遗址地形示意图

图三九九　海螺山遗址远景图（由西南向东北）

0.8 米，地表采集到少量陶片。

2. 遗物介绍

海螺山遗址采集遗物较丰富，石器较少，主要有石锛、砺石等；陶器较多，主要有罐、盆、鼎足、甗、缸等；瓷器亦较多，主要为瓷碗。

（1）石器

石斧　1件。

2015CHL：1，灰褐色砂岩磨制，一侧圆弧，一侧平直，两端残。残高6.3厘米（图四〇〇，1；图版三五，1）。

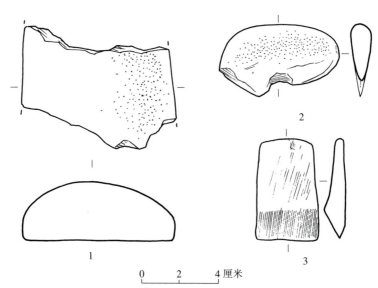

0　2　4厘米

图四〇〇　海螺山遗址采集石器

1. 石斧（2015CHL：1）　2. 石器毛坯（2015CHL：2）　3. 石锛（2015CHL：3）

石器毛坯　1件。

2015CHL：2，灰褐色砾石磨制，一侧打制内凹，一侧磨制圆弧。残高3.6厘米（图四〇〇，2）。

石锛　1件。

2015CHL：3，灰色砂岩磨制，近梯形，直背，一侧近底有凸阶，单面刃。高5.1厘米（图四〇〇，3；图版三五，2）。

（2）陶器

以夹砂陶为主，印纹硬陶较少。夹砂陶多为灰色、灰褐色，纹饰有绳纹、刻划纹等，器形有罐、盆、钵、甗等；印纹硬陶多为灰色及灰褐色，纹饰有雷纹、菱格纹、席纹、方格纹等（图四〇一），器形有罐、盆等。

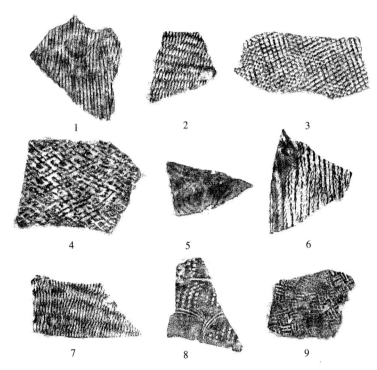

图四〇一　海螺山遗址采集陶器纹饰拓片
1、6~7. 绳纹　2. 交错线纹　3. 方格纹　4、9. 雷纹　5、8. 刻划纹＋篦点纹

罐　34件。

根据整体器型差异，可分为八种类型。

A型：侈口，折沿，鼓腹。共2件。

2015CHL：5，灰褐色硬陶，圆唇。口沿下有一周圆圈纹，腹部拍印方格纹。残高5厘米（图四〇二，1）。

2015CHL：6，灰褐色硬陶。器表拍印方格纹。残高3厘米（图四〇二，2）。

B型：直口，圆鼓腹。共4件。

2015CHL：15，灰褐色硬陶，斜方唇。肩部拍印折线纹。残高3.5厘米（图四〇三，1；图版三五，3）。

2015CHL：37，夹砂灰褐陶，斜方唇。素面。残高3厘米（图四〇三，2）。

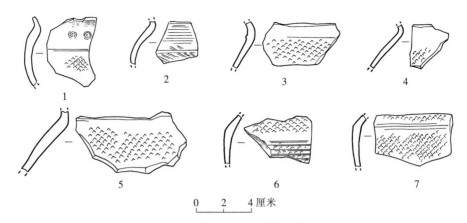

图四〇二　海螺山遗址采集陶罐口沿

1、2. A 型罐（2015CHL：5、2015CHL：6）　3～7. C 型罐（2015CHL：19、2015CHL：21、2015CHL：20、2015CHL：69、2015CHL：57）

2015CHL：22，灰褐色硬陶，斜方唇。内壁有明显轮制痕迹。残高 5.8 厘米（图四〇三，3）。

2015CHL：23，灰褐色硬陶，斜方唇。器表有明显轮制痕迹。残高 4.2 厘米（图四〇三，4）。

C 型：折沿，折肩。共 19 件。

2015CHL：19，灰褐色硬陶，侈口。肩部拍印菱格纹。残高 3 厘米（图四〇二，3）。

2015CHL：21，灰褐色硬陶，敛口。器表拍印方格纹。残高 3 厘米（图四〇二，4）。

2015CHL：20，灰褐色硬陶，敛口。肩部拍印方格纹。残高 4.3 厘米（图四〇二，5）。

2015CHL：69，灰褐色硬陶。器表拍印菱格纹，上腹部施弦纹。残高 4.2 厘米（图四〇二，6）。

2015CHL：57，灰褐色硬陶。器表拍印方格纹。残高 3.8 厘米（图四〇二，7）。

2015CHL：25，灰褐色硬陶，侈口，圆唇，口沿内壁可见数道凹弦纹，肩部有一周戳印纹。残高 4 厘米（图四〇六，4）。

2015CHL：32，夹砂灰褐陶，侈口，口沿下有一周凸棱。残高 2.5 厘米（图四〇四，5）。

2015CHL：8，灰褐色陶胎，侈口，圆唇。素面。残高 4.2 厘米（图四〇五，2）。

2015CHL：10，夹砂灰陶，侈口，卷沿，圆唇。素面。残高 1.6 厘米（图四〇六，1）。

2015CHL：16，夹砂灰陶，侈口，卷沿，圆唇。沿下施绳纹，纹痕较浅。残高 1.3 厘米（图四〇六，2）。

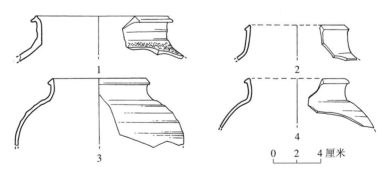

图四〇三　海螺山遗址采集陶罐

1～4. B 型罐（2015CHL：15、2015CHL：37、2015CHL：22、2015CHL：23）

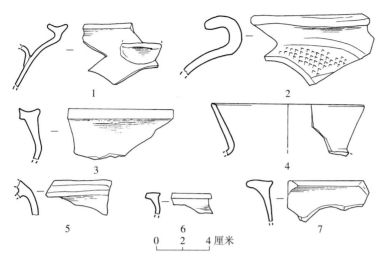

图四〇四　海螺山遗址采集遗物

1. E 型罐（2015CHL：24）　　2. H 型罐（2015CHL：33）　　3、6～7. D 型罐（2015CHL：14、2015CHL：31、2015CHL：27）　　4～
5. C 型罐（2015CHL：18、2015CHL：32）

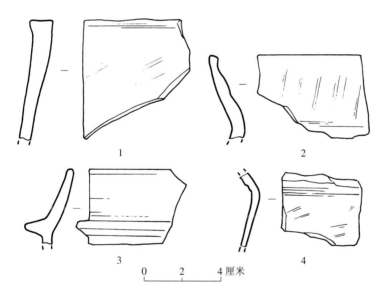

图四〇五　海螺山遗址采集陶罐

1. D 型罐（2015CHL：7）　2. C 型罐（2015CHL：8）　3. G 型罐（2015CHL：73）　4. F 型罐（2015CHL：36）

2015CHL：34，夹砂灰陶，侈口，卷沿，圆唇。素面。残高 2.2 厘米（图四〇六，3）。

2015CHL：35，夹砂灰陶，侈口，卷沿，方唇。素面。残高 3.2 厘米（图四〇六，5）。

2015CHL：30，夹砂灰陶，侈口，圆唇。肩部拍印菱格纹。残高 2.5 厘米（图四〇六，6）。

2015CHL：26，灰色硬陶，侈口。肩部拍印方格纹。残高 3.2 厘米（图四〇七，1）。

2015CHL：13，夹砂灰褐陶，侈口，宽折沿。沿内可见数道凹弦纹。残高 3.6 厘米（图四〇七，2）。

2015CHL：12，夹砂灰褐陶，侈口，圆唇。颈部有一周凸棱。残高 4 厘米（图四〇七，4）。

2015CHL：17，夹砂灰褐陶，侈口，宽折沿，方唇。颈部有竖向刻划纹，部分被抹平。残高 4 厘米（图四〇七，5）。

2015CHL：4，夹砂灰褐陶，侈口，方唇内勾。素面。残高3.9厘米（图四〇七，6）。

2015CHL：18，灰褐色硬陶，侈口，宽折沿，方唇。口沿下拍印方格纹，纹痕较浅。残高3.8厘米（图四〇四，4）。

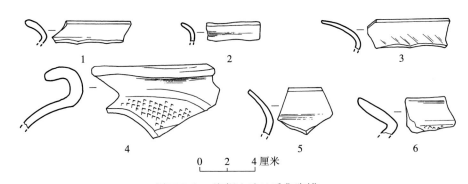

图四〇六　海螺山遗址采集陶罐

1~6. C型罐（2015CHL：10、2015CHL：16、2015CHL：34、2015CHL：25、2015CHL：35、2015CHL：30）

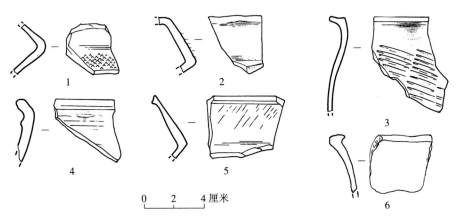

图四〇七　海螺山遗址采集器物

1、2、4~6. C型罐（2015CHL：26、2015CHL：13、2015CHL：12、2015CHL：17、2015CHL：4）　3. F型罐（2015CHL：11）

D型：直口，平沿。共4件。

2015CHL：14，夹砂灰陶，方唇，沿面内凹。素面。残高3.8厘米（图四〇四，3）。

2015CHL：31，夹砂灰陶，方唇。素面。残高1.5厘米（图四〇四，6）。

2015CHL：27，夹砂灰陶，方唇。素面。残高3厘米（图四〇四，7）。

2015CHL：7，灰褐色陶胎，施酱黑釉，微敛口，方唇。器表有明显轮制痕迹。残高6厘米（图四〇五，1）。

E型：敛口，带附耳。共1件。

2015CHL：24，夹砂灰褐陶，圆唇，沿面内凹，肩部有附耳。残高4.5厘米（图四〇四，1）。

F型：侈口，弧腹。共2件。

2015CHL：36，夹砂灰陶，折沿。素面。残高3.4厘米（图四〇五，4）。

2015CHL：11，灰褐色硬陶，侈口，圆唇，平沿。器表施斜向绳纹。残高6厘米（图四〇七，3）。

G型：直口，微敛，沿下有一周凸棱。共1件。

2015CHL：73，灰褐色陶胎，施酱釉，圆唇。残高3.8厘米（图四〇五，3）。

H型：卷沿，圆鼓腹。共1件。

2015CHL：33，灰褐色硬陶，侈口，圆唇。肩部拍印网格纹，烧制变形。残高5.2厘米（图四〇四，2；图版三五，4）。

罐底 13件。

2015CHL：58，夹砂黄褐陶，斜直腹，平底。素面。残高3厘米（图四〇八，2）。

2015CHL：51，夹砂灰褐陶，斜直腹，平底，微内凹。内壁有明显轮制痕迹。残高4厘米（图四〇八，3）。

2015CHL：50，夹砂灰褐陶，斜直腹，平底。素面。残高4厘米（图四〇八，4）。

2015CHL：62，夹砂灰陶，斜直腹，平底。素面。残高3厘米（图四〇八，5）。

2015CHL：76，夹砂褐陶，斜直腹，平底，微内凹。内壁有明显轮制痕迹。残高3厘米（图四〇八，6）。

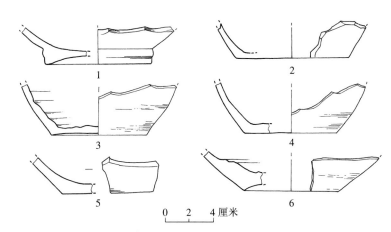

图四〇八 海螺山遗址采集陶器

1. 圈足（2015CHL：45） 2～6. 罐底（2015CHL：58、2015CHL：51、2015CHL：50、2015CHL：62、2015CHL：76）

2015CHL：61，泥质灰陶，斜直腹，平底。有明显轮制痕迹。残高2.3厘米（图四〇九，1）。

2015CHL：63，夹砂灰陶，斜直腹，平底，微内凹。素面。残高2.2厘米（图四〇九，2）。

2015CHL：77，灰褐色硬陶，斜直腹，平底。素面。残高3厘米（图四一〇，1）。

2015CHL：59，黄褐色硬陶，斜直腹，平底。素面。残高2.8厘米（图四一〇，2）。

2015CHL：65，灰褐色硬陶，斜直腹，平底。腹部拍印菱格纹，部分被抹平。残高3.5厘米（图四一〇，3；图版三五，8）。

2015CHL：60，灰色硬陶，弧腹，近平底。下腹部拍印方格纹，部分被抹平，有明显轮制痕迹。残高2.2厘米（图四一〇，4）。

2015CHL：64，灰褐色胎，弧腹，平底。有明显轮制痕迹。残高6.2厘米（图四一一，1）。

2015CHL：75，灰褐色胎，施酱黑色釉，大部分已剥落，斜直腹，平底。素面。残高3.5厘米（图四一一，5）。

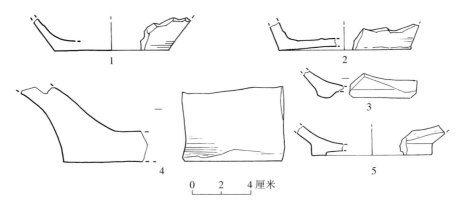

0   2   4 厘米

图四〇九　海螺山遗址采集遗物

1～2. 罐底（2015CHL：61、2015CHL：63）　3、5. 圈足（2015CHL：42、2015CHL：66）　4. 缸（2015CHL：41）

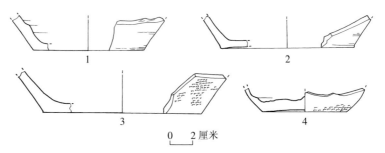

0   2 厘米

图四一〇　海螺山遗址采集遗物

1～4. 罐底（2015CHL：77、2015CHL：59、2015CHL：65、2015CHL：60）

圈足　6件。

2015CHL：45，夹砂灰黑陶，弧腹，假圈足。残高3厘米（图四〇八，1）。

2015CHL：42，夹砂红褐陶，斜直腹，矮圈足。残高1.8厘米（图四〇九，3）。

2015CHL：66，夹砂灰褐陶，弧腹，假圈足。器壁可见明显轮制痕迹。残高2.2厘米（图四〇九，5）。

2015CHL：68，黄褐色胎，假圈足。素面。残高2.5厘米（图四一一，2）。

2015CHL：49，红褐色胎，斜腹，假圈足。器表有明显轮制痕迹。残高3.1厘米（图四一一，3）。

2015CHL：47，灰色胎，斜直腹，假圈足。素面。残高3.7厘米（图四一一，4）。

甗　2件。

2015CHL：9，夹砂灰褐陶，弧腹，窄腰格。器表饰绳纹。残高7.5厘米（图四一二，1；图版三五，5）。

2015CHL：48，夹粗砂灰陶，弧腹，窄腰格。器表有数道凹弦纹。残高6厘米（图四一二，2；图版三五，6）。

缸　1件。

2015CHL：41，夹砂灰褐陶，器壁较厚，斜腹，平底。残高6.7厘米（图四〇九，4）。

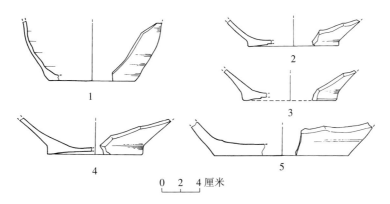

图四一一　海螺山遗址采集遗物

1、5. 陶罐底（2015CHL：64、2015CHL：75）　2~4. 圈足（2015CHL：68、2015CHL：49、2015CHL：47）

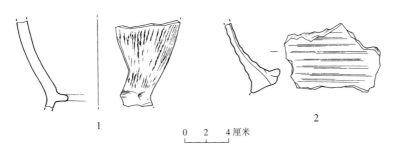

图四一二　海螺山遗址采集陶器

1~2. 陶甗（2015CHL：9、2015CHL：48）

钵　5件。

2015CHL：39，夹砂灰陶，敛口，圆唇。内壁有一周竖向刻槽。残高3.1厘米（图四一三，1）。

2015CHL：38，夹砂灰褐陶，敛口，圆唇。残高2厘米（图四一三，2）。

2015CHL：74，灰褐色陶胎，施酱釉，敛口，方唇。素面。残高3.2厘米（图四一三，4）。

2015CHL：28，灰褐色硬陶，敞口，圆唇。素面。残高2.5厘米（图四一三，5）。

2015CHL：43，灰褐色陶胎，敞口，圆唇，圆弧腹，平底。器表可见明显轮制痕迹。残高5.5厘米（图四一三，6）。

2015CHL：29，夹砂灰褐陶，敞口，圆唇。素面。残高2.2厘米（图四一三，7）。

豆　2件。

2015CHL：40，夹砂灰褐陶，敞口浅腹盘，空心柄。残高3.8厘米（图四一三，3）。

2015CHL：55，豆柄，空心，泥质灰白陶。素面。残高3.3、柄径4.5厘米（图四一四，5）。

器耳　2件。

2015CHL：70，夹砂灰褐陶，截面呈椭圆形。素面。残高4.5厘米（图四一四，1）。

2015CHL：71，泥质灰褐陶，截面呈扁圆形。素面。残高3厘米（图四一四，2）。

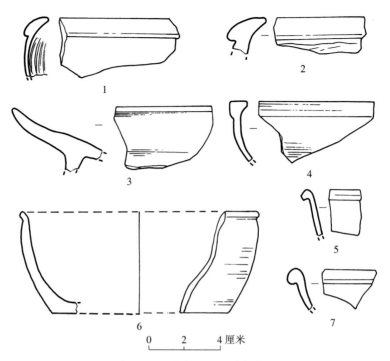

图四一三 海螺山遗址采集陶器

1、2、4～7. 钵（2015CHL：39、2015CHL：38、2015CHL：74、2015CHL：28、2015CHL：43、2015CHL：29） 3. 豆盘（2015CHL：40）

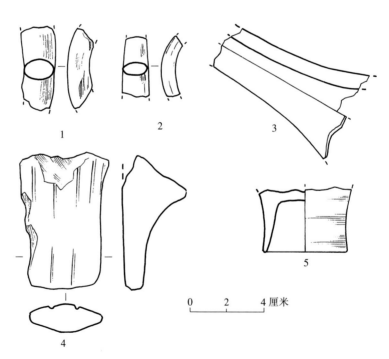

图四一四 海螺山遗址采集陶器

1～2. 器耳（2015CHL：70、2015CHL：71） 3. 器流（2015CHL：53） 4. 鼎足（2015CHL：52） 5. 豆柄（2015CHL：55）

器流　1件。

2015CHL：53，夹砂灰陶，截面呈圆环状。素面。残长8厘米（图四一四，3）。

鼎足　1件。

2015CHL：52，夹砂灰褐陶，截面呈扁圆形，足外侧有四道竖向凹槽。残高7.2厘米（图四一四，4；图版三五，7）。

杯　1件。

2015CHL：28，灰褐色硬陶，近直口，圆唇。素面。残高2.5厘米（图四一三，4）。

（3）瓷器

碗　16件。均为敞口。

2015CHL：82，灰白色瓷胎，釉层较薄，内壁施青釉未及底，外壁施釉未及圈足，弧腹，矮圈足。残高2.3厘米（图四一五，1）。

2015CHL：86，灰褐色瓷胎，施青白釉，外壁施釉未及圈足，大部分已剥落，矮圈足。残高2.8厘米（图四一五，2）。

2015CHL：79，灰白色瓷胎，施青白釉，开片，外壁施釉未及圈足，弧腹，矮圈足。残高2.5厘米（图四一五，3）。

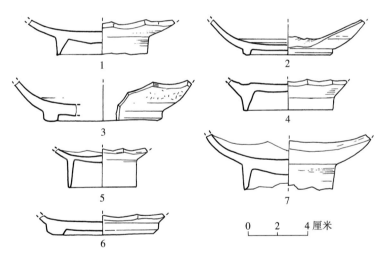

图四一五　海螺山遗址采集瓷器

1～8. 碗（2015CHL：82、2015CHL：86、2015CHL：79、2015CHL：83、2015CHL：80、2015CHL：78、2015CHL：81）

2015CHL：83，灰褐色瓷胎，施青釉，大部分剥落，矮圈足。残高2厘米（图四一五，4）。

2015CHL：80，灰白色瓷胎，施青白釉，部分剥落，外壁施釉未及圈足，圈足较高。残高2.5厘米（图四一五，5）。

2015CHL：78，红褐色瓷胎，未施釉，矮圈足。残高1.7厘米（图四一五，6）。

2015CHL：81，灰白色瓷胎，施青白釉，器表釉层脱落严重，圈足较高。残高3.3厘米（图四一五，7）。

2015CHL：67，灰白色瓷胎，腹部饰有蓝色五角星及枝叶纹，矮圈足，施白釉。残高5厘米（图四一六，1）。

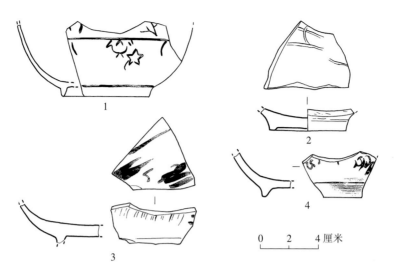

图四一六　海螺山遗址采集瓷器

1～4. 碗（2015CHL：67、2015CHL：85、2015CHL：84、2015CHL：87）

2015CHL：85，灰白色瓷胎，矮圈足，施青釉，外壁施釉未及圈足，内底有刻划花纹。残高 1.5 厘米（图四一六，2）。

2015CHL：84，灰白色瓷胎，矮圈足，施青釉，内底及外壁均饰有蓝色植物纹。残高 2.5 厘米（图四一六，3）。

2015CHL：87，白色瓷胎，矮圈足，施白釉，腹部饰有蓝色植物纹。残高 2.8 厘米（图四一六，4）。

2015CHL：72，灰白色瓷胎，施青釉，圆唇。外壁口沿外侧饰有黑色植物纹。残高 4 厘米（图四一七，1）。

2015CHL：46，灰褐色陶胎，未施釉，矮圈足。残高 2.1 厘米（图四一七，2）。

2015CHL：44，灰褐色瓷胎，未施釉，矮圈足。残高 3 厘米（图四一七，3）。

2015CHL：54，灰褐色瓷胎，施青白釉，圆唇，弧腹。残高 6 厘米（图四一七，4）。

2015CHL：56，灰白色瓷胎，施青釉，圆唇，斜直腹。残高 4 厘米（图四一七，5）。

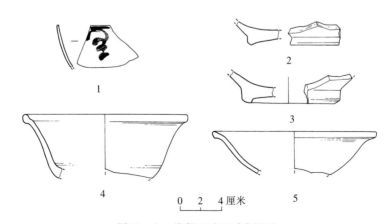

图四一七　海螺山遗址采集瓷器

1～5. 碗（2015CHL：72、2015CHL：46、2015CHL：44、2015CHL：54、2015CHL：56）

1. 砺石（2015CHL：1）

2. 石锛（2015CHL：3）

3. 陶罐（2015CHL：15）

4. 陶罐（2015CHL：33）

5. 陶甗（2015CHL：9）

6. 陶甗（2015CHL：48）

7. 陶鼎足（2015CHL：52）

8. 陶罐底（2015CHL：65）

图版三五　海螺山遗址采集遗物

3. 遗址性质与年代

海螺山遗址位于山坡地带，为一处典型的岗地类遗址，采集遗物十分丰富，可分为以下三组：

第一组：以刻划纹鼎足以及施雷纹罐、陶甗等为代表，其特征与区域内新石器时代晚期至商代器物特征较为相似，尤其是有竖向刻槽的扁状鼎足，在金溪县、宜黄县等均有发现。因此推断该组年代大致为新石器时代晚期至商代。

第二组：侈口罐及施菱格纹、方格纹印纹硬陶为代表。其年代大致为西周时期或者略晚。

第三组：以遗址所见瓷器为代表，其年代可推断为明清时期。

海螺山遗址的发现与初步研究，为区域文化序列的演进和聚落形态的发展演变提供了丰富的考古学资料。

六　后山古寺遗址

1. 遗址概况

后山古寺遗址位于崇仁县六家桥乡柿下水库西岸 100 米处（图四一八）。遗址为一山岗地形，地表为低矮灌木（图四一九）。地理坐标为：北纬 27°45′41.46″，东经 116°07′47.35″，海拔 81 米。

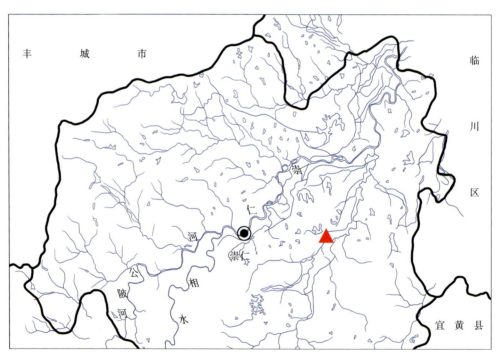

图四一八　后山古寺遗址位置示意图

遗址处于宜黄河支流沿岸，呈不规则形，最长处为 313 米，最宽处 312 米（图四二○）。调查未发现灰坑、墓葬等遗迹单位及文化层。地表采集到少量陶器、瓷器残片。

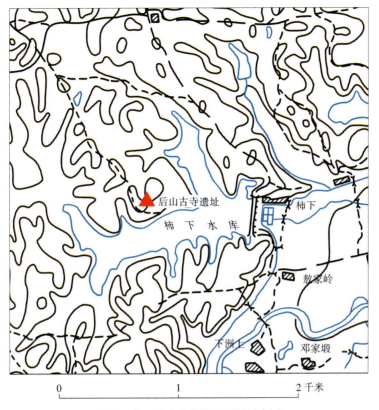

图四一九　后山古寺遗址地形示意图

图四二〇　后山古寺遗址远景图（由东南向西北）

2. 遗物介绍

后山古寺遗址采集遗物较少，陶器主要为罐、瓮、鼎足等；瓷器均为碗。

（1）陶器

以夹砂陶为主，印纹硬陶很少。夹砂陶多为灰色、黄褐色，纹饰以素面为主，器形有罐、瓮、鼎（足）等；印纹硬陶多为灰褐色，纹饰有方格纹（图四二一），器形主要为罐。

图四二一　后山古寺遗址采集陶器纹饰拓片
方格纹

罐　1件。

2015CHS：9，夹砂浅黄陶，侈口。素面。残高3.8厘米（图四二二，3）。

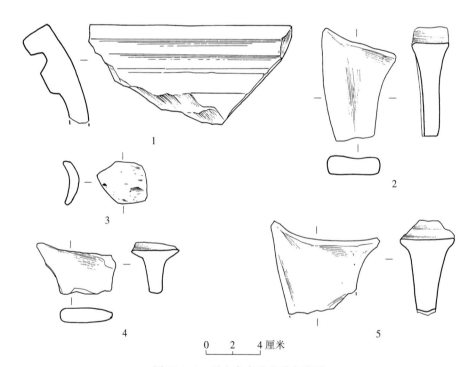

0　　2　　4厘米

图四二二　后山古寺遗址采集陶器
1. 瓮（2015CHS：2）　3. 罐（2015CHS：9）　2、4～5. 鼎足（2015CHS：3、2015CHS：5、2015CHS：4）

瓮　1件。

2015CHS：2，夹砂灰褐陶，胎体厚重，侈口，方唇。器外壁口沿下有一周凸棱。残高7厘米（图四二二，1）。

鼎足　3件。

2015CHS：3，夹砂黄褐陶，截面呈扁圆形。素面。残高8厘米（图四二二，2；图版三六，1）。

2015CHS：5，夹砂浅黄陶，截面呈扁圆形。素面。残高3.5厘米（图四二二，4）。

2015CHS：4，夹砂灰褐陶，截面呈扁圆形。素面。残高6.5厘米（图四二二，5；图版三六，2）。

刻槽盆　1件。

2015CHS：1，夹砂红褐陶，器壁较厚，由于受热不均内壁呈灰褐色，平底微内凹。内壁有一周竖向刻槽。残高3.3厘米（图四二三，4）。

（2）瓷器

碗　7件。

2015CHS：8，灰褐色瓷胎，施青釉，内壁施釉未及底，外壁施釉未及圈足，敞口，尖圆唇，弧腹，矮圈足。残高6.4厘米（图四二三，1）。

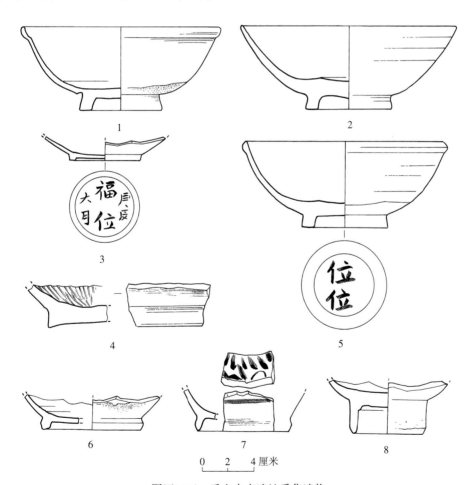

图四二三　后山古寺遗址采集遗物

1~3、5~8. 瓷碗（2015CHS：8、2015CHS：6、2015CHS：10、2015CHS：7、2015CHS：13、2015CHS：12、2015CHS：11）　4. 刻槽盆（2015CHS：1）

2015CHS：6，灰褐色瓷胎，施青釉，内壁施釉未及底，外壁施釉未及圈足，敞口，圆唇，弧腹，矮圈足。残高6.2厘米（图四二三，2）。

2015CHS：10，灰白色瓷胎，弧腹，矮圈足，胎体可见轮痕，施青釉，圈足内未施釉，可见墨书“福位”及“庚辰六月”六字。残高2厘米（图四二三，3）。

2015CHS：7，灰褐色瓷胎，敞口，圆唇，弧腹，矮圈足，施青黄色釉，内壁施釉未及底，外壁施釉未及圈足，外底可见墨书“位位”二字。残高6.5厘米（图四二三，5）。

2015CHS：13，红褐色瓷胎，弧腹，矮圈足，施酱黑釉，内壁施釉未及底，外壁施釉未及圈足。残高2.9厘米（图四二三，6）。

2015CHS：12，灰白色瓷胎，矮圈足，施透明釉，内底及外壁饰有蓝色植物纹。残高3.1厘米（图四二三，7）。

2015CHS：11，灰白色瓷胎，弧腹，高圈足，施青釉，圈足内未见施釉。残高4厘米（图四二三，8）。

3. 遗址性质与年代

后山古寺遗址为一处典型的岗地类遗址，采集遗物很少，根据陶器形态特征，可将其分为以下两组：

第一组：以扁状鼎足、侈口罐为代表。其特征与区域内商周时期遗物特征较为接近，可推断其年代大致为商周时期。

第二组：以瓷碗等为代表，其年代大致为明清时期。

后山古寺遗址的发现与初步分析，为建立区域文化发展序列及探讨聚落形态提供了十分难得的考古学资料。

1. 陶鼎足（2015CHS：3）　　　　2. 陶鼎足（2015CHS：4）

图版三六　后山古寺遗址采集遗物

七　库背张家遗址

1. 遗址概况

库背张家遗址位于崇仁县巴山镇沙堤乡洋洲大队库背张家村东北约100米处（图四二四），为缓坡地带，被灌木植被覆盖（图四二五）。地理坐标为：北纬 27°47′25.70″，东经 116°06′21.15″，海拔 70 米。

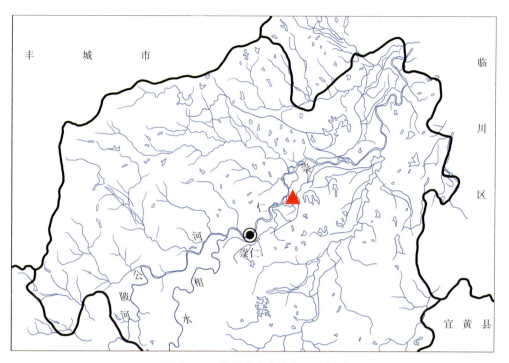

图四二四　库背张家遗址位置示意图

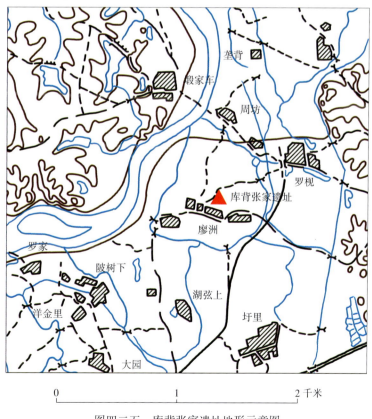

图四二五　库背张家遗址地形示意图

遗址位于崇仁河沿岸，地形为岗地，遗址平面呈不规则形，最长处为 154 米，最宽处为 113 米（图四二六），遗址区域内未发现灰坑、墓葬等遗迹单位，未见文化层。采集到少量陶片及瓷器。

图四二六　库背张家遗址远景图（由东南向西北）

2. 遗物介绍

库背张家遗址采集遗物较少，陶器主要有罐、鼎（足）等；瓷器主要为碗。

（1）陶器

以夹砂陶为主，多为灰色、灰褐色、黄褐色，纹饰以素面为主，少见绳纹，器形常见罐、鼎（足）等；印纹硬陶多为灰褐色、黄褐色，纹饰有弦纹、菱格纹、方格纹等（图四二七），器形多为罐。

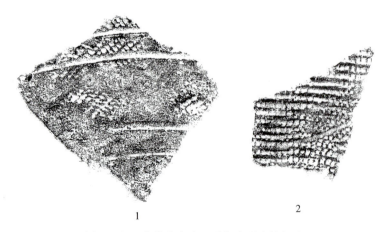

1　　　　　　　　　　2

图四二七　库背张家遗址采集陶器纹饰拓片
1. 弦纹＋方格纹　2. 方格纹

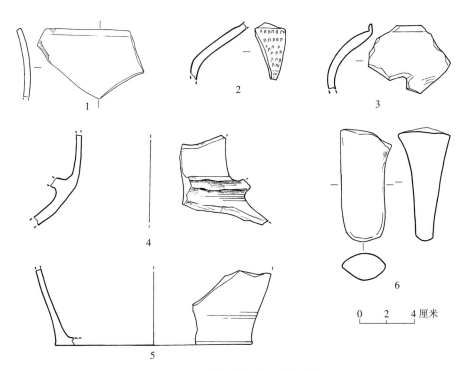

图四二八 库背张家遗址采集遗物

1~5. 陶罐 (2015CKB：1、2015CKB：10、2015CKB：3、2015CKB：11、2015CKB：4) 6. 陶鼎足 (2015CKB：2)

罐 5件。

2015CKB：1，夹砂浅黄陶，敞口，斜方唇。素面。残高4.4厘米（图四二八，1）。

2015CKB：10，灰色硬陶，折肩。饰拍印网格纹。残高4厘米（图四二八，2；图版三七，2）。

2015CKB：3，夹砂灰白陶，敛口，圆唇，圆鼓腹。器壁有明显轮制痕迹。残高4.3厘米（图四二八，3）。

2015CKB：11，灰褐色胎，器表施褐色釉。颈部有一道凸棱。残高6.3厘米（图四二八，4）。

2015CKB：4，灰褐色胎，施浅灰色釉，斜腹，近平底。残高5.2厘米（图四二八，5）。

鼎足 1件。

2015CKB：2，夹砂红褐陶，扁状实心足。素面。残高7.8厘米（图四二八，6；图版三七，1）。

（2）瓷器

碗 5件。

2015CKB：9，灰白色瓷胎，矮圈足，施青白釉，内底及外壁均饰有蓝色花纹。残高3.3厘米（图四二九，1）。

2015CKB：6，灰白色瓷胎，矮圈足，施青白釉，内底饰有蓝色植物纹。残高2.4厘米（图四二九，2）。

2015CKB：7，灰白色瓷胎，施青白釉，敞口，圆唇，外壁口沿下饰有蓝色纹饰。残高2.8厘米（图四二九，3）。

2015CKB：8，灰褐色瓷胎，矮圈足，施浅黄釉，内壁施釉未及底，外壁施釉未及圈足。残高

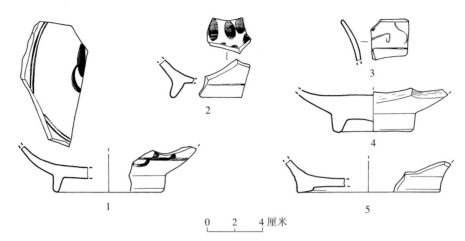

图四二九　库背张家遗址采集瓷器

1~5. 瓷碗（2015CKB：9、2015CKB：6、2015CKB：7、2015CKB：8、2015CKB：5）

2.8厘米（图四二九，4）。

2015CKB：5，灰褐色瓷胎，未施釉，矮圈足。残高2.1厘米（图四二九，5）。

3. 遗址性质与年代

库背张家遗址位于一缓斜坡岗地，紧邻崇仁河，地理位置优越。采集遗物较少，遗物年代可大致分为以下两组：

第一组：以扁状鼎足、施方格纹及凹弦纹陶罐为代表，其与区域内商周时期器物特征较为相似，该组年代判断为商周时期。

第二组：以瓷碗等瓷器为代表，从瓷器特征比较来看，其年代可定为明清时期。

库背张家遗址的发现与初步研究，为探讨区域内遗址分布特征提供了较为重要的考古学资料。

1. 陶鼎足（2015CKB：2）

2. 陶罐（2015CKB：10）

图版三七　库背张家遗址采集遗物

八　罗枧遗址

1. 遗址概况

罗枧遗址位于崇仁县巴山镇沙堤乡罗枧村北约200米处（图四三〇），为一地势稍高的缓斜坡岗地，大部分被农田覆盖（图四三一）。地理坐标为：北纬 27°47′41.69″，东经 116°06′15.63″，海拔 64 米。

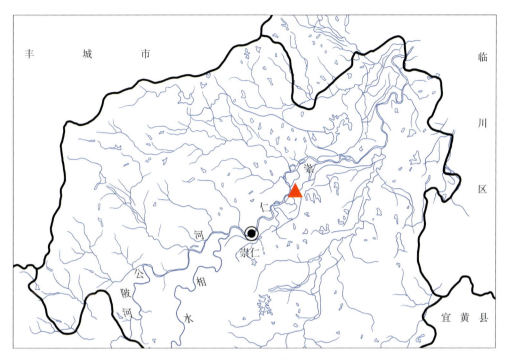

图四三〇　罗枧遗址位置示意图

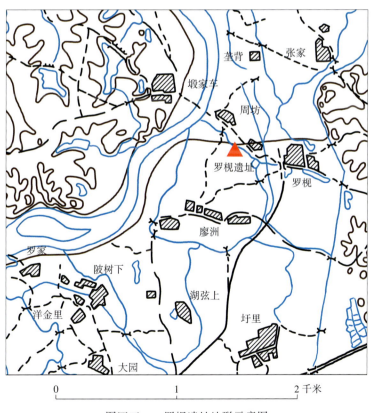

图四三一　罗枧遗址地形示意图

遗址处于崇仁河沿岸，平面呈不规则形，最长处为330米，最宽处为312米（图四三二）。遗址内未发现灰坑、墓葬等遗迹单位。地表采集到少量陶片。

图四三二　罗枧遗址远景图（由西南向东北）

2. 遗物介绍

罗枧遗址采集遗物极少，均为陶器，器形为罐等。

陶器以夹砂陶为主，印纹硬陶较少。夹砂陶多为灰色、浅黄色、黄褐色等，纹饰以素面为主，器形有罐等；印纹硬陶多为灰褐色，纹饰有方格纹、菱格纹等（图四三三），器形多为罐。

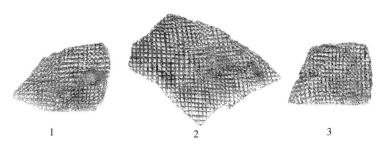

图四三三　罗枧遗址采集陶器纹饰拓片
1~3. 方格纹

罐　1件。

2015CLJ：1，黄褐色硬陶，直口，圆唇。口沿下有一道凹弦纹。残高4.3厘米（图四三四）。

3. 遗址性质与年代

罗枧遗址被破坏十分严重，地表采集遗物很少，均为陶器。从采集所得的施方格纹印纹硬陶罐来看，其特征与区域内东周时期遗物较为相似。因此，其年代可推断为东周时期。罗枧遗址的发现

图四三四　罗枧遗址采集陶器
陶罐（2015CIJ：1）

与初步研究，对我们进一步探讨区域文化的特征提供了主要的实物资料。

九　茂盛村遗址

1. 遗址概况

茂盛村遗址位于崇仁县六家桥乡柿下水库西北约 100 米处（图四三五），水库西南侧，大部分为裸露的土壤，破坏较为严重（图四三六）。地理坐标为：北纬 27°45′46.45″，东经 116°07′27.18″，海拔 80 米。

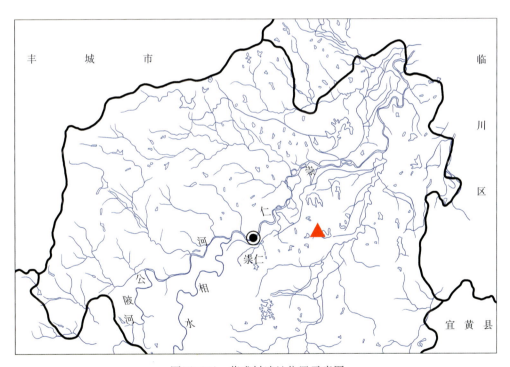

图四三五　茂盛村遗址位置示意图

遗址处于宜黄水沿岸，为山岗地形，平面呈不规则形，最长处为 678 米，最宽处为 270 米（图四三七）。遗址区域内未发现灰坑、墓葬等遗迹单位。

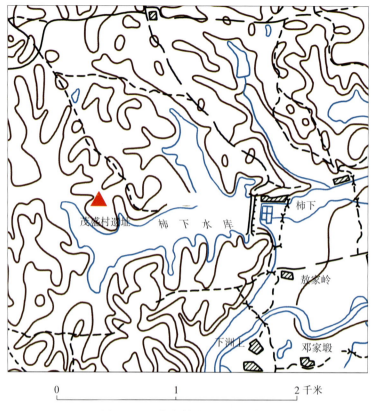

图四三六　茂盛村遗址地形示意图

图四三七　茂盛村遗址远景图（由东北向西南）

2. 遗物介绍

茂盛村遗址采集遗物较少，多为陶器，主要为罐、钵等；另采集到少量的釉陶残片，器形不明。

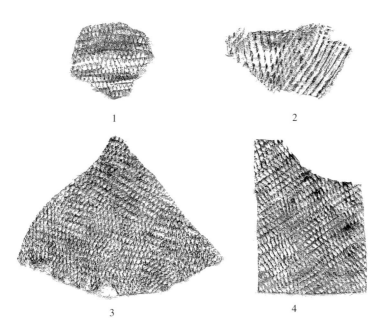

图四三八 茂盛村遗址采集陶器纹饰拓片
1、3~4. 菱格纹 2. 交错绳纹

陶器以夹砂陶为主，印纹硬陶较少。夹砂陶多为灰色、黄褐色，纹饰有绳纹、弦纹等，器形有罐、盆等；印纹硬陶以灰色、灰褐色为主，纹饰有交错线纹、菱格纹等（图四三八），器形有罐等。

罐 10件。

2015CMS：7，夹砂灰褐陶，敛口，折沿。素面。残高2厘米（图四三九，3）。

2015CMS：12，夹砂灰褐陶，敛口。素面。残高2.2厘米（图四三九，6）。

2015CMS：2，灰褐色硬陶，侈口，斜肩。器表拍印网格纹，纹痕较浅。残高2.2厘米（图四三九，1）。

2015CMS：6，灰褐色硬陶，近直口，方唇。素面。残高2厘米（图四三九，2）。

2015CMS：1，灰色硬陶，侈口，卷沿。肩部拍印菱格纹。残高3.3厘米（图四三九，4）。

2015CMS：3，灰褐色硬陶，敛口，斜肩。有拍印网格纹。残高3.3厘米（图四三九，9）。

2015CMS：4，灰褐色硬陶，侈口，折沿，方唇。素面。残高4.2厘米（图四三九，10）。

2015CMS：5，灰褐色硬陶，斜肩，素面。残高4厘米（图四三九，11）。

2015CMS：11，灰色硬陶，斜肩。拍印方格纹。残高2.8厘米（图四四〇，1）。

2015CMS：13，灰色硬陶，敛口，圆唇，微卷沿，斜肩。口沿下有数道细凹弦纹，肩部拍印网格纹。残高4厘米（图四四〇，2；图版三八，2）。

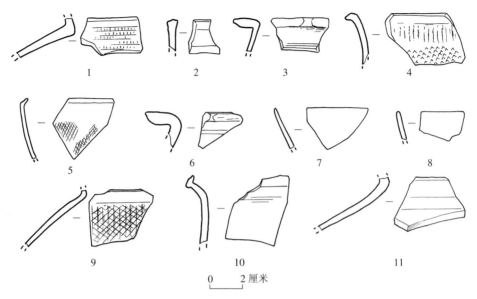

图四三九　茂盛村遗址采集遗物

1~4、6、9~11. 陶罐口沿（2015CMS∶2、2015CMS∶6、2015CMS∶7、2015CMS∶1、2015CMS∶12、2015CMS∶3、2015CMS∶4、2015CMS∶5）　5、7~8. 陶钵（2015CMS∶8、2015CMS∶9、2015CMS∶10）

钵　3件。

2015CMS∶9，泥质灰陶，敞口，圆唇。器表可见轮制痕迹。残高2.6厘米（图四三九，7）。

2015CMS∶10，泥质灰陶，敞口，圆唇。素面。残高1.6厘米（图四三九，8）。

2015CMS∶8，灰褐色硬陶，器壁较薄，微敛口，圆唇。口沿以下拍印网格纹。残高3.8厘米（图四三九，5；图版三八，1）。

器底　1件。

2015CMS∶14，灰褐色硬陶，斜腹，平底。素面。残高4.2厘米（图四四〇，3）。

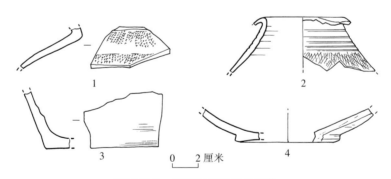

图四四〇　茂盛村遗址采集遗物

1~2. 陶罐口沿（2015CMS∶11、2015CMS∶13）3. 陶器底（2015CMS∶14）4. 陶碗（2015CMS∶15）

碗　1件。

2015CMS∶15，灰褐色胎，弧腹，假圈足。器表可见轮制痕迹。残高2.3厘米（图四四〇，4）。

3. 遗址年代与性质

茂盛村遗址为一处较为典型的岗地类遗址，被破坏较为严重，采集遗物较少。根据遗物中的夹口罐、施菱格纹及方格纹的印纹硬陶来看，与区域内西周时期遗物特征较为相似，釉陶等年代可能为东周或更晚阶段。由此可推断该遗址年代为周代或更晚。

茂盛村遗址的调查与初步分析，为探讨区域内先秦时期文化序列和聚落形态的演变提供了十分重要的考古学资料。

1. 陶罐（2015CMS：8）　　　　　　　　　2. 陶罐（2015CMS：13）

图版三八　罗枧遗址采集遗物

一〇　柿下遗址

1. 遗址概况

柿下遗址位于崇仁县六家桥乡柿下村南约 200 米处（图四四一），为一处地势较高的坡地，被植被覆盖（图四四二）。地理坐标为：北纬 27°45′29.46″，东经 116°08′23.44″，海拔 72 米。

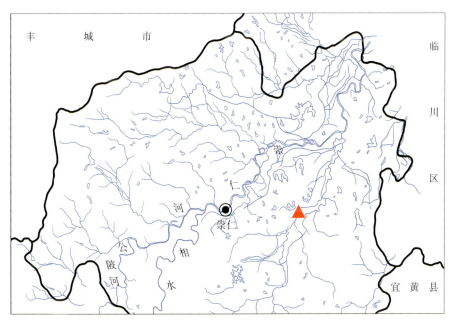

图四四一　柿下遗址位置示意图

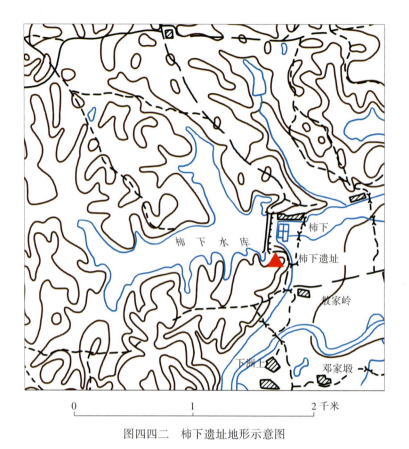

柿下水库　柿下　柿下遗址　敖家岭　下洲上　邓家墩

0　　　　　　　1　　　　　　　2千米

图四四二　柿下遗址地形示意图

图四四三　柿下遗址远景图（由西北向东南）

图四四四 柿下遗址采集陶鬲足

遗址地处宜黄水沿岸，为山岗地形，平面呈不规则形，最长处为155米，最宽处为111米（图四四三）。在遗址区域内未发现灰坑、墓葬等遗迹单位。地表采集到少量遗物（图四四四）。

2. 遗物介绍

柿下遗址采集遗物较少，均为陶器，主要有罐、鼎足、甗、盆等。

陶器以夹砂陶为主，印纹硬陶很少。夹砂陶多为灰褐色、黄褐色，纹饰有绳纹、折线纹、交错线纹、刻划纹等，器形有罐、鼎（足）等；印纹硬陶多为灰褐色，纹饰有方格纹、菱格纹等（图四四五），器形多为罐。

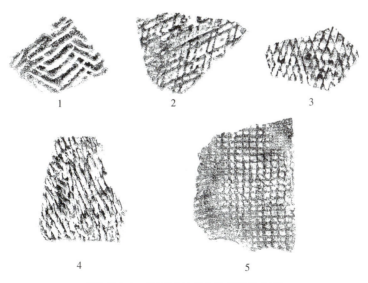

图四四五 柿下遗址采集陶器纹饰拓片
1. 折线纹 2~4. 交错线纹 5. 小方格纹

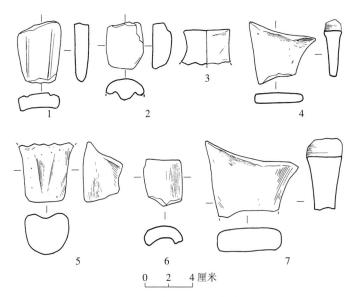

0　2　4厘米

图四四六　柿下遗址采集陶器

1~7. 鼎足（2015CSX：12、2015CSX：11、2015CSX：13、2015CSX：15、2015CSX：14、2015CSX：10、2015CSX：16）

鼎足　7件。

2015CSX：12，夹砂红褐陶，器表可见两道竖向凹槽。残高4.8厘米（图四四六，1；图版三九，3）。

2015CSX：11，夹砂红褐陶，器表可见两道竖向凹槽。残高3.8厘米（图四四六，2）。

2015CSX：13，夹砂红褐陶，截面呈扁圆形，器表可见一竖向凹槽。残高3.6厘米（图四四六，3）。

2015CSX：15，夹砂灰陶，截面呈扁圆形。素面。残高4.7厘米（图四四六，4）。

2015CSX：14，夹砂红褐陶，截面呈椭圆形，器表见一竖向凹槽。残高4.6厘米（图四四六，5；图版三九，4）。

2015CSX：10，夹砂红褐陶，截面呈扁弧状。素面。残高3.7厘米（图四四六，6）。

2015CSX：16，夹砂灰褐陶，截面呈扁条形。素面。残高6.2厘米（图四四六，7；图版三九，5）。

罐　5件。

2015CSX：1，夹砂黄褐陶，侈口，圆唇，斜肩，口沿与肩部可见套接痕迹。素面。残高5.2厘米（图四四七，1）。

2015CSX：5，夹砂灰褐陶，侈口，折沿。残高3厘米（图四四七，3）。

2015CSX：4，夹砂黄褐陶，折肩。素面。残高4.3厘米（图四四七，4）。

2015CSX：2，夹砂黄褐陶，侈口，卷沿。素面。残高3.2厘米（图四四七，5）。

2015CSX：3，夹砂黄褐陶，折肩。素面。残高3厘米（图四四七，6）。

甗　1件。

2015CSX：7，夹砂灰陶，舌状附耳略残。附耳表面有按压凹窝，腹部拍印菱格纹。残高4.3厘米

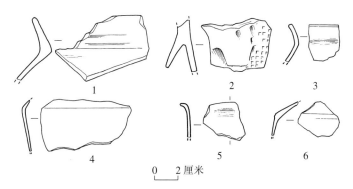

图四四七　柿下遗址采集陶罐口沿

1、3～6. 陶罐口沿（2015CSX：1、2015CSX：5、2015CSX：4、2015CSX：2、2015CSX：3）　2. 陶甗（2015CSX：7）

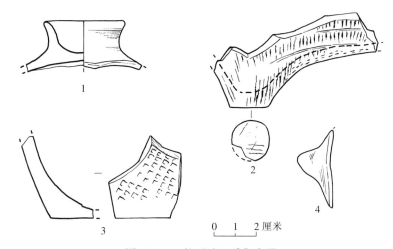

图四四八　柿下遗址采集陶器

1. 捉手（2015CSX：9）　2. 鬲足（2015CSX：17）　3. 器底（2015CSX：6）　4. 器耳（2015CSX：8）

（图四四七，2）。

捉手　1件。

2015CSX：9，夹砂灰褐陶，圈足状捉手。素面。残高2.8厘米（图四四八，1；图版三九，2）。

鬲足　1件。

2015CSX：17，夹砂褐陶，弧裆，截锥状足。器表饰交错绳纹。残高5.2厘米（图四四八，2；图版三九，6）。

器底　1件。

2015CSX：6，夹砂灰褐陶，弧腹，平底。器表施拍印方格纹。残高3.8厘米（图四四八，3；图版三九，1）。

器耳　1件。

2015CSX：8，夹砂灰褐陶，尖状附耳。残高3.6厘米（图四四八，4）。

3. 遗址性质与年代

柿下遗址地处缓斜坡高地，是一处较为典型的岗地类遗址。采集遗物较少，据形态及时代差异可分为以下两组：

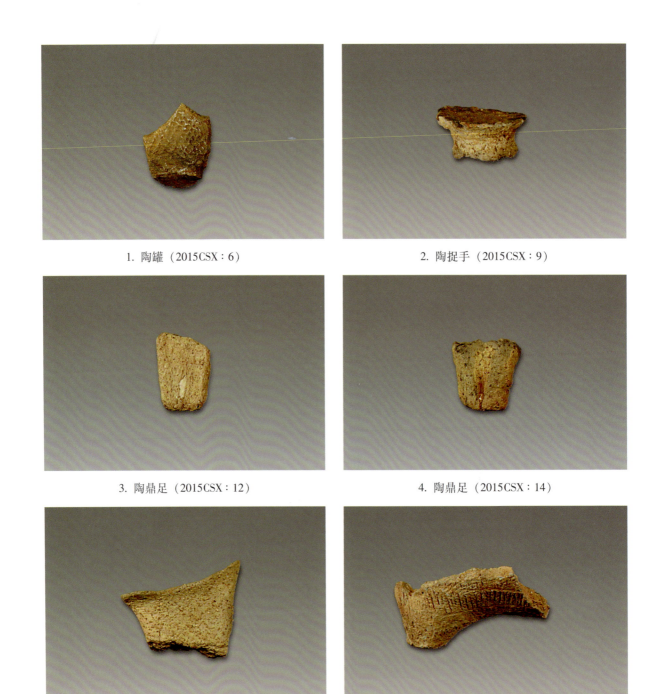

1. 陶罐（2015CSX：6）　　　　　　　　　　2. 陶捉手（2015CSX：9）

3. 陶鼎足（2015CSX：12）　　　　　　　　4. 陶鼎足（2015CSX：14）

5. 陶鼎足（2015CSX：16）　　　　　　　　6. 陶鬲足（2015CSX：17）

图版三九　柿下遗址采集遗物

　　第一组：以刻槽扁状鼎足、瓦状扁足、护耳甗、绳纹鬲为代表，其特征与宜黄县、金溪县采集遗物较为相似，与鹰潭角山遗址[①]新石器时代末期至商代遗物亦较为相似。因此，推断该组年代为

　　① 江西省文物工作队、鹰潭市博物馆：《鹰潭角山商代窑址试掘简报》，《江西历史文物》1987年第2期；江西省文物工作队、鹰潭市博物馆：《鹰潭角山窑址试掘简报》，《华夏考古》1990年第1期；江西省文物考古研究院、鹰潭市博物馆：《角山窑址——1983～2007年考古发掘报告》，文物出版社，2017年。

新石器时代末期至商周时期。

第二组：以侈口罐及施方格纹、菱格纹印纹硬陶为代表，其年代可初步推断为东周时期或稍晚。

柿下遗址的发现与初步研究，为进一步探讨区域内文化序列的演进和聚落形态的演变提供了十分重要的实物资料。该遗址中发现的鬲足为抚河流域少见，其文化内涵及所代表的文化传播路径尚需要开展进一步的考古工作。

一一 新山遗址

1. 遗址概况

新山遗址位于崇仁县孙坊镇上赵村东侧 300 米处（图四四九），为一坡岗，四周为农田（图四五〇）。地理坐标为：北纬 27°52′49.77″，东经 116°10′00.63″，海拔 63 米。

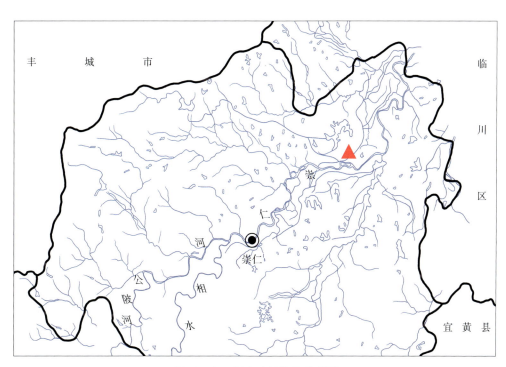

图四四九 新山遗址位置示意图

遗址处于崇仁河沿岸，为缓坡状岗地地形，平面呈不规则形，最长处 459.4 米，最短处 238.2 米，遗址地表见有低矮荒草（图四五一）。

2. 遗物介绍

新山遗址采集遗物极少，均为陶器，主要为罐等。

陶器采集到少量夹砂陶和印纹硬陶。夹砂陶多为灰褐色，纹饰以素面为主，少见绳纹，器形见有罐等；印纹硬陶均为灰色，纹饰有方格纹等（图四五二），器形有罐。

罐 1 件。

2015CXS：1，夹细砂灰褐陶，直口，尖唇。素面。残高 4.2 厘米（图四五三，1）。

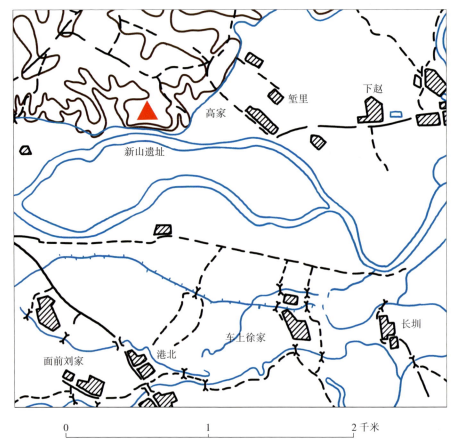

0　　　　　　　1　　　　　　　2 千米

图四五○　新山遗址地形示意图

图四五一　新山遗址远景图（由西南向东北）

1   2

图四五二　新山遗址采集陶片纹饰拓片

1. 方格纹　2. 交错绳纹

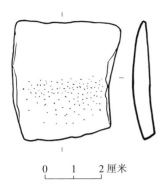

0　1　2厘米

图四五三　新山遗址采集陶器
罐（2015CXS：1）

3. 遗址性质与年代

新山遗址位于一缓斜坡岗地，采集遗物很少，根据采集到的施绳纹夹砂陶罐及施方格纹印纹硬陶罐来看，其特征与区域内两周时期遗存较为相似。因此，推断遗址年代为周代。

新山遗址的发现与初步分析，为区域文化面貌揭示和聚落类型的初步研究提供了不可或缺的实物资料。

第四章　结语

　　2014～2017 年度对抚河流域开展的考古调查工作获得了较大的收获。临川、崇仁两县区调查发现遗址 57 处，获得了一批重要的实物资料，对区域文化序列的建立、聚落形态的研究起到了极大的推进作用。以下对临川、崇仁两县区的考古调查资料进行简要总结与分析，以助于抚河流域先秦时期文化、历史相关问题的深入探讨。

第一节　临川区、崇仁县先秦时期遗址阶段划分

　　前文在对各个遗址进行介绍时，通过与区域内及周边文化的比较，初步判断了各遗址的年代及文化性质，从临川、崇仁两县区各遗址的年代列表来看，可大致将此次调查的诸遗址以时间早晚划分为六个阶段（表一、二）：

　　第 1 阶段：新石器时代晚期。这一时期遗址发现数量较少，代表性的遗址主要有临川区万家山环壕遗址、脊山遗址、太阳水库遗址；崇仁县柿下遗址等。临川区属于该时期的遗址主要分布于县域西部和北部的抚河水系，崇仁县该时期遗址主要分布于崇仁河附近。以夹砂陶为主，印纹硬陶少见，器形主要为鼎（足）等，多为"T"字形、瓦状扁足、三棱状足等，部分在足外侧饰有刻划纹、戳印纹及按压凹窝等，这些特征与区域内宜黄县、乐安县及金溪县同时期遗物较为相似。另外，常见足根部为扁柱状，下部为扁铲状鼎足，在抚河流域内较为少见，但在邻近的赣江中游地区新石器时代遗址发现具有类似特征的遗物[1]。因此，可推断临川区西部和北部地区应该受到了赣江流域文化的影响。

　　第 2 阶段：夏代至早商时期。这一时期遗址文化面貌较为模糊，但是通过与第 1 阶段新石器时代晚期的遗存特征相对比，其年代应大致属于这一时期，如太阳水库遗址的夹粗砂带按压凹窝扁状鼎足、脊山遗址的宽扁状带竖向刻槽的鼎足，同前一阶段相比，特征不甚突出。另外，在乐家寨Ⅰ号环壕遗址所见的瓦状扁足足根部带圆形穿孔等特征在赣江流域商代遗址中也有发现[2]。因此，推

---

　　[1]　江西省博物馆、清江县博物馆、厦门大学历史系考古专业：《江西清江筑卫城遗址第二次发掘》，《考古》1982 年第 2 期；江西省文物管理委员会：《江西清江营盘里遗址发掘报告》，《考古》1962 年第 4 期；彭适凡：《试论山背文化》，《考古》1982 年第 1 期。

　　[2]　江西省文物管理委员会：《江西清江营盘里遗址发掘报告》，《考古》1962 年第 4 期。

断其年代应晚于前一阶段。

第3阶段：晚商至西周早期。这一时期的遗址数目相对较多，代表性遗址有临川区乐家寨Ⅰ号环壕遗址、符仓村环壕遗址、恩山遗址；崇仁县海螺山遗址等。遗址中的印纹硬陶数目增多，陶质及烧成温度明显提高。宽折沿罐、大口尊等器形与赣江中游吴城遗址晚期器形较为接近[1]，护耳鬲在这一时期出现，此类器形在鄂东南地区有较多发现[2]。所见典型纹饰有雷纹、折线纹等。

第4阶段：西周时期。这一时期遗址分布较广，代表性遗址有临川区界上鼓环壕遗址、恩山遗址；崇仁县海螺山遗址、后山古寺遗址等。采集陶器主要为印纹硬陶，夹砂陶器形多为鼎（足）、陶罐等，鼎足以柱状足、扁状足为主，多见有按压凹窝。印纹硬陶主要为陶罐、陶盆、陶尊等，纹饰常见有折线纹、菱格纹、交错线纹等。

第5阶段：春秋时期。这一时期遗址数量亦较多，临川区的部分遗址和崇仁县的大部分遗址均包含有此段遗物。虽然遗址仍分布在河流沿岸或山岗、缓坡地带，但是分布已经很密集，与赣江流域同时期遗址相比较，文化面貌之间相关差异同前几阶段相比已经减小。从陶器特征上来看，这一阶段夹砂陶还有相当的比重，印纹硬陶数量迅速增加，夹砂陶多见有鼎足；印纹硬陶以折沿罐为主，多为素面，少见刻划纹、按压纹；印纹硬陶罐可分为宽折沿、窄折沿，纹饰常见有折线纹、方格纹、菱格纹、席纹等，与前一阶段的器物之间有继承发展关系。与赣江流域同时期遗址相比较，其文化面貌之间的差异同前几阶段相比已经减小。

第6阶段：战国时期，部分年代可能已进入秦汉时期。以临川区白石岗外遗址、桃李山遗址，崇仁县槽桥龙水库Ⅲ、Ⅳ、Ⅴ号遗址等为代表。陶器以印纹硬陶为主，部分遗址发现有施釉情况，釉色多为酱色或青黄色。采集遗物多为小口罐、锥状鼎足、矮弧裆鬲等，纹饰以米格纹、小方格纹或网格纹等为代表。部分遗址中发现有铜钵、铁釜等。

表一　临川区先秦时期遗址年代对应表

遗址＼时代		新石器时代晚期	夏至早商时期	晚商至西周早期	西周中晚期	春秋时期	战国时期
环壕类遗址	城顶山			√			
	城里		1组	√	2组		
	城下山						√
	符仓村		1组		2组	√	?
	壕里		?	√			
	壕岭				1组	2组	?
	壕上	?	√				
	河塘山	1组	√		?	2组	

---

① 江西省文物考古研究院、樟树市博物馆：《吴城：1973～2002年考古发掘报告》，科学出版社，2005年。

② 湖北省文物考古研究所、湖北省黄石市博物馆、湖北省阳新县博物馆：《阳新大路铺》，文物出版社，2013年。

江西抚河流域先秦时期遗址考古调查报告Ⅲ

时代 遗址		新石器时代晚期	夏至早商时期	晚商至西周早期	西周中晚期	春秋时期	战国时期
环壕类遗址	厚泽村	√	?				
	华山观				√	√	?
	界上鼓	1组		√	?		
	乐家寨Ⅰ号	1组	?				
	刘公山	1组	√	√			
	罗家寨Ⅱ号		?	√	√		
	桃禾寨	√					
	桃李山	1组	√	2组	√	3组	?
	万家山			√	?		
	翁坊金钟	1组	√	2组	√		
	五里墩村壕沟山		1组	√		2组	?
	营门里	√					
	扁桃山	√					
岗地类遗址	乐家寨Ⅱ号			√	√	?	
	雷劈石			√	?		
	陆家山		?	√			
	羊坡石			√	?		
	白石岗外	√		?	√		
	大山	1组	√	√	2组		?
	恩山			1组	√	?	
	合头			√	√	?	
	太阳水库	1组	√	2组	√	?	
	脊山	1组	√	√	2组	√	

注 "√"表示该遗址存在这一期的遗存;"?"表示这一时期遗存年代还有待进一步讨论。

表二　崇仁县先秦时期遗址年代对应表

时代 遗址		新石器时代晚期	夏至早商时期	晚商至西周早期	西周中晚期	春秋时期	战国时期
岗地类遗址	槽桥龙水库Ⅱ号				1组	√	
	槽桥龙水库Ⅲ号				1组	√	√
	槽桥龙水库Ⅳ号			1组	√		?
	槽桥龙水库Ⅴ号				1组	2组	√
	海螺山	1组	√	2组	√		
	后山古寺			1组	√		

时代 遗址		新石器时代晚期	夏至早商时期	晚商至西周早期	西周中晚期	春秋时期	战国时期
岗地类遗址	库背张家			√	√		
	罗枧					√	
	茂盛村				√	?	
	柿下	1组	√			2组	?
	新山				√	√	

注 "√"表示该遗址存在这一期的遗存;"?"表示这一时期遗存年代还有待进一步讨论。

第二节 区域遗存演进特征初探

从以上各阶段的器物特征及遗址的空间分布来看,临川区与崇仁县遗址均集中于河流的中下游,从分布的自然地理条件来看,有一定的相似性。但是,由于受多重因素影响,两县区的遗址还存在着一定的差异:

第一,新石器时代末期的遗存在崇仁县发现较少,临川区有多处发现。三棱状及"T"字形鼎足在临川区有较多发现,该类遗存不见于崇仁县。崇仁县遗址多分布在抚河的支流崇仁河下游,靠近县域的东北部;临川区的遗址多分布于抚河干流附近,靠近县域的西部和北部。从地缘上来看,临川区西北部更靠近赣江流域。因此,临川区遗址受到赣江区域文化影响更大,在器物特征和整体面貌上也就会有更多的相似性。

第二,从总体特征来看临川区的遗址数量,要远多于崇仁县,尤其是环壕类聚落。这一定程度上反映出崇仁县遗址较少的客观事实。同时,通过对比崇仁河下游和抚河下游的地势及自然条件,也可以看出河流和地形在早期遗址形成过程中所起的重要作用。

第三,从遗址总体的延续时间及文化内涵来看,临川区的多处遗址延续时间较长,包含的文化内涵较为丰富,吸收容纳了赣江流域、鄂东南地区不同地域的文化因素;崇仁县的遗址多数延续时间较短,主要兴起于商代之后,文化内涵也较为单纯,这也显示出两地文化面貌之间的一些不同。

以上三点差异是在分析两县区年度考古调查资料基础上分析得出的,关于区域文化之间的互动和发展演变模式、聚落之间的相互关系等更深入的研究,还需要进一步的考古工作支撑,尤其是考古发掘工作的开展。

附录一 临川区、崇仁县先秦时期遗址统计表

县名	编号	遗址名称	遗址类型	地理位置	地理坐标	遗迹现象	文化层堆积保存状况	时代
临川区	1	白富上门村环壕遗址	环壕遗址	大岗镇上门村委会白富上门村	N：28°09′14.2″ E：116°09′25.5″		遗址中部台地发现大面积文化层堆积，平面近环形分布，堆积层厚约0.55～1.3米。堆积包含有烧土和灰渣。	新石器时代晚期
	2	白石岗环壕遗址	环壕遗址	云山镇圳上村委会饶家村	N：28°12′18.9″ E：116°19′27.0″		遗址范围内发现文化层堆积区域4处。文化堆积Ⅰ区位于中部台地东北部，文化层厚约1.2米，堆积内含少量烧土块和灰渣等。文化堆积Ⅱ区位于中部台地西北部，厚约1～1.5米，堆积内含少量烧土块和灰渣等。文化堆积Ⅲ区位于中部台地西北部，厚约0.8米，内含少量烧土块和灰渣等。文化堆积Ⅳ区位于中部台地南部，厚约1.6～2.4米，内含少量烧土块和灰渣等。	先秦时期
	3	城顶山环壕遗址	环壕遗址	云山镇圳上村委会饶家村	N：28°11′55.1″ E：116°19′12.1″		遗址范围内未发现明显文化层堆积。地表植被茂盛，零星采集到陶器残片。	商周时期
	4	城里环壕遗址	环壕遗址	云山镇圳上村委会饶家村南部	N：28°12′08.8″ E：116°18′49.7″		遗址中部台地西北部发现1处文化层堆积区域，厚约1～1.4米，堆积内含少量烧土块和灰渣等。	商周时期
	5	城下山环壕遗址	环壕遗址	罗湖镇南头村委会城壕村城下山	N：28°2′5.26″ E：116°23′14.46″		遗址中部台地中南部发现1处文化层堆积区域，厚约0.4～1米，堆积内包含部分烧土块。	商周时期

续表

县名	编号	遗址名称	遗址类型	地理位置	地理坐标	遗迹现象	文化层堆积保存状况	时代
临川区	6	城上老村环壕遗址	环壕遗址	温泉镇余坊村委会城上村城上老村	N: 27°57′57.0″ E: 116°14′02.9″		遗址范围内发现文化层堆积区域3处。文化堆积I区位于中部台地北部，文化层厚约0.9米。文化堆积II区位于中部台地中部，厚约0.4米，堆积内包含少量砖瓦残块。文化堆积III区位于中部台地南部，厚约0.5米，堆积内包含少量砖瓦残块。	先秦时期
	7	符仓村环壕遗址	环壕遗址	鹏田乡符仓村	N: 27°43′40.0″ E: 116°36′41.8″		遗址台地西北部边缘发现1处文化层堆积区域，厚约0.5~0.7米，堆积内包含少量烧土块、灰渣。	夏代—东周时期
	8	壕里环壕遗址	环壕遗址	罗湖乡塘头村委会五组塘头小学附近	N: 28°04′28.4″ E: 116°24′17.7″		遗址范围内共发现2处文化层堆积区域。文化层堆积I区位于中部台地中西部，厚约0.4~1.1米，堆积内包含部分灰渣和烧土块。文化层堆积II区位于中部台地东南部厚约0.9~1米，堆积内包含部分灰渣和烧土块。	商周时期
	9	壕岭环壕遗址	环壕遗址	高坪镇阳城村委会阳城村壕岭山	N: 27°59′24.36″ E: 116°9′15.94″		遗址区域中部台地中发现1处文化层堆积区域，厚约0.9~1.4米，堆积内含少量烧土块和灰渣等。	西周—东周时期
	10	壕上环壕遗址	环壕遗址	大岗镇乔山村委会璜坊村壕上山	N: 28°07′26.13″ E: 116°10′26.77″		遗址区域内发现2处文化层堆积。文化层堆积I区位于中部台地南侧，厚约0.6~0.9米，堆积内包含部分灰渣和烧土块。文化层堆积II区位于中部台地北侧厚约0.6~1.3米，堆积内包含部分灰渣和烧土块。	新石器时代晚期—商周时期
	11	河塘山环壕遗址	环壕遗址	温泉镇中余村委会中余村东南	N: 27°59′36.1″ E: 116°15′20.5″		遗址区域内发现3处文化层堆积。文化层堆积I区位于中部台地东南，厚约0.8~1米，堆积内包含部分烧土块和灰渣。文化堆积II区位于中部台地西部厚约1.2米，内部包含部分烧土块、灰渣和陶片。文化堆积III区位于中部台地北侧厚约2.5米，内包含部分烧土块。	夏代—东周时期

续表

县名	编号	遗址名称	遗址类型	地理位置	地理坐标	遗迹现象	文化层堆积保存状况	时代
临川区	12	厚泽村环壕遗址	环壕遗址	桐源乡岭西村委会厚泽村	N: 28°05′06.1″ E: 116°09′21.4″		遗址区域内发现 2 处文化层堆积。 文化层堆积 I 区位于中部台地西北部,厚约 0.5 ~ 0.7 米,堆积内包含部分灰渣和烧土块。 文化层堆积 II 区位于中部台地北部厚约 0.7 ~ 0.9 米,堆积内包含部分灰渣和烧土块。	新石器时代晚期一商周时期
	13	华山观环壕遗址	环壕遗址	太阳镇邓家村北	N: 28°03′42.1″ E: 116°29′20.9″		遗址区域中部台地发现 1 处文化层堆积。可划分为两层堆积,上层为晚期文化层,下层为早期文化层,两层间发现有垫土层。早期文化层堆积厚约 1 ~ 1.3 米,堆积内包含部分灰渣和烧土块。晚期文化层堆积厚约 0.4 ~ 1.5 米,堆积内包含部分灰渣和烧土块。	周代
	14	界上鼓环壕遗址	环壕遗址	青泥镇荣阳村委会邦家村	N: 27°47′29.2″ E: 116°36′41.6″		遗址区域内发现 2 处文化层堆积。 文化堆积 I 区位于中部台地北部偏东,厚约 0.4 米,堆积内包含少量烧土块和灰渣等。 文化堆积 II 区位于中部壕沟外台地北侧,厚约 0.5 米,堆积内包含少量烧土块和灰渣等。	新石器时代晚期一商周时期
	15	乐家寨 I 号环壕遗址	环壕遗址	河西乡乐家寨佳山上	N: 27°55′29.6″ E: 116°16′07.0″	中部台地发现夯土墙一处。	遗址区域内发现 3 处文化层堆积。 文化堆积 I 区位于中部台地中部偏东,厚约 0.4 米,堆积内包含部分烧土块。 文化堆积 II 区位于台地东南部,厚约 0.6 米,堆积内包含部分灰渣和红烧块。 文化堆积 III 区位于台地西北部,厚约 1.5 米,堆积内包含少量烧土块。	新石器时代晚期
	16	蛇家园环壕遗址	环壕遗址	温泉镇下余村委会下余村蛇家园山上	N: 28°00′21.1″ E: 116°14′34.4″	夯土墙一处,墓葬 2 座	遗址区域东部发现 1 处文化层堆积区域,厚约 0.5 ~ 0.7 米,内部包含灰渣、烧土块。	先秦时期

县名	编号	遗址名称	遗址类型	地理位置	地理坐标	遗迹现象	文化层堆积保存状况	时代
临川区	17	金龙岗环壕遗址	环壕遗址	抚北镇茶山村委会小侧坊村	N: 28°01′57.5″ E: 116°17′55.1″	墓葬3座	遗址区域内共发现3处文化层堆积区。文化堆积Ⅰ区位于中部台地南部，厚约0.3~0.8米，内包含少量烧土块和灰渣。文化堆积Ⅱ区位于中部台地北部，厚约0.5米，内包含少量烧土块和灰渣。文化堆积Ⅲ区位于中部台地东部，厚约0.4米，内包含少量烧土块和灰渣。	先秦时期
	18	军山环壕遗址	环壕遗址	崇岗镇钟玲街办张家村楠梆祝家组	N: 27°54′57.3″ E: 116°23′00.3″	墓葬2座	遗址被现代道路破坏严重，未发现文化层堆积区域。	先秦时期
	19	刘公山环壕遗址	环壕遗址	桐源乡岭西村委会岭西村	N: 28°05′11.0″ E: 116°09′17.2″		遗址区域内发现2处文化层堆积。文化堆积Ⅰ区位于中部台地西北侧，厚约1米，堆积内包含部分灰渣和烧土块。文化堆积Ⅱ区位于中部台地东南侧，厚约0.8米，堆积内包含灰渣和烧土块。	新石器时代晚期—商周同时期
	20	罗家寨Ⅱ号环壕遗址	环壕遗址	河西乡龙泉古寺东南	N: 27°55′20.7″ E: 116°17′10.1″		遗址区域中部台地西北发现1处文化层堆积，厚约0.7米，文化层堆积内包含部分灰渣和烧土块。	商周时期
	21	罗坡岭环壕遗址	环壕遗址	抚北镇金坪村委会厂下村东	N: 27°59′43.7″ E: 116°19′08.9″		遗址区域中部台地东北发现1处文化层堆积区域，厚约0.8~1米，堆积内包含部分灰渣和烧土块。	先秦时期
	22	桃禾寨环壕遗址	环壕遗址	桐源乡东坊村委会丘家巷村	N: 28°02′25.1″ E: 116°10′50.7″		遗址区域内共发现3处文化层堆积区域。文化堆积Ⅰ区位于中部台地西北部，厚约0.8米，堆积内包含部分烧土块和灰渣。文化堆积Ⅱ区位于中部台地西部，厚约0.7米，堆积内包含部分烧土块。文化堆积Ⅲ区位于中部台地西部，厚约0.9米，堆积内包含部分烧土块。	新石器时代晚期

续表

县名	编号	遗址名称	遗址类型	地理位置	地理坐标	遗迹现象	文化层堆积保存状况	时代
	23	桃李山环壕遗址	环壕遗址	鹏田乡里修村委会姚坊村	N：27°46′33.9″ E：116°36′09.3″		遗址区域内共发现3处文化层堆积区。文化堆积Ⅰ区位于中部台地东北部，厚约0.7米，堆积内包含少量烧土块和灰渣等。文化堆积Ⅱ区位于中部台地西部，厚约0.8米，堆积内包含少量烧土块和灰渣等。文化堆积Ⅲ区位于中部台地南部，厚约0.9米，堆积内包含少量烧土块和灰渣等。	新石器时代晚期—东周时期
	24	桃子山寨环壕遗址	环壕遗址	河东乡城上村委会城上村东北	N：27°54′52.0″ E：116°19′00.2″	夯土墙1处	未发现文化层堆积区，地表被现代居住址破坏严重，采集到少量陶片。	先秦时期
	25	铁路前城上山环壕遗址	环壕遗址	桐源乡东坊村委会铁路前村	N：28°01′54.9″ E：116°10′33.6″		遗址区域中部台地发现1处文化层堆积，厚约0.6～1.3米，堆积内包含部分烧土块和灰渣。	先秦时期
临川区	26	万家山环壕遗址	环壕遗址	云山镇圳上村委会饶上村	N：28°12′02.4″ E：116°18′52.4″		遗址区域内共发现2处文化层堆积。文化堆积Ⅰ区位于中部台地北部，厚约1.1米，含少量烧土块和灰渣等。文化堆积Ⅱ区位于中部台地南部，厚约0.9米，含少量烧土块和灰渣等。	商周时期
	27	翁坊金钟环壕遗址	环壕遗址	桐源乡翁坊村东南	N：28°05′50.4″ E：116°12′10.9″		遗址区域东北部台地发现1处文化层堆积，厚约0.5米，内包含少量烧土块，土质较硬。	新石器时代晚期—商周时期
	28	五里墩村壕沟山环壕遗址	环壕遗址	云山镇甘陂村委会五里墩村山上	N：28°12′14.80″ E：116°18′11.90″		遗址区域内共发现3处文化层堆积。文化堆积Ⅰ区位于中部台地东南部，平面近圆形，开口距地表约0.4～0.8米，厚约0.5～0.9米，堆积内含少量烧土块和灰渣等。文化堆积Ⅱ区位于中部台地北部，开口距地表约0.5米，厚约0.7～1.4米，堆积内含少量烧土块和灰渣等，呈长条状，开口距地表约0.8米。文化堆积Ⅲ区位于中部台地西南部，堆积内含少量烧土块和灰渣约0.8米，厚约0.5～1米。	商周时期
	29	营门里环壕遗址	环壕遗址	河西乡方家村	N：27°55′31.9″ E：116°16′54.5″		未发现文化层堆积，地表被现代建筑破坏严重，采集到少量陶片。	新石器时代晚期

县名	编号	遗址名称	遗址类型	地理位置	地理坐标	遗迹现象	文化层堆积保存状况	时代
临川区	30	扁桃山环壕遗址	环壕遗址	桐源乡岭西村委会万家村	N：28°05′37.0″ E：116°08′56.0″	夯土墙1处。	遗址区域内共发现2处文化层堆积。文化层堆积I区位于中部台地西南，厚约0.4米，堆积内包含少量烧土块和灰渣。文化层堆积II区位于中部台地北部边缘，厚约0.4米，堆积内包含少量烧土块和灰渣。	先秦时期
	31	乐家寨II号遗址	山岗聚落	河西乡乐家寨乐家山北	N：27°55′32.3″ E116°16′05.4″		未发现文化堆积层，地表采集到少量陶片。	商周时期
	32	罗家寨I号遗址	山岗聚落	河西乡龙泉古寺东南	N：27°55′20.4″ E：116°17′11.4″		未发现文化堆积层，地表植被较为茂盛，采集到零星陶片。	先秦时期
	33	五里墩村壕沟山外遗址	山岗聚落	云山镇甘陂村委会五里墩外壕沟山村山北	N：28°12′04.4″ E：116°18′25.7″		未发现文化堆积层，地表为橘树林，采集到少量陶片。	先秦时期
	34	雷劈石遗址	山岗聚落	抚北镇雷劈石村西	N：27°59′03.7″ E：116°17′23.6″		未发现文化堆积层，地表植被较茂密，采集到少量陶片。	商周时期
	35	陆家山遗址	山岗聚落	上顿渡镇安泽村委会岗下村东	N：27°57′22.7″ E：116°19′14.7″		未发现文化堆积层，采集到少量陶片。	商周时期
	36	羊坡石遗址	山岗聚落	抚北镇羊坡石村南	N：27°59′10.8″ E：116°18′11.3″		未发现文化堆积层，地表植被较茂密，采集到少量陶片。	商周时期
	37	白石岗遗址	山岗聚落	云山镇圳上村委会饶家村	E：28°12′16.8″ N：116°19′29.6″		未发现文化堆积层，地表植被较茂密，采集到较丰富的石器和陶片。	商周时期
	38	大山遗址	山岗聚落	青泥镇荣阳村委会郑家村	N：27°47′18.6″ E：116°36′57.3″		未发现文化堆积层，地表植被被较茂密，采集到较丰富的遗物。	新石器时代晚期—东周时期
	39	恩山遗址	山岗聚落	桐源乡青坑村西北	N：28°04′36.7″ E：116°14′59.0″		未发现文化堆积层，地表植被被较茂密，采集到较丰富的遗物。	两周时期

326

续表

县名	编号	遗址名称	遗址类型	地理位置	地理坐标	遗迹现象	文化层堆积保存状况	时代
临川区	40	合头遗址	山岗聚落	青泥镇荣阳村委会郑家村	N：27°47′20.1″ E：116°36′36.4″		未发现文化堆积层，地表植被较茂密，采集到少量陶片。	商周时期
	41	太阳水库遗址	山岗聚落	太阳镇新殿村南	N：28°01′50.5″ E：116°28′56.0″		未发现文化堆积层，地表植被较茂密，采集到大量石器和陶片。	新石器时代晚期—商周时期
	42	脊山遗址	山岗聚落	青泥镇荣阳村委会郑家村	N：27°47′34.9″ E：116°36′28.8″		遗址区域内共发现文化层堆积 2 处。 文化堆积 I 区位于遗址东北部厚约 0.4 米，堆积内含少量烧土块和灰渣等。 文化堆积 II 区位于文化堆积 I 区南部，堆积厚约 0.5 米，堆积内含少量烧土块和灰渣等。	新石器时代晚期—商周时期
崇仁县	1	小山环壕遗址	环壕遗址	孙坊镇新水村委会小山村	N：27°53′27.20″ E：116°8′43.15″		遗址中部台地南部发现 1 处文化层堆积，厚约 0.3 米，堆积内包含部分灰渣和烧土块。	先秦时期
	2	城下山环壕遗址	环壕遗址	三山乡熊家村委会沙埠村城下山	N：27°49′58.43″ E：115°57′25.02″		遗址区域内共发现 2 处文化层堆积 文化堆积 I 区位于中部台地东部，厚约 0.7～1.1 米，堆积内包含部分灰渣和陶片碎渣。 文化堆积 II 区位于台地西南部厚约 1.5 米，堆积内包含部分灰渣和烧土块。	先秦时期
	3	曾家村环壕遗址	环壕遗址	河上镇元家村委会曾家村	N：27°49′59.77″ E：116°04′33.16″		未发现文化堆积层，遗址被现代建筑破坏严重，采集到极少量陶片。	先秦时期
	4	崇仁服务区环壕遗址	环壕遗址	航埠镇 S46 抚吉高速崇仁服务区北	N：27°47′34.5″ E：116°16′05.8″		未发现文化堆积层，遗址被破坏严重，采集到少量陶片。	先秦时期
	5	槽桥龙 II 号遗址	山岗聚落	白露乡高路桥村西南水库西南	N：27°54′24.90″ E：116°10′25.34″		遗址区域内因修整土地，加上水土流失，基本不见文化层堆积，采集到少量陶片。	西周时期，明清时期
	6	槽桥龙 III 号遗址	山岗聚落	白露乡高路桥村西南水库南侧	N：27°54′23.88″ E：116°10′22.59″		遗址区域内因修整土地，加上水土流失，基本不见文化层堆积，采集到少量陶片。	商周时期，明清时期

续表

县名	编号	遗址名称	遗址类型	地理位置	地理坐标	遗迹现象	文化层堆积保存状况	时代
	7	槽桥龙Ⅳ号遗址	山岗聚落	白露乡高路桥村西南	N：27°53′57.19″ E：116°10′09.77″		遗址区域内因修整土地，加上水土流失，基本不见文化层堆积，采集到少量陶片。	商周时期，明清时期
	8	槽桥龙Ⅴ号遗址	山岗聚落	白露乡高路桥村西南	N：27°54′11.16″ E：116°10′15.16″		遗址区域内因修整土地，加上水土流失，基本不见文化层堆积，采集到少量陶片。	两周时期
	9	海螺山遗址	山岗聚落	孙坊镇罗家村东北	N：27°52′57.90″ E：116°10′08.13″		遗址区域东部发现有文化层堆积，厚约0.6～0.8米，堆积内包含少量陶片。	新石器时代晚期至西周，明清时期
	10	后山古寺遗址	山岗聚落	六家桥乡栎下水库西岸	N：27°45′41.46″ E：116°07′47.35″		遗址区域内因修整土地，加上水土流失，基本不见文化层堆积，采集到少量陶片。	商周时期
	11	库背张家遗址	山岗聚落	巴山镇沙堤乡洋洲大队库背张家村东北	N：27°47′25.70″ E：116°06′21.15″		遗址区域内因修整土地，加上水土流失，基本不见文化层堆积，采集到少量陶片。	商周时期，明清时期
崇仁县	12	罗枧遗址	山岗聚落	巴山镇沙堤乡罗枧村北	N：27°47′41.69″ E：116°06′15.63″		遗址区域内未发现文化层堆积，采集到少量陶片。	东周时期
	13	茂盛村遗址	山岗聚落	六家桥乡栎下水库东北	N：27°45′46.45″ E：116°07′27.18″		遗址区域内未发现文化层堆积，地表植被较为茂盛，采集到少量陶片。	周代
	14	栎下遗址	山岗聚落	六家桥乡栎下村南	N：27°45′29.46″ E：116°08′23.44″		遗址区域内未发现文化层堆积，地表植被较为茂盛，采集到较多陶片。	新石器时代末—东周时期
	15	新山遗址	山岗聚落	孙坊镇上敝村东	N：27°52′49.77″ E：116°10′00.63″		遗址区域内未发现文化层堆积，地表采集到少量陶片。	周代

附录二　2015 年崇仁县、临川区考古调查日记摘录

2015 年 1 月 22 日　星期四　晴

　　上午 8 点吃完饭，在县文化馆司机的带领下，先去寻找新山遗址，该遗址位于崇仁河北岸，属孙坊镇辖区。找到县保单位立碑，采集少量方格纹陶片。该遗址周边山包还需要进一步查看。赴孙坊镇海螺山遗址调查，采集较多陶片、瓷片，大致可分为三个时期，遗址北侧采集到豆柄、鼎足，

新山遗址文物保护碑

新山遗址地貌

海螺山遗址全景照

应属于新石器时代晚期；遗址东侧树林茂密，未采集到陶片；遗址南侧较低处发现较多汉代以后瓷片及陶片，并有晚期墓葬被盗；遗址西部、南部及北部略高处发现较多方格纹陶片，年代应为周代。午饭在孙坊镇。饭后开车去三山镇拳头山窑址进行调查，发现大量瓷片及支垫，另发现暴露在外的大量瓷器，多数可以复原，器类较多。

拳头山窑址文物保护碑被人为破坏

暴露于地表的瓷器

2015年1月23日　星期五　晴

今天以海螺山遗址为中心，在其附近寻找遗址。先后在王里源、城前等地点寻找，未果。在槽桥龙水库周边寻找遗址，先后找到5处遗址。

槽桥龙水库 I 号遗址地形

槽桥龙水库 I 号遗址被盗墓葬

2015年1月24日　星期六　多云

上午在巴山镇寻找二普记载的"杨柳坑"遗址，在洋洲村附近寻找。库背张家村东南方向小山包发现零星陶片，年代大致为东周和汉以后时期，在山顶寺庙西侧竹林里采集三片方格纹陶片。习通源老师在罗枧村西北处采集到方格纹陶片，该处应为一个遗址点，暂命名"罗枧遗址"，该遗址位于萱华水库西南方向。午饭前在县城北侧台地寻找遗址，未果。下午去寻找"凤岗嵊遗址"，未果。15点沿崇仁河支流向南，经过桃源、相山等乡镇，此处山地较高，树林茂密，理想调查点较少，需要明天沿路探查。

赣地民居　　　　　　　　　　　　　　　　村中老井

2015 年 1 月 25 日　星期日　小雨转多云

昨晚下雨，早上起来略小。今天准备去县城东部寻找遗址。先后找多处台地，未果。在寺下水库附近柿下村北台地发现陶片，主要为夹粗砂黄陶，有鼎足，另有夹砂灰陶绳纹陶片。台地南侧捡到野兔一只。在台地西北侧断面发现陶片多为夹砂黄陶，堆积较厚，应为灰坑，采集到陶鬲足一件。遗址西侧为水库，面积约 1.5 万平方米。在水库附近寻找，后山古寺边上找到夹粗砂鼎足，遗址内涵较为单纯，大多被破坏。在茂盛村东北方向台地上，找到较多夹砂方格纹、绳纹陶片，多为灰陶，分布面积较广。

今日冒雨调查，中午未吃饭，调查完回宾馆已是 4 点，吃饭已近 5 点。走了好多路。中午在水库买鱼，晚饭有兔肉、鱼，味道很不错。

柿下村遗址清理断面　　　　　　　　　　　　林中调查

渔民晾晒的鱼干

农家腊肠与腊肉

2015 年 1 月 26 日　周一　多云

今天计划对前天查看好地形的崇仁南线区域进行调查。上午小雨，雾气很大。顺河边以较好的台地寻找，未果。过相山乡，已是中午，未找到一处遗址。该区域山势较高，遗址较稀少。

2015 年 12 月 10 日　周四　多云

今日据以往调查材料，对相关遗址进行复查。

1. 乐家寨Ⅰ号环壕遗址

勘探可见红褐色土，夹杂大量陶片、烧土块、炭屑等。初步确定该遗址分布有文化层堆积。

2. 乐家寨Ⅱ号遗址

位于河西乡乐家寨乐家山北侧山岗，为一处岗地遗址。采集到少量石器及陶片。遗址地表种有橘树。

3. 营门里环壕遗址

位于河西乡政府约西南 2 千米，砖厂北侧，为市文物保护单位。第二次文物普查资料记载遗址四周有深 4 米、宽 2.5 米的防护壕。遗址现已遭破坏。

4. 桃子山寨环壕遗址

位于河东乡城上村委会范家村西 200 米，为县文物保护单位，第二次文物普查记录该遗址四周设有深 5 米，宽 3 米的护城壕。因城市建设，目前该遗址已遭破坏，现已建设为工厂。

5. 罗家寨Ⅰ号环壕遗址

位于河西乡龙泉古寺东南 300 米，为市文物保护单位。Ⅰ号遗址位于Ⅱ号遗址外围，东北约 300 米为宜黄河，西北约 300 米为龙泉古寺，采集到少量陶片及鼎足等，年代较Ⅱ号早些。

6. 罗家寨Ⅱ号环壕遗址

位于河西乡龙泉古寺东南 300 米，东北约 300 米为宜黄水，西北约 300 米为龙泉古寺，为市文物保护单位。第二次文物普查记载遗址存在城墙、城门、城壕。现已被取土破坏，有大量晚期墓葬。寻找陆家山、大塘山、火圩塘、茶子山、吁坊山、丁家山、观山、众山等诸遗址，均被取土或基本建设所破坏。遗址不复存在，令人心痛。

调查被工厂破坏的遗址

队员商讨工作方案

桃子山寨环壕遗址调查

营门里环壕遗址调查

乐家寨Ⅰ号环壕遗址清理断面

刘公山环壕遗址调查

2015 年 12 月 12 日　周六　晴转多云

今日调查的遗址有：

1. 小山环壕遗址

位于崇仁县孙坊镇新水村委会小山村小山上，东侧约 300 米为下朱村，西边约 400 米为小山朱家村，北侧约 500 米为铁路线，南边约 750 米为清水村。环壕保存较完好，主体为一方形山岗，高约 5 米，内部四周高中间低，边缘有宽 3 米、高 1 米的土墙，上部为茂密的竹林，四周为水稻田。

2. 军山环壕遗址

位于崇岗镇钟岭街办张家村楠栎祝家组，西北 300 米为楼上胡家，东 250 米为祝家。遗址为一高出地面的土墩，上为杂木林，四面有壕沟，东部、南部环壕部分被破坏。

3. 桃李山环壕遗址

位于鹏田乡里修村委会姚坊村，东北距姚坊 300 米，南面 1.3 千米为东山下，东南距里修村 1.2 千米。遗址为一土墩，种满橘子树，四周有壕沟，其中西环壕和南环壕偏西处已被破坏，遗址上因翻土种树破坏较严重，地面采集到较多陶片。

2015 年 12 月 13 日　周日　雨

今日分两组开始调查，发现多处遗址。中午雨大，调查艰难。

1. 恩山遗址

第二次文物普查记录遗址位于桐源乡青坑村西北 200 米，现已部分被破坏，采集到少量陶片。

2. 白富上门村环壕遗址

位于大岗镇上门村委会白富上门村。遗址北侧即为白富上门村，东侧为 045 乡道，主体为一高约 3 米的方形山岗，上为草地，东北角的环壕已被破坏，壕沟深约 3 米。

3. 壕上环壕遗址

位于大岗镇乔山村委会璜坊村壕上山，东南约 500 米为璜坊村，西北约 500 米为后源村，北侧有水库，采集到少量陶片及鼎足。主体为一方形山岗，保存完好，高约 2 米，文化堆积厚约 1 米，1.2 米以下为生土。

4. 翁坊金钟环壕遗址

2009 年 2 月，因向莆铁路工程建设的需要，江西省文物考古研究院和抚州市文物博物管理所对该遗址进行了抢救性考古发掘。

5. 桃禾寨环壕遗址

位于桐源乡东坊村委会邱家巷村，东北紧靠邱家巷，东南距勘头约 450 米，遗址为一土墩，上为杂木林，四周有壕沟，已被破坏，只剩东南部分。20 世纪 50 年代在遗址曾下挖 2 米作为菜地，如今遗址上北部又被翻扰，文化层已被破坏。

6. 刘公山环壕遗址

位于桐源乡岭西村委会岭西村，遗址西部紧靠岭西村，西北距上岭西 400 米，东距厚泽村 300 米。遗址为一带有环壕的土墩，上为杂木林，近长方形，应是挖去四周山体而筑成，北侧、南侧壕沟仍存，其余被破坏，在遗址北部采集到少量陶片。

7. 厚泽村遗址

位于桐源乡岭西村委会厚泽村，遗址西北紧靠刘公山环壕遗址，东面 150 米处为厚泽村，东南 1.1 公里处为陶村。遗址为方形山岗，上为菜地。

8. 扁桃山环壕遗址

位于桐源乡岭西村委会万家村，西北距罗马下 700 米，东南距上岭西 500 米。遗址为一带有环壕的土墩，上为杂木林，近长方形，北、东侧壕沟保存较好，其余破坏严重。

雷劈石遗址地面所见陶片

军山环壕遗址壕沟现状

厚泽村环壕遗址冒雨调查

扁桃山环壕遗址冒雨调查

壕里环壕遗址壕沟现状

华山观环壕遗址调查

遗址勘探

冒雨调查

后　记

"江西抚河流域先秦时期遗址考古调查"是经江西省文物考古研究院申请，国家文物局立项批复的专题项目，该项工作由江西省文物考古研究院、西北大学文化遗产学院、西安弘道文化遗产保护工程有限公司、抚州市文物博物管理所、抚州市所涉县市共同合作完成。江西省文物考古研究院徐长青同志负责总体协调，王上海同志负责调查、勘探、资料整理、报告编撰及统稿等工作的具体实施。

根据年度工作计划，2014~2016年在崇仁县博物馆、临川区文物管理所协助下顺利完成了抚河流域临川区、崇仁县境内先秦遗址的调查、勘探工作。由于调查成果颇丰，此次对临川区、崇仁县的调查所获予以公布，随后再将其他县区调查资料进行刊布，便于读者深入研究。

参加调查和资料整理的工作人员有王上海、豆海锋、程林泉、习通源、李桃元、严振洪、余志忠、王淑娇、丁潮康、郑祥云、章晓鹏、赵迎宪、全建武、封世雄、李宝兴、毛林林、程威嘉、王倩、史智伟、张弥、吴磊、史三虎、史忞、曾莉、夏福德、高勇、宋阿倩、闫红贤、蔡孟芳、邢夏涵、于朋飞、韦星星、姜鹏等，航空摄影由程威嘉、习通源、王倩完成；绘图工作由刘军幸、方丹、姜淼完成；器物摄影由程威嘉、王倩完成；器物拓片由闫红贤、宋阿倩完成。

报告中的第一章由王上海、李桃元完成；第二章第一节、第三节由闫红贤完成，第二节由严振洪完成；第三章第一、二节由丁潮康完成，第三节由豆海锋完成；第四章由王上海、豆海锋完成；附录一由余志忠完成，附录二为豆海锋、夏福德工作日记摘录；严振洪统稿，徐长青最后审定。

该项目从田野调查到资料整理，直至报告出版，得到了国家文物局、省文化厅（文物局）和当地政府在资金和人力上的大力支持，得到了单位的高度重视，得到了同仁们的无私相助，特别是国家文物局文物保护与考古司张磊同志在工作中给予了许多具体的指导，西北大学文化遗产学院段清波教授、陈洪海教授、冉万里教授在业务上提供了无私帮助，谨表谢意。

编　者

2020 年 3 月